내가 원하는 남자를 만나는 법

남녀 유형에 따른 맞춤형 연애 심리학

슈테판 보이노프 지음 | 서유리 옮김

ER STEHT AUF DICH!

📖 동양북스

서로 이해하지 못하면서도
얼마든지 사랑할 수 있다.

― 본문 중에서

차례

추천의 말 나에게 맞는 사람은 어떤 유형인가 ⋯⋯⋯⋯⋯⋯⋯⋯ 010
프롤로그 진짜 좋은 남자들은 어디에 숨어 있을까? ⋯⋯⋯⋯ 016

I. 마법처럼 끌어당기는 힘

네 가지 성격 유형 ⋯⋯⋯⋯⋯⋯⋯⋯⋯⋯⋯⋯⋯⋯⋯⋯⋯⋯⋯ 033
너 자신을 알라, 그러면 천생연분이 저절로 찾아올 것이다 ⋯⋯ 039
자기 자신을 향한 긍정적인 시선 ⋯⋯⋯⋯⋯⋯⋯⋯⋯⋯⋯⋯ 041
내향성인가, 외향성인가 ⋯⋯⋯⋯⋯⋯⋯⋯⋯⋯⋯⋯⋯⋯⋯ 047

II. 당신은 어떤 유형의 여자인가?

1. 거리는 두는 여자 ⋯⋯⋯⋯⋯⋯⋯⋯⋯⋯⋯⋯⋯⋯⋯⋯⋯⋯ 053
  생활 감정 ⋯⋯⋯⋯⋯⋯⋯⋯⋯⋯⋯⋯⋯⋯⋯⋯⋯⋯⋯⋯⋯ 055
  강점과 약점 ⋯⋯⋯⋯⋯⋯⋯⋯⋯⋯⋯⋯⋯⋯⋯⋯⋯⋯⋯⋯ 057
  남자의 마음을 사로잡는 방법 ⋯⋯⋯⋯⋯⋯⋯⋯⋯⋯⋯⋯ 060
  당신에게 매력을 느끼는 남자들 ⋯⋯⋯⋯⋯⋯⋯⋯⋯⋯⋯ 065
  함정을 피하는 방법 ⋯⋯⋯⋯⋯⋯⋯⋯⋯⋯⋯⋯⋯⋯⋯⋯ 068
  공주 유형 : 잠자는 숲 속의 공주 ⋯⋯⋯⋯⋯⋯⋯⋯⋯⋯⋯ 072
  사례 : 카트야, 서른일곱 살 ⋯⋯⋯⋯⋯⋯⋯⋯⋯⋯⋯⋯⋯ 076

2. 친밀함을 추구하는 여자 ⋯⋯⋯⋯⋯⋯⋯⋯⋯⋯⋯⋯ 087

　생활 감정 ⋯⋯⋯⋯⋯⋯⋯⋯⋯⋯⋯⋯⋯⋯⋯⋯⋯⋯⋯⋯ 089

　강점과 약점 ⋯⋯⋯⋯⋯⋯⋯⋯⋯⋯⋯⋯⋯⋯⋯⋯⋯⋯⋯ 092

　남자의 마음을 사로잡는 방법 ⋯⋯⋯⋯⋯⋯⋯⋯⋯⋯ 094

　당신에게 매력을 느끼는 남자들 ⋯⋯⋯⋯⋯⋯⋯⋯⋯ 103

　함정을 피하는 방법 ⋯⋯⋯⋯⋯⋯⋯⋯⋯⋯⋯⋯⋯⋯⋯ 107

　공주 유형 : 신데렐라 ⋯⋯⋯⋯⋯⋯⋯⋯⋯⋯⋯⋯⋯⋯ 119

　사례 : 베티나, 서른다섯 살 ⋯⋯⋯⋯⋯⋯⋯⋯⋯⋯⋯ 122

3. 질서와 통제를 중시하는 여자 ⋯⋯⋯⋯⋯⋯⋯⋯⋯⋯ 135

　생활 감정 ⋯⋯⋯⋯⋯⋯⋯⋯⋯⋯⋯⋯⋯⋯⋯⋯⋯⋯⋯⋯ 137

　강점과 약점 ⋯⋯⋯⋯⋯⋯⋯⋯⋯⋯⋯⋯⋯⋯⋯⋯⋯⋯⋯ 139

　남자의 마음을 사로잡는 방법 ⋯⋯⋯⋯⋯⋯⋯⋯⋯⋯ 143

　당신에게 매력을 느끼는 남자들 ⋯⋯⋯⋯⋯⋯⋯⋯⋯ 147

　함정을 피하는 방법 ⋯⋯⋯⋯⋯⋯⋯⋯⋯⋯⋯⋯⋯⋯⋯ 152

　공주 유형 : 백설공주 ⋯⋯⋯⋯⋯⋯⋯⋯⋯⋯⋯⋯⋯⋯ 163

　사례 : 주잔네, 마흔두 살 ⋯⋯⋯⋯⋯⋯⋯⋯⋯⋯⋯⋯ 167

4. 경계를 허무는 여자 ⋯⋯⋯⋯⋯⋯⋯⋯⋯⋯⋯⋯⋯⋯⋯ 175

　생활 감정 ⋯⋯⋯⋯⋯⋯⋯⋯⋯⋯⋯⋯⋯⋯⋯⋯⋯⋯⋯⋯ 177

　강점과 약점 ⋯⋯⋯⋯⋯⋯⋯⋯⋯⋯⋯⋯⋯⋯⋯⋯⋯⋯⋯ 179

　남자의 마음을 사로잡는 방법 ⋯⋯⋯⋯⋯⋯⋯⋯⋯⋯ 184

　당신에게 매력을 느끼는 남자들 ⋯⋯⋯⋯⋯⋯⋯⋯⋯ 185

　함정을 피하는 방법 ⋯⋯⋯⋯⋯⋯⋯⋯⋯⋯⋯⋯⋯⋯⋯ 191

　공주 유형 : 『개구리 왕자』에 등장하는 공주 ⋯⋯⋯ 197

　사례 : 야스민, 서른세 살 ⋯⋯⋯⋯⋯⋯⋯⋯⋯⋯⋯⋯ 200

III. 네 가지 남자 유형, 두 가지 관점

남자에 대한 긍정적인 시선 ⋯⋯⋯⋯⋯⋯⋯⋯⋯⋯⋯⋯ 215
네 가지 남자 유형 ⋯⋯⋯⋯⋯⋯⋯⋯⋯⋯⋯⋯⋯⋯⋯⋯ 217
거리를 두는 남자 ⋯⋯⋯⋯⋯⋯⋯⋯⋯⋯⋯⋯⋯⋯⋯⋯ 218
친밀함을 추구하는 남자 ⋯⋯⋯⋯⋯⋯⋯⋯⋯⋯⋯⋯⋯ 221
질서와 통제를 중시하는 남자 ⋯⋯⋯⋯⋯⋯⋯⋯⋯⋯ 225
경계를 허무는 남자 ⋯⋯⋯⋯⋯⋯⋯⋯⋯⋯⋯⋯⋯⋯⋯ 229
네 남자의 네 가지 인생 이야기 ⋯⋯⋯⋯⋯⋯⋯⋯⋯ 236

IV. 당신은 남자에게 무엇을 원하는가?

당신은 어떤 남자를 원하는가? ⋯⋯⋯⋯⋯⋯⋯⋯⋯ 257
오래됐지만 영원히 새로운 노래 ⋯⋯⋯⋯⋯⋯⋯⋯⋯ 258
먼저 나에게 던져야 할 질문들 ⋯⋯⋯⋯⋯⋯⋯⋯⋯ 260
갈망 변형 ⋯⋯⋯⋯⋯⋯⋯⋯⋯⋯⋯⋯⋯⋯⋯⋯⋯⋯⋯ 261
로맨틱한 사랑의 전형 ⋯⋯⋯⋯⋯⋯⋯⋯⋯⋯⋯⋯⋯ 262
여러 가지 가능성 ⋯⋯⋯⋯⋯⋯⋯⋯⋯⋯⋯⋯⋯⋯⋯⋯ 263
모든 욕구를 충족할 수는 없다 ⋯⋯⋯⋯⋯⋯⋯⋯⋯ 264
그냥 즐기는 관계가 필요할 때도 있다 ⋯⋯⋯⋯⋯ 265
불완전한 관계에 대한 예찬 ⋯⋯⋯⋯⋯⋯⋯⋯⋯⋯⋯ 266

V. 미소의 법칙

미소의 네 가지 기본 유형 ⋯⋯⋯⋯⋯⋯⋯⋯⋯⋯⋯⋯ 281
연습 : 당신의 미소 만들기 ⋯⋯⋯⋯⋯⋯⋯⋯⋯⋯⋯⋯ 291

VI. 머리와 가슴을 위한 조언

감정과 기대 297

좋은 남자, 나쁜 남자 298

"나를 사랑해?"라는 질문은 언제나 옳다 301

착한 남자와 나쁜 남자 302

진짜 사랑에 빠진 남자는 산을 옮길 수 있다 304

위험이 클수록 사랑은 깊어진다 305

첫 번째 만남을 위한 조언 308

두 번째 만남을 위한 조언 310

넘치는 것은 부족함만 못하다 311

문자메시지에 대한 오해 312

전화기의 본래 기능을 잊지 마라 317

남성의 무리에서 통하는 법칙 319

감탄과 맞장구 322

칭찬으로 조종하라 324

명령에 복종하는 남자의 본성을 역이용하라 325

그는 어차피 당신을 이해하지 못한다 327

'아름다운 여성과 부유한 남성'이 전부일까? 330

[부록] 성격 유형 테스트

"나는 어떤 유형일까?" 333

감사의 말 344

옮긴이의 말 완벽하게 이해하지 못해도, 완벽하게 사랑할 수 있다 ... 345

나에게 맞는 사람은
어떤 유형인가

나에게 맞는 파트너는 대체 어떤 사람이며 왜 그렇게 찾기가 힘들까?

이 문제에 대해 누구나 한 번쯤은 고민해봤을 것이다. 우리 부부도 서로를 만나기 전까지 자신에게 맞는 '제대로 된 파트너'를 오랫동안 찾아 헤매며 많은 시행착오를 겪었다.

때로는 우리에게 맞는 파트너가 이 세상에 존재하기는 하는 걸까 하는 의문을 품기도 했다. 하지만 우리는 마침내 서로를 찾게 되었고 23년이 지난 지금까지도 우리의 관계는 유효하다.

우리 부부가 매우 인정하는 심리치료 전문가이자 작가인 슈테판 보이노프 박사가 우리에게 이 책의 추천사를 써달라고 부탁했을 때, 우리는 우리 부부가 만나게 된 상황과 우리가 사귀기로 결정하게 된 계기를 다시 한 번 되짚어보았다.

우리는 뮌헨에서 열린 문화 행사에서 우연히 처음 만나게 되었다. 우리 부부를 각각 알고 있는 지인이 우리를 서로에게 소개해주었다. 우리 두 사람은 이 만남이 아주 특별하고 어떤 식으로든 우리의 인생을 변화시킬 것 같은 느낌을 받았다. 어떻게, 그리고 왜 그런 느낌을 받았는지는 그때까지만 해도 잘 알지 못했다. 대화는 우리 부부 생활에서 처음부터 아주 중요한 부분이었기 때문에 머리말도 대화체 형식으로 작성해보기로 결정했다.

A: 자기는 나 처음에 봤을 때 무슨 생각이 들었어?

P: 텔레비전에서 봤을 때보다 키가 훨씬 작다고 생각했지. 자기는?

A: 이 남자가 내가 결혼할 남자다.

P: 에이, 말도 안 돼.

A: 정말이야! 정말로 그런 생각이 들었어!

P: 그런데 왜? 자기는 맨날 내가 그때 끔찍하게 촌스러운 양복을 입고 있었고 헤어스타일도 아주 이상했다고 사람들한테 말하고 다니잖아. 게다가 그때 나는 낯도 엄청 가렸고, 여자 친구랑 헤어진 직후여서 기분도 별로였단 말이야.

A: 조금 유치하게 들릴지 모르겠지만 난 그때 자기 눈을 보면서 자기가 아주 특별한 사람이라는 걸 느낄 수 있었어. 자기

한테는 겉모습을 무색하게 만드는 특별한 분위기가 있었거든.

P: 그러니까 직감이었다는 말이야?

A: 아마도 그랬겠지. 하지만 자기는 그런 내 직감이 착각이 아니라는 걸 증명해 보여야 했어.

P: 다행히 자기가 나한테 그럴 기회를 줬잖아. 자기는 나한테 상당한 인내심을 보여줬어.

A: 자기도 마찬가지였어. 내가 그리 호락호락한 상대는 아니었잖아. 나는 초반에는 자기를 떼어내려고까지 했으니까. 나는 자기가 정말 나를 원하는지 확인해보고 싶었거든. 근데 자기는 왜 나한테 그런 취급을 당하고도 가만히 있었어?

F: 나는 자기가 거리를 두면서도 마음속으로는 구속을 갈구하고 있다는 걸 알아챘으니까. 물론 겉으로는 전혀 다른 신호를 보내고 있었지만.

A: 어머나. 내 연기가 영 별로였던 모양이네. 그렇다면 내가 자기 마음을 사로잡기 위해 굳이 그런 거짓 연기를 하지 않았어도 됐겠네?

P: 그래도 자기가 정복하기 쉬운 상대가 아니라는 건 괜찮았어. 덕분에 내 안에서 엄청난 에너지가 솟아났으니까.

A: 결국 나는 자기가 진심으로 나를 원한다는 것을 알게 됐고 자기에 대해서도 확신을 갖게 됐어. 그런 확신을 갖는 게 나

한테는 아주 중요한 일이었거든.

P: 이제 와서 하는 말이지만 나는 자기가 원하던 이상형의 남자는 아니었잖아.

A: 그랬지. 근데 난 그전까지 만났던 잘난 척하고 이기적인 남자들이 지긋지긋했어.

P: 그럼 내가 일종의 실험 대상이었단 말이야?

A: 어느 정도는 그랬다고 볼 수 있지. 나는 뭔가 새로운 것을 원했어. 우리가 만약 몇 년 전에 만났다면 이렇게 커플이 되지는 않았을 거야.

P: 우리는 벌써 상당히 오랜 세월을 함께했잖아. 자기는 우리를 결속시켜 주는 게 뭐라고 생각해? 서로 비슷한 점 아니면 서로 다른 점?

A: 글쎄. 말하기 어렵네. 우리는 관심사, 추구하는 가치 그리고 목표가 비슷하기는 하지. 우리는 둘 다 같은 사람들을 좋아하고 같은 일에 대해 즐거워하거나 흥분하잖아. 우리는 상당히 자립적이고 창의적인 삶을 살아가고 있고 함께 일상을 잘 헤쳐나가고 있어.

P: 근데 우리는 기질은 상당히 다르잖아. 나는 낙천주의자고 참을성이 많은 반면 자기는 가끔 비관적이고 굉장히 충동적인 면도 있잖아.

A: 자기는 늘 같은 곳에 가려고 하고, 나는 늘 새로운 곳에 가

려고 하지.

P: 자기는 모든 것을 이성적으로 설명할 수 있다고 생각하고, 나는 이 세상에 설명할 수 없는 일도 종종 일어날 수 있다고 믿는 사람이지.

A: 대개는 여자들이 비이성적이지 않아?

P: 우리 두 사람한테는 그런 법칙 같은 거 안 어울리잖아. 근데 이제 한번 솔직히 얘기해봐. 자기는 내가 너무 우유부단하다고 생각하지 않아?

A: 자기는 남자치고는 흔치 않게 감정이 풍부하잖아. 우유부단한 척할 때가 있는 거지. 실제로는 자기가 뭘 원하는지 정확히 알고 있는 사람이야.

P: 나는 처음에 자기가 그렇게 모성애가 강하고 다정다감한 사람일 줄은 상상도 못했어. 요리하는 것을 좋아하고 헌신적인 엄마라는 것도 진짜 뜻밖이었어.

A: 나는 자기가 그냥 지적인 사람일 뿐만 아니라 다방면에 쓸모가 많은 남자라는 사실에 놀랐어.

P: 그래. 그러고 보니 우리 둘 다 의외의 면들을 갖고 있는 사람들이었네! 첫인상으로는 알 수 없었던 훨씬 다양한 면들이 우리 안에 숨어 있었던 거야.

A: 그래서 우리가 내릴 수 있는 결론이 뭘까?

P: 비록 완벽하지는 않더라도 자신한테 맞는 파트너가 있다는

거지. 하지만 그런 사람을 찾기 위해서는 마음을 열고 사랑
할 수 있는 기회를 열어둬야겠지.

아멜리 프리드 & 페터 프롭스트*

---

* 두 사람은 『사랑하고, 약혼하고… 결혼은 미친 짓이다? 결혼하면 안 되는 갖가지
   이유』의 공동 저자이다

진짜 좋은 남자들은
어디에 숨어 있을까?

남자들은 대체 다 어디 있는 거야?

"남자들은 대체 다 어디 있는 거야? 어디에 있는지 말해다오."

마를레네 디트리히 1901~1992, 독일에서 태어나 미국에서 활동했던 영화배우이자 가수 ─
옮긴이가 한때 불렀던 노래 가사 중 일부분이다. 전쟁 중에 사망하
거나 행방불명된 남자들을 기리며 부른 노래였다. 오늘날에는 그
런 걱정은 하지 않아도 돼서 다행이다.

"남자들은 대체 다 어디 있는 거야?"

그러나 오늘날 점점 더 많은 여성들은 바로 이 똑같은 질문을
던지곤 한다. 물론 마를레네 디트리히의 노래와는 뜻이 전혀 다
르다.

직장 얘기나 산악자전거에 관한 얘기 말고 다른 것에 대해서도

이야기할 수 있는 남자들은 대체 다 어디 있는 거야? 감정을 깊이 꼭꼭 숨겨두지 않고 입 밖으로 꺼낼 줄도 아는 남자들은 대체 다 어디 있는 거야? 사랑을 할 줄 알고 사랑을 하고 싶어 하며 또 사랑을 받아들일 줄 아는 남자들은 대체 다 어디 있는 거야? 진지하고 지속적인 교제를 원하고 또 그런 교제를 할 수 있는 남자들은 대체 다 어디 있는 거야? 신뢰할 수 있고 몇 년이 지나도 처음에 했던 약속을 지킬 수 있는 남자들은 대체 다 어디 있는 거야? 여자들이 좋아하는 매너를 갖추고 있으며 잘생긴데다 번듯한 직장까지 있는 남자들은 대체 다 어디 있는 거야? 얼마든지 많은 여자들을 거느릴 수 있지만 사랑하는 단 한 명의 여자에게만 충실한 남자들은 대체 다 어디 있는 거야? 위대한 사랑을 오랫동안 지긋이 기다리며 실제로 그런 사랑을 발견할 수 있는 남자들은 대체 다 어디 있는 거야? 역겨운 마초 또는 메트로섹슈얼로 변모하는 게 아니라 '남자'라는 단어에 정말 합당한 그런 남자들은 대체 다 어디 있는 거야?

남녀가 서로를 이해한다는 건 가능한 일일까?

이 질문은 심리치료를 받기 위해 내 진료실로 찾아오는 여성들뿐 아니라, 점점 더 많은 여성들이 하는 질문이다. "언제쯤이면 이해하게 될까요?" 마를레네 디트리히의 노래 마지막 가사도 별다른 도움이 되지 못한다. 그렇다. 남자와 여자는 대체 언제쯤이면 서로를 이해하게 될까? 수천 명의 남녀 관계 치료 전문가들과 수천 권의 연애 지침서들이 수년 전부터 다루고 있는 주제다. 작가이자 치료 전문가인 나 역시 마찬가지다. 하지만 나는 남녀가 서로 이해한다는 것은 아직 요원한 일일 뿐 아니라 오히려 점점 불가능한 일이 되고 있다는 느낌을 떨칠 수가 없다. 이것이 바로 첫 번째 문제다. 오늘날 남자와 여자는 왜 더 이상 서로를 이해하지 못하는 걸까? 이 문제는 나중에 더 자세히 다뤄보기로 하자.

우선 남자들이 대체 다 어디에 있는지에 대한 질문으로 다시 돌아가보자. 사실 남자들은 어디서나 만날 수 있다. 헬스클럽, 사무실 복도 그리고 보행자 도로 위에서. 남자들은 카페나 바에서 쿨하게 서 있거나 DIY 매장에서 공구 쇼핑을 하거나 술집에서 함께 축구를 시청한다. 심지어 인터넷에서 온갖 만남 주선 사이트를 통해 수백만 명의 남자를 만날 수 있으며 슈퍼마켓 냉동식품 코너 앞에서 만난 남자가 우리를 향해 미소 짓기도 한다. 하지만 이런 남자들은 여자들이 원하는 남자들이 아니다. 적어도 이런 식으로 이런 상황에서 만나고 싶지는 않은 것이다.

이것이 바로 두 번째 문제다. 적합한 상황에서 내가 사랑에 빠질 수 있는 남자를 만나려면 도대체 어디로 가야 할까? 이 문제 역시 나중에 다시 자세히 언급하도록 하겠다. 많은 여자들이 이런 남자는 너무 멀리 있어 찾기 어렵고, 또 닿을 수 없는 존재라 여긴다. 그러면 나는 그녀들에게 당신이 찾는 남자는 분명히 이 세상에 존재한다며, 지금도 아침에 일어나 낮에 이런저런 일들을 하고 밤에 잠자리에 든다고 말해준다. 그는 아마도 해적이나 석유 재벌은 아닐 것이며 축구 스타나 할리우드 스타도 아닐 것이다. 물론 예외는 있다. 하지만 원칙은 분명하다. 우리가 이 세상 어디서나 만날 수 있는 평범한 남자들 중 한 명인 것이다.

내가 진료실에서 이런 얘기를 하면 여자 환자들은 대개 거부하는 태도를 보이거나 굳게 입을 다문다. 하지만 내가 개의치 않고 계속해서 바로 그런 남자가 당신을 만날 순간을 기다리고 있다고 설명하면 환자들은 눈을 동그랗게 뜨고 반짝거리는 눈으로 나를 쳐다본다. 그는 특별하거나 특별한 것을 갖고 있으며 그녀, 즉 꿈에 그리던 이상형의 여자를 단번에 알아볼 수 있어야 한다. 마치 이렇게 말하듯이 말이다.

"이제야 나타나셨군요. 당신을 꿈에서 봤어요. 우리는 천생연분입니다. 이제야 마침내 당신을 찾았군요."

물론 대부분의 여자들은 낭만적이지만 터무니없는 이 얘기에 손사래를 친다. 그렇지만 이 남자가 바로 나에게 맞는 유일무이한 남자라는 것을 보장해주는 '영적 품질보증서'에 대한 갈망은 대단히 크다. 만약 그런 게 있다면 모든 의심들을 말끔히 털어버릴 수 있을 테니까 말이다. 그 사람이 정말 나한테 맞는 짝이냐 하는 의심 말이다. 이것이 바로 세 번째 문제이기도 하다. 하지만 이 문제 역시 나중에 다시 자세히 살펴보기로 하자.

가장 크고 중요한 문제는 따로 있다. 바로 여자들이 자기 확신이 없다는 것이다.

"만약 그토록 그리던 이상형의 남자를 만났을 때 그 남자를 넘어오게 할 만큼 내가 충분히 예쁘고, 매력적이고, 젊고, 지적이고, 유쾌하고, 분위를 잘 맞추고, 자의식이 강하고, 독립적이고, 세련되고, 다른 사람의 감정을 잘 헤아릴 줄 알고, 붙임성이 있고, 당돌하고, 재밌고, 그리고 사람의 마음을 사로잡을 수 있는가?"

여자들이 자기 자신에게 바라는, 때로는 서로 모순되기도 하는 이런 특징들에 관한 목록은 끝없이 이어질 수 있다. 그리고 곧바로 두 번째 회의적인 질문으로 이어진다.

"그런 남자를 만나게 된다고 해도 과연 그가 나를 사랑할까?"

대부분의 여자들이 파트너 후보라고 생각하지도 않는 남자들에게까지 방어적인 태도를 보이는 것은 사실 내적인 불안을 감추거나 "나는 충분히 매력적인가?"라는 핵심적인 질문을 은폐하기 위해서이다. 이런 질문을 던지거나 깊이 곱씹다 보면 다른 질문들이 연이어 산사태처럼 쏟아져 나온다.

"내가 제대로 하고 있는 걸까? 내가 규칙을 잘 알고 있는 걸까? 그리고 대체 어떤 규칙들이 옳은 걸까? 내 행동이 완전 잘못된 건 아닐까? 내 외모가 완전 달라져야 하는 건 아닐까? 내가 다른 특성들을 갖고 있거나 다른 직업을 갖고 있어야 하는 건 아닐까?"

이런 질문에 관한 목록도 끝없이 이어질 수 있다. 그렇다면 여기서 가장 중요한 질문에 대한 중요한 대답을 하고 넘어가자.

그렇다! 당신은 충분히 매력적이다! 그뿐만이 아니다. 당신은 지금 이대로의 모습만으로도 충분하다. 당신의 사장님이나 당신의 어머니 또는 당신의 이웃집 여자가 보기에는 그렇지 않을 수도 있다. 하지만 당신이 앞으로 만나게 될 남자에게는 충분하다. 왜냐하면 그는 의식적으로든 무의식적으로든 자신만의 고유한 특성을 갖고 있는 바로 당신을 찾고 있기 때문이다. 왜 그럴까? 그건 그 남자 역시 당신이 매력적이라고 느끼는 특성들을 갖고 있기 때문이다. 아마 그 남자도 그렇다는 것을 모를 것이다. 왜냐하면 자신이 갖고 있는 특성들은 그저 평범하고 일상적인 것이라 생각하기 때문이다. 하지만 그렇지 않다. 두 사람에게 그것은 아주 특별한 것이라 할 수 있다.

여기서 다시 한 번 강조하고 싶다. 당신은 지금 그대로의 모습으로 앞으로 만나게 될 남자에게 아주 특별한 존재가 될 것이다. 그렇기 때문에 쓸데없는 의심으로 자신의 모습을 망가트리거나 감추려 하지 말고 당신의 개성이 더 활짝 꽃피울 수 있도록 해야 한다. 당신만의 고유한 특성을 가진 당신은 유일무이한 존재다. 이 세상에 하나밖에 없는 존재이다!

안타깝게도 많은 여성들은 이 사실을 잊고 산다. 자기 본래의 모습이 아닌 다른 모습이 되기를 바란다. 남자들이 보고 한눈에 반하게 되는 특성들을 억압하고 말살시켜 버린다. 만남, 데이트 그리고 남녀 관계에 대해 천편일률적인 규칙들을 제시하는 연애 지침서들은 당장 전부 쓰레기통에 던져버리자. 이보다 훨씬 더 좋은 연애 지침서가 있다. 그것은 이미 당신이 늘 갖고 다니는 것이다. 그것은 바로 당신의 직감, 건강한 상식, 영감, 즉흥성 또는 창의성이라 할 수 있다. 다 조금씩 동원하는 것이 가장 좋다. 어떤 남자의 마음에 들고 싶으면 당신의 감정, 무의식, 개성, 생기 그리고 영리함을 마음껏 펼칠 수 있도록 해야 한다.

당신이 갖추고 있는 것 (그리고 그 남자가 당신을 사랑하게 만드는 것) 중에서 가장 중요하고 가장 끌리는 것은 당신의 아름다운 외모, 근사한 몸매, 옷차림, 매력 또는 당신의 지능이 아니다. 물론 중요한 것들이기는 하지만 가장 중요한 것은 따로 있다. 바로 당신이 유일무이한 존재라는 것이다. 따라서 당신의 유일무이성을 억누르는 것이라면 그것이 무엇이든지 간에 다 내려놓아야 한다. 이 말을 이해하고 실천한 여성들은 모두 자신을 사랑해주는 남자를 만났다. 그리고 설사 아직까지 만나지 못했다 할지라도 언젠가는 만날 것이다.

규칙을 어기는 용기로 사랑을 쟁취하다

당신이 최근에 본 영화 중에서 해피엔드로 끝난 러브스토리를 떠올려보기를 바란다. 여자 주인공이 모든 사회적인 규칙들을 착실하게 잘 지켜서 결국 그 남자를 차지하게 되던가? 아니면 여자 주인공이 다른 친구들이나 여자 동료들이 하는 것을 보고 따라 해서? 아니면 집중적인 심리치료와 신체적인 훈련을 통해서? 아니면 엄격한 자기 긍정 프로그램에 참여해서? 여자 주인공이 데이트에서 무슨 말을 해야 할지 달달 외우고 몇 번째 데이트에서 그리고 어떤 분위기에서 첫 키스를 하고 최소한 얼마 후에 (또는 늦어도 언제) 잠자리를 해도 되는지 머릿속으로 늘 계산하고 있어서?

그렇지 않다! 여자 주인공은 있는 그대로의 자기 모습을 받아들였고 뭔가 기발한 행동을 하고 경계, 규칙, 금기, 경고들을 무시하거나 남들이 옳다고 정해놓은 조언들을 따르지 않았기 때문에 남자의 마음을 사로잡은 것이다! 영화 속 여자 주인공은 바로 그런 모습을 보일 때 우리에게 호감을 불러일으키고 진정한 여주인공으로 등극한다. 바로 자신이 옳다고 생각하는 자기만의 길을 방해하는 두려움을 극복할 때 말이다. 여자 주인공은 어느 순간 더 이상 두려워하지 않았고 자신의 감정에 충실했으며 자신의 독특한 매력과 엉뚱 발랄함을 맘껏 펼쳐서 자신의 사랑을 쟁취하게 된다.

예전의 연애소설은 아주 단순했다. 엄격한 아버지는 딸의 신랑감으로 착실하지만 지루하기 짝이 없는 남자를 골라두었지만 딸은 흥미진진하고 잘생긴 남자 주인공과 사랑에 빠졌다. 물론 그 남자는 아버지의 성에 차지 않았다. 딸은 결국 아버지의 말을 거역함으로써 남자 주인공을 향한 사랑을 증명해 보인다. 결국 그녀는 남자 주인공과 함께 도망가고 두 사람은 행복하게 살았다.

과거나 현재나 사랑은 자고로 규칙을 깨는 것과 관련되어 있다. 오늘날에는 그런 엄격한 아버지는 찾아보기 힘들지만 자신한테 맞는 짝을 찾기 위해서 여자가 지켜야 한다는 규칙들은 그 어느 때보다도 범람한다. 이와 관련된 책들은 서점 진열장마다 넘쳐나고 갖가지 여성 잡지에서도 찾아볼 수 있으며 친구들 사이에서도 온갖 정보들이 난무한다. 하지만 이런 규칙이나 관습을 지키는 사람은 고루하고(겉으로도 고루해 보이고) 그것을 지켜봤자 제대로 된 자기 짝을 찾지 못하거나 잘못된 짝을 만나게 될 뿐이다. 규칙을 깰 용기를 내는 사람은 자기 자신을 찾게 되고 자신의 사랑을 증명해 보이고 원하던 사랑을 쟁취한다.

불안감이 클수록 흔히 통용되는 '옳고 그름' 그리고 '그것은 해도 되고 그것은 하면 안 된다.'라는 규칙을 따르고 싶은 유혹이 크다는 것을 나도 잘 알고 있다. 그리고 그럴수록 '정치적 올바름'과 '절대 해서는 안 되는 일'에 대한 얘기에 귀 기울이게 된다. 여자들뿐만 아니라 남자들이 느끼는 불안감도 마찬가지이다. 당신도 여자 입장에서 스스로에게 질문해보기 바란다. 당신은 자신감이 없는 남자를 원하는가? 당신에게 키스를 하기 전에 연애 지침서를 들춰 봐야 하는 남자? 당신과 하룻밤을 함께 보낸 후 자기가 잘했는지 물어볼 뿐만 아니라 자신이 얼마나 잘했는지 일일이 설명해주는 남자? 그리고 당신을 위한 사용 설명서를 어디서 구입했는지 일일이 언급해야 직성이 풀리는 남자?

당신은 아마도 그런 남자를 원하지 않을 것이다. 차라리 그 남자의 말이나 행동이 조금 서투르고 어설플지라도 그 남자가 무엇을 느끼고 어떤 생각을 하고 있으며 어떤 행동을 하는지 당신이 알 수 있는 게 낫다. 당신도 당신이 살아 있는 사람을 상대하고 있으며 그 사람이 스스로 생각해서 행동하고 때로는 모험을 하기도 하고 실험을 하기도 하는 사람이라고 느끼는 것이 나을 것이다. 그리고 그 사람은 그런 것들을 통해서 배우고 깨닫게 된다. 책을 통해서 배우는 것이 아니라 당신을 통해서 배우게 된다! 당신이 무엇을 좋아하고, 무엇을 재미있어하고 그리고 그가 언제 말을 하는 게 나은지, 또 언제 귀를 기울이는 것이 나은지 당신의 눈치를 봐가면서 깨닫게 된다. 그는 당신과 관계를 만들어나가는 것이다. 당신과 함께. 그는 관계를 맺기 위한 완성된 시나리오를 호주머니 속에 들고 다니는 것이 아니라 당신과 함께 장면들을 새로 써내려갈 마음의 준비가 되어 있다. 간단히 말하면 남자가 당신에게 관심이 있고 당신을 열망하고 당신과 사랑에 빠졌다는 것을 느끼게 해준다. 이것 말고 다른 규칙들은 다 필요 없다. 그리고 남자들 역시 바로 이런 여자를 원한다.

남녀 관계에도 생로병사가 있다

남자 친구, 파트너, 애인과의 관계에도 생로병사가 있다. 누군가를 만나고 헤어지는 과정은 매번 새롭고 다른 방식으로 맺어진다. 두 사람의 관계는 진짜 살아 있는 생명체의 삶과 같은 단계를 거치게 된다. 탄생, 아동기, 청소년기, 성년기 그리고 노년기. 그리고 언젠가는 죽음을 맞이하게 된다. 가장 낭만적이고 이상적인 경우는 둘 중 한 사람이 죽으면서 관계가 끝나는 경우이다(물론 감정적인 관계는 죽음을 초월하기도 한다). 또 점점 더 흔해지는 것이 둘 중 한 사람이 먼저 관계를 끝내는 경우이다. 오히려 관계가 '죽음'을 맞이한 이후에야 비로소 사랑의 괴로움 같은 강력한 감정에 사로잡히기도 한다.

오늘날의 남녀 관계는 현대의 부모와 자식 관계와 비슷하게 급격한 변화가 진행 중이다. 과거에 당연시했던 부모의 역할은 이미 시대에 뒤떨어진다는 평을 받고 있다. 서점에는 각종 양육 관련 서적들이 넘쳐나고 신문과 잡지에는 늘 새로운 양육 방법에 대한 논쟁이 실린다. 그리고 부모들은 이런 지침에 따르려고 하면 할수록 더욱 불안해진다. 내가 아이들한테 너무 엄격한 것일까? 또는 내가 아이들을 너무 풀어주고 키우는 것일까? 내 아이가 나의 너그러운 사랑을 느낄 수 있도록 내가 인내심을 갖고 많은 것을 허용해줘야 하는 것일까? 아니면 아이가 뚜렷한 목표와 기준을 가질 수 있도록 일관되고 확실한 선을 그어야 하는 것일까?

결국 이런 모든 질문과 대답에서 알 수 있는 건 단 한 가지. 그것은 바로 불안이다! 어른들이 불안감에 사로잡히면 아이들도 불안감을 느낀다. 불안한 아이는 키우기 힘들다. 그렇기 때문에 누군가의 조언을 찾아 나서게 된다. 그래서 육아 지침서를 구입하게 된다.

하지만 '도대체 어떤 육아 지침서를 구입해야 할까?' 하는 식의 불안은 꼬리에 꼬리를 물고 이어진다. 아이들에게 불안한 부모보다 더 나쁜 것은 (거의) 없다. 그리고 아이들에게 사랑보다 더 좋은 것은 없다. 다른 모든 것들, 각종 양육 방식이나 양육 규칙들은 사랑에 비하면 부차적인 것이다. 자신이 존재만으로 사랑받고 있다고 느끼는지의 여부가 아이에게는 가장 중요하다. 사랑받는 아이는 (의식적이든 무의식적이든) 나의 부모가 나에게 어떤 규칙들을 적용시키는 것이 아니라 나의 유일무이함을 알아주고 나에게 맞게 반응해준다고 느낀다. 이것은 형제자매일지라도 서로 다른 사람이기 때문에 각각 다른 방식으로 대해야 한다는 뜻이기도 하다.

자신의 짝을 찾는 과정, 그리고 남녀가 처음 만나는 자리에서도 흔히 솔직함, 개성 대신에 남녀 모두 불안감을 가장 많이 느낀다. 이는 양측 모두의 몰이해, 오만, 폄하, 상처, 후퇴, 닫힌 마음 그리고 결국 외로움으로 변형된다.

이런 감정의 파노라마는 양육에 관한 논란과 마찬가지로 예전의 확고한 역할 분배가 사라지면서 그 모든 것이 시작되었다. 다만 낡고 경직된 역할 대신에 새로운 경직된 역할을 세우려고 한다거나 오히려 더욱 경직된 규칙들을 세우려고 하는 것이 잘못이다. 단적인 예를 들어보자. 좋은 관계를 유지하기 위해서는 파트너의 잘못 한 번을 지적하기 위해 우선 칭찬을 다섯 번 해줘야 한다는 원칙에 대해 여러분도 한 번쯤은 들어봤을 것이다. 하지만 나는 이런 원칙을 지키는 커플을 한 번도 본 적이 없다. 만약 이 원칙이 유효하다면 아마 문제없는 관계는 없을 것이다. 완전히 비현실적인 이 원칙의 유일한 효과는 이 원칙을 요구함으로써 사실은 별 문제없는 남녀 관계를 언제든지 깨트릴 수 있다는 것뿐이다.

새로운 규칙을 주시하기보다는 영원불멸한 원칙을 중요하게 여겨야 한다. 그것은 바로 우리의 유일무이성이다. 어쩌면 이것이 인류의 남녀 관계 역사상 처음으로 중요한 원칙인지도 모른다. 새로운 역할모델은 이제는 더 이상 지배적인 역할모델은 존재하지 않는다는 것이다. 일반적으로 모두에게 통용되는 전제는 더 이상 존재하지 않는다는 것이 새로운 전제인 것이다. 그리고 나 스스로 (또는 경우에 따라서 파트너와 함께) 옳고 타당하다고 느끼는 규칙만이 중요하다는 것이 새로운 규칙이다. 이는 기존의 남녀 관계에서도 중요하지만 특히나 내 짝을 찾을 때도 중요하다.

그러기 위해서는 일단 내가 무엇을 옳고 그르다고 느끼는지,

내가 무엇을 좋아하고 싫어하는지, 나를 행복하게 하는 것은 무엇이고 불안하게 하는 것은 무엇인지 그리고 내가 맺은 남녀 관계에서 필요한 것과 필요하지 않은 것이 무엇인지 잘 알아야 한다. 내 소망과 욕구를 알려주는 내면의 이정표가 필요하다는 말이다. 이 이정표는 개인에 따라 아주 다를 수 있기 때문이다. 내 친구들, 어머니, 혹은 이 세상 대부분들의 여자들이 옳다고 생각하는 상식이나 미덕과도 완전히 다를 수도 있기 때문이다.

당신의 유일무이성이 남자와의 관계에서 비로소 처음 드러나서는 안 된다. 이것은 당신이 파트너를 찾고 파트너를 선택할 때부터 항상 당신과 함께하며 당신의 가장 좋은 조언자이자 당신 내면의 나침반이 되어주어야 한다.

나는 이 책을 통해 당신이 그렇게 할 수 있도록 도와주고 싶다. 이 책이 당신과 어울리는 파트너를 찾는 데뿐 아니라 당신 스스로를 더 잘 알 수 있게 도와주는 안내서가 되길 바란다.

ER STEHT AUF DICH!

I. 마법처럼 끌어당기는 힘

ER STEHT AUF DICH!

▛ 네 가지 성격 유형

사람의 성격은 각양각색이지만 그래도 크게 네 가지 기본 유형으로 나눠볼 수 있다. 네 가지 유형은 사각형의 각 모서리라고 생각하면 된다. 모서리는 각 성격의 극단적인 점들을 설명하고 있다고 보면 된다. 당신이 어떤 성격 유형이든 이 사각형 안 어느 지점에 해당되며 네 가지 유형의 독창적인 조합으로 이루어진다. 또한 이 사각형 안에서 움직일 수도 있는데, 다시 말해 스스로 성격을 변화 · 발전시키거나 혹은 타인의 영향으로 자신의 특정 성격이 강해지거나 약해질 수 있다는 말이다.

저명한 심리치료 전문가인 프리츠 리만은 『불안의 심리』에서 인간 심리의 네 가지 기본 유형을 아주 자세하고 흥미롭게 설명하고 있다. 그의 저서는 이미 심리학 분야의 고전으로 자리 잡았다. 네 개의 유형 중 각각 두 개의 성격 구조가 서로 상반되지만 동시에 서로의 거울이 되기도 한다. 상호 보완적인 관계인 것이다. 어떤 사람은 친밀함에 불안을 느낀다면 다른 사람은 그 반대인 외로움에 불안을 느낀다. 또 어떤 사람은 변화에 불안을 느끼고 또 다른 사람은 그 반대인 모든 것이 변화 없이 그대로인 것에 불안을 느낀다.

프리츠 리만은 저서에서 각 유형의 극단적인 경우를 설명했고 각 유형 중에서 병적으로 치닫는 부분을 중점적으로 다뤘다. 그는 네 가지 유형을 분열성, 우울성, 강박성 그리고 히스테리성이라 표현했는데 자칫 정신병적인 진단처럼 들리기도 한다. 이 책에 등장하는 그림에서는 원 밖에 네 모서리에 존재하는 부분이다. 즉 다른 기본 유형의 영향을 거의 받지 않는 부분이다.

대부분의 사람들은 원 안에 존재하기 때문에 단 한 가지 기본 유형에만 속해 있는 것이 아니라 다른 유형의 특성도 동시에 갖고 있기 때문에 보완이 된다. 그럼에도 대부분의 사람들은 자신의 성격에서 가장 많은 비중을 차지하는 한 가지 기본 유형이 있다. 그림 속 원 안 어딘가에 존재하고 있지만 네 개의 네모 중 한 곳에 가깝게 자리하고 있는 것이다.

분열성	**히스테리성**
거리를 두는 유형	경계를 허무는 유형
베일에 가려져 있고 비밀스럽다	유쾌하고 모험을 즐긴다
사고가 체계적이고 신뢰가 간다	공감 능력이 있고 이해심이 많다
질서와 통제를 중시하는 유형	친밀함을 추구하는 유형
강박성	**우울성**

    율리아 온켄은 자신의 저서 『거울에 비친 상』에서 이런 기본 유형들을 좀 더 중립적인 특징들로 묘사했다. 온켄은 이것을 다음과 같이 네 가지 유형으로 나누어 설명했다. '경계를 허무는 유형(히스테리성), 질서와 통제를 중시하는 유형(강박성), 거리를 두는 유형(분열성), 친밀함을 추구하는 유형(우울성)'이 바로 그것이다(괄호 안은 프리츠 리만이 그의 저서에서 사용했던 표현이다). 나는 당

신이 자신의 성격 구조와 가장 가까운 유형을 찾을 수 있도록 이 기본 유형에서 중요하면서도 긍정적인 특징들을 덧붙여보았다.

거리를 두는 유형　　　　　－ 베일에 가려져 있고 비밀스럽다.

친밀함을 추구하는 유형　　－ 공감 능력이 있고 이해심이 많다.

질서와 통제를 중시하는 유형 － 사고가 체계적이고 신뢰가 간다.

경계를 허무는 유형　　　　－ 유쾌하고 모험을 즐긴다.

각 유형들에 대한 모든 설명들은 (프리츠 리만, 율리아 온켄 그리고 나) 적절하지만 서로 다른 방식과 인식에 따라 다를 뿐이다. 나는 이런 상태를 '기본 성향', '잠재 성향' 그리고 '위험 성향'이라고 부른다.

기본 성향 : 거리를 둔다.

잠재 성향 : 베일에 가려져 있고 비밀스럽다.

위험 성향 : 분열적이다.

기본 성향 : 친밀함을 추구한다.

잠재 성향 : 공감 능력이 있고 이해심이 많다.

위험 성향 : 우울하다.

기본 성향 : 질서와 통제를 중시한다.

잠재 성향 : 사고가 체계적이고 신뢰가 간다.

위험 성향 : 강박적이다.

기본 성향 : 경계를 허문다.

잠재 성향 : 유쾌하고 모험을 즐긴다.

위험 성향 : 히스테리적이다.

우리에게 결정적인 것은 이것이다. 각각 상호 보완적인 성향의 사람들은(그림에서 서로 반대편에 있는) 서로 밀접한 관련이 있고 마치 자석의 음극과 양극처럼 서로를 끌어당긴다. 그러므로 반대 성향의 사람들과 순조롭게 관계가 이어져 커플이 되는 경우가 많다. 예를 들어 말이 많은 남자가 다른 사람의 말을 잘 들어주는 여자와 커플이 되고, 유쾌한 성격의 여자가 과묵한 남자와 커플이 되고, 매사가 정확한 남자가 덤벙거리는 여자와 커플이 되고, 공감 능력이 뛰어난 여자가 가까이하기 어려운 남자와 사귀는 경우 등등이 있다. 동성 친구 관계에서도 이처럼 상호 보완적인 관계의 역학을 적용할 수 있다. 프리츠 리만 역시 그의 저서에서 서로 상반되는 유형이 서로에게 매력을 느끼는 현상에 대해 언급하고 있다.

이것은 어쩌면 이율배반적일지도 모르지만 본능적 혹은 직관적으로 서로에게 이끌리는 것이다. 우리는 스스로 억누르거나 외부로 표출하면 안 된다고 금기시했던 뭔가를 타인이 시원하고 확실하게 선보일 때 강하게 매혹될 수밖에 없기 때문이다.

우리는 각각 반대 유형을 통해 자신의 한계에서 벗어나 완벽해지고 싶은 욕망을 충족한다. 그것은 성적 매혹의 본질이기도 하다.*

율리아 온켄의 저서 『거울에 비친 상』에서는 상호 보완적인 유형의 남녀가 커플이 되고 한동안 함께 시간을 보냈을 때 서로에게 어떤 점을 배울 수 있는지를 잘 설명하고 있다.

앞서 언급한 네 가지 기본 유형과 서로 상반되는 유형에게 이끌리는 힘에 관한 이론이 이미 수십 년 전부터 개별 심리치료 또는 커플 심리치료에 적용 중이지만, 아직도 자신에게 맞는 커플을 찾는 데 적용되지 않는 것이 나는 참 의아하다.

나는 그 부분을 이 책에서 다루려고 한다. 우선 사랑을 시작할 때 서로에게 이끌리는 매혹의 힘에 대해 이야기할 것이다. 그리고 당신이 자신의 성격을 제대로 이해하고 당신에게 맞는 파트너를 찾을 수 있는 방법을 제시할 것이다.

* 프리츠 리만, 『불안의 심리』 중에서

▶ 너 자신을 알라,
그러면 천생연분이 저절로 찾아올 것이다

어떤 여자에게 맞는 것이 다른 여자에게는 전혀 맞지 않을 수도 있다. 그래서 자신의 기질과는 맞지 않게 행동하면 아무도 끌어당기지 못하거나 또는 자신과 전혀 맞지 않는 남자를 끌어당기는 실수를 범할 수도 있다.

공감 능력이 뛰어난 여자는 남의 이야기를 잘 들어주고 그 사람의 입장이 되어 이해를 잘 해준다. 이런 여자한테는 많은 연애 지침서에서 권하듯이 '여신' 전략을 쓰거나 친절하게 굴지 말아야 한다거나 도도하게 나가야 한다는 충고는 완전히 잘못된 것이다. 모험을 즐기는 여자는 늘 새롭고 다양한 아이디어로 주변 사람들을 매혹시킨다. 그런데 이런 여자에게 자신이 원하는 이상형의 남자에게 참을성 있고 조신하게 자신의 사랑을 표현하라는 충고는 전혀 소용이 없다. '여신' 전략이 가장 잘 어울리는 유형은 베일에 가려진 비밀스러운 여성들이다. 하지만 그러기 위해서는 자신의 진짜 성격을 마음껏 드러낼 수 있는 용기가 있어야 한다. 경계를 허무는 여자 유형은 자신이 찍은 남자를 유혹할 수 있는 방법을 무수히 많이 알고 있다. 하지만 인내와 참을성은 부족하다.

일단 여자들은 자기 자신을 알아야 한다. 즉 자신의 기본 유형을 잘 파악한 후 자신의 강점과 약점을 숙지하고 파트너를 찾을 때 핵심 역량을 최대한 활용해야 한다. 여기서 말하는 핵심 역량은 대개 너무나 자연스럽고 기본적인 성향들이기 때문에 스스로 매력적이라고 여기지 않는 것들이다. 이것이 진짜 문제다. 왜냐하면 반대 성향 즉 상호 보완이 되는 유형의 사람들은 그 기본 성향에 매력을 느끼기 때문이다. 본인들에게는 너무 어렵고 감히 실행하지 못하는 것을 과감하게 연출하는 모습에 반하는 것이다.

그런데 대개의 여자들은 파트너를 찾을 때 자연스럽지 않은 자신의 모습을 연출하려고 노력한다. 자기 본연의 모습이 아닌 어색한 모습을 연기하다 보니 어떤 남자도 매혹시키지 못하거나 엉뚱한 남자를 끌어당기는 결과로 이어지는 것이다.

유명한 TV 시리즈 〈섹스 앤 더 시티〉에 등장하는 네 명의 친구들이 각각 네 가지 유형을 대표하고 있는 것은 결코 우연이 아니다. 이 시리즈가 세계적인 성공을 거둔 이유 중 하나가 바로 이 때문이다. 모든 여성들은 네 명의 주인공 중 한 명에게서 자신과 유사한 모습을 발견하게 된다. 경계를 허무는 유형인 캐리 ("이별을 하는 것은 심장에는 유익하지 않지만 경제에는 유익해."), 거리를 두는 유형인 사만다 ("나는 이제 위대한 사랑은 지긋지긋해. 나는 위대한 애인을 원해."), 질서와 통제를 중시하는 유형인 미란다 ("나는 남자들이 나를 섹시하게 생각하도록 노력해……, 먼저 남자들에게 나의 인격으로 어필한 다음에 말이야!") 그리고 친밀함을 추구하는 유형인 샬롯 ("나는 단지 착하고 사랑스럽고 잘생기고 유머가 있고 정말 멋진 남자를 원하는 것 뿐이야!"). 이 네 명의 주인공들은 본인 나름대로의 '핵심 역량'으로 특별한 전략을 세워 모두 자기에게 맞는 남자를 찾았다. 그러니 우선 당신 자신이 어떤 유형인지를 파악하라. 그 유형의 본성대로 행동하면 자신에게 맞는 남자를 매료시킬 수 있다. 그렇게 되면 천생연분 커플이 탄생하는 것이다. 관계가 순조롭게 잘 발전하면 서로 상대방으로부터 자신의 단점을 보완할 방법을 배우게 된다.

◤ 자기 자신을 향한 긍정적인 시선

파트너를 선택할 때 가장 중요한 것은 당신의 개성이나 특성뿐만 아니라 약점이나 내면 깊숙한 곳에 감추어져 있는 불안을 있는 그대로 받아들여야 한다는 점이다. 달리 표현하자면 당신이 다른 사람이 되고 싶어 하지 않고 그저 있는 그대로의 모습으로 최선을 다해야 한다는 뜻이다. 당신이 어떤 유형이든지 누구나 장점과 단점을 가지고 있고 밝은 면과 어두운 면을 동시에 갖고 있다는 점을 기억하라.

나는 이 책에서 각 유형을 설명할 때 가능하면 긍정적인 측면들을 부각시키려고 한다. 당신도 역시 가능하면 자신의 긍정적인 면에 집중하라. 물론 이런 말들은 이미 수천 번도 넘게 들었을 것이다. "자기 자신을 사랑하라. 그러면……"과 같은 말들은 이미 수많은 자기계발서에서 수도 없이 반복되었던 클리셰이다. 하지만 한 가지 사실은 절대 잊으면 안 된다. 자기 자신을 있는 그대로 긍정적으로 받아들이려고 노력하기 전에 먼저 당신의 장점과 단점이 정확히 무엇인지 그리고 당신만의 특별한 개성이 무엇인지 생각해보라는 것이다. 그리고 그것보다 더 중요한 것은 당신에게 힘든 일이 무엇인지, 별로 힘들지 않은 일이 무엇인지 구분할 줄 아는 것이다.

델포이 아폴론 신전에 '너 자신을 알라'라는 격언이 괜히 새겨져 있는 것이 아니다. 이것이 가장 첫 번째이자 가장 중요한 연습이다. 그런 다음에야 당신이 자신에 대해 깨달은 것을 받아들이고 있는 그대로의 자기 자신을 사랑할 수 있다.

하지만 그 전에 사람은 누구나 다양한 성격, 심지어 때로는 서로 상반되는 성격을 동시에 갖고 있을 수도 있다는 걸 다시 한 번 강조하고 싶다. 일반적으로 네 개의 기본 유형 중에서 한 개가 우세하지만 또 다른 유형이 점점 확장되기도 한다. 예를 들어 친밀함을 추구하는 기본 유형에 속하는 여성이 경계를 허무는 또는 질서와 통제를 중시하는 면을 갖고 있을 수 있다. 또는 질서와 통제를 중시하는 유형의 남성이 거리를 두거나 친밀함을 추구하는 면을 함께 지니고 있을 수도 있다.

〈섹스 앤 더 시티〉에 등장하는 네 명의 주인공들이 좋은 사례를 보여준다. 일단 캐리부터 살펴보자. 캐리는 명백하게 경계를 허무는 유형이다. 캐리는 특유의 매력, 유머 그리고 섹스어필로 남자들의 마음을 사로잡는다. 캐리는 남자를 다루는 방법을 잘 알고 있고 그녀가 아무리 히스테리를 부려도 남자들은 그녀에게 매료된다. 캐리는 남자들과 썸 타는 것을 즐기고 이 남자 저 남자와 연달아 데이트를 한다. 수시로 옷을 바꿔 입고 기분에 따라 하루에도 여러 차례 구두를 갈아 신는다. 칼럼을 쓰는 창의적인 직업을 가진 캐리는 주마다 뭔가 재밌고, 흥미진진하고 기발한 것을 생각해내야 한다. 하지만 캐리는 친밀함을 추구하는 면도 있다. 캐리는 자신의 위대한 사랑인 미스터 빅이 언젠가 그녀를 찾아와 구원해주고 영원토록 그녀와 함께하기를 바라는 낭만적인 희망을 품고 있다. 그녀는 오랜 세월을 함께한 친구들을 끔찍이 아끼고 그들을 위해서라면 물불을 가리지 않는다. 바로 이런 점 때문에 캐리는 표면적이 아닌 깊이 있고 끈끈한 사랑을 받게 되는 것이다.

반면에 사만다는 거리를 두는 유형이다. 그녀는 한 남자에 얽매어 살고 싶어 하지 않기에(또는 할 수 없기에) 확고하게 싱글의 삶을 선택했고 자기 자신과 자신의 욕구에 집중한다. 다른 사람의 감정을 살피거나 희생정신을 발휘하는 것은 그녀의 강점이 아니다. 사만다의 (성적인) 매력은 너무나 매혹적이어서 어떤 남자도 감히 그녀를 거부할 수 없다. 두 번째 기질인 경계를 허무는 특성 때문에 사만다는 항상 생기가 넘치고 모험을 즐기면서 세상을 살아간다. 그녀는 남자와 사랑에 빠지지 않기 때문에 싱글인 것이 아니라 계속해서 다른 남자와 사랑에 빠지기 때문에 싱글이다. 사만다의 두 번째 기질은 첫 번째 기질과 모순되는 것이 아니라 보완되는 특성인 것이다.

캐리와 사만다의 친구인 샬롯은 친밀함을 추구하는 유형이다. 샬롯은 로맨틱한 성격에 예의 바르고 잘생겼으며 동시에 소울메이트가 될 수 있는 남자를 원한다. 그녀는 사랑스러운 아내와 헌신적인 어머니 역할을 하는 아늑한 가정생활을 꿈꾼다. 이 모든 것이 가능하면 아주 확고하고 보수적인 테두리 안에서 이루어지기를 바란다. 그녀가 꿈꾸는 이상적인 남자는 진정한 신사이다. 전통적인 가치를 중시하고 가족 내에서도 전통적인 역할 분배를 추구하는 그녀는 아주 옛날 방식으로 남자에게 정복당하기를 바란다. 이 점을 보면 샬롯은 질서와 통제를 중시하는 기질도 갖고 있으며 이것은 친밀함을 추구하는 샬롯의 기본 유형과 잘 어울린다.

네 명의 친구 중 마지막으로 미란다를 살펴보자. 미란다는 질서와 통제를 중시하는 유형이다. 성공하고 자의식이 강한 커리어 우먼인 미란다는 직업적인 성공에 많은 가치를 둔다. 그녀는 모든 삶의 영역에서 인내와 불굴의 의지로 자신의 목표를 좇는다. 미란다는 늘 스스로 강조하듯이 데이트하는 남자들에게 섹스로 어필하기보다는 자신의 인격으로 어필한다. 하지만 일을 많이 하기 때문에 사랑할 시간은 별로 없다. 그래도 성적 관계가 필요할 때는 낭만적인 절차는 생략하고 되도록 신속하고 효율적으로 진행되기를 바란다. 하지만 스티브와의 관계나 엄마로서의 역할을 수행할 때는 친밀함을 추구하는 면도 발휘한다. 강한 커리어우먼은 뒤로 물러나고 사랑스러운 여자, 그리고 아이를 잘 보살피는 엄마의 모습이 전면에 등장한다.

한 사람에게 두 가지 유형이 결합되어 나타나는 것은 아주 흔한 일이다. 일반적으로 남자는 거리를 두는 유형과 질서와 통제를 중시하는 유형이(정도의 차이에 따라) 결합되어 있고 여자는 친밀함을 추구하는 유형과 경계를 허무는 유형이 결합되어 있다고 여긴다. 따라서 남자들은 주로 독립적이고 자제력이 강한 사람들로 인식되는 반면에 여자들은 공감 능력이 뛰어나고 대화를 나누는 것을 좋아하는 것으로 인식된다.

하지만 이런 구분은 사회에서 요구하는 성 역할 구분에 부합하는지는 몰라도 개별적인 남녀의 실제 성격과는 일치하지 않는다. 나는 모든 남녀에게 네 가지 성격 유형이 골고루 분포되어 있다고 생각한다. 다만 모든 사람들은 사회에서 기대하는 성 역할이나 상대 성의 일반적인 요구에 부응하려는 경향이 있다. 그 때문에 일부 사람들은 정도의 차이는 있지만 자신의 성격을 왜곡시키는 것이다. 그러니 네 가지 성격 유형 모두에서 자신의 모습을 조금씩 발견하게 되더라도 의아하게 생각하지는 말자. 우리는 한편으로는 내재된 기질을 계속해서 발전시키고, 또 다른 한편으로는 주변 사람들로부터 강한 영향을 받기도 한다. 예를 들어 어떤 남자를 만날 때 당신은 긴장을 풀고 마음 편하게 당신의 유머러스한 면을 마음껏 드러내 보일 수 있는 반면에 또 어떤 남자를 만날 때는 소극적이고 과묵한 모습만을 표출하기도 한다. 상대방이 당신에게 어떤 영향을 주는지에 따라서 달라지는 것이다. 당신도 분명 이런 경험을 해봤을 것이다.

프리츠 리만은 모든 기본 유형을 조화롭게 하나로 만드는 것이 인간 발전의 목표라고까지 했다. 그렇게 되면 당신은 성격 유형 그림에 등장하는 원의 중심 부분을 차지하게 될 것이다. 프리츠 리만은 이를 다음과 같이 설명한다.

우리는 언제나 원칙적으로는 어떤 인생 상황에 반응할 수 있는 네 가지 가능성을 갖고 있다. 우리는 그 상황으로부터 거리를 둘 수도 있고 애정을 가지고 가까이 다가갈 수도 있으며, 그것을 마치 법처럼 내재화하거나 우리의 욕구에 맞게 변형시키는 시도를 할 수도 있다.*

간단히 말하면 이렇다. 사랑하거나, 떠나거나 바꿔라. 아니면 그냥 주어진 대로 받아들여라! 어떤 상황이나 사람들을 대할 때 네 가지 가능성을 모두 겸비하고 있는 사람, 즉 그 어떤 가능성도 배제하지 않고 어떤 가능성에 대한 원칙적인 불안을 갖고 있지 않은 사람은 자유롭고 균형 잡히고 평안한 사람이 될 수 있는 길을 제대로 가고 있는 것이다.

'하지만 각 개인이 이런 '온전함'을 갖는 것은 제한적으로만 가능하다. 우리 인간은 결함이 있고 불완전한 존재이기 때문이다.'라고 프리츠 리만은 지적하고 있다.** 그렇기 때문에 우리는 우리를 보완해주고 함께 있으면 적어도 조금은 더 완벽해졌다는 느낌을 갖게 해주는 파트너가 필요한 것인지도 모른다.

▚ 내향성인가, 외향성인가

어쩌면 거의 모든 성격 테스트에 등장하고, 많은 성격 테스트의 궁극적인 목적이기도 한 중요한 특성이 왜 앞서 언급한 네 가지 성격 유형에는 확실하게 등장하지 않는지 의문을 갖는 사람들이

* 프리츠 리만, 『불안의 심리』 중에서
** 프리츠 리만, 『불안의 심리』 중에서

있을 것이다. 바로 외향성이냐 내향성이냐 하는 문제 말이다. 실제로 프리츠 리만의 『불안의 심리』에는 이런 특성은 등장하지 않고 기껏해야 각 성격 유형을 설명할 때 잠깐 언급될 뿐이다. 내향성 그리고 외향성에 대한 설명은 미국 심리학자 이사벨 브릭스 마이어스Isabel Briggs Myers, 1957년 마이어스 브릭스 성격 유형 검사(MBTI)를 개발하여 성격 검사를 대중화하는 데 기여한 미국의 심리학자-옮긴이가 적절하게 했다. 마이어스는 내향성은 자신의 내면으로 향하는 것을 더 좋아하는 성향이라고 정의한다. 이들은 자신의 내면세계에서 에너지와 힘을 얻는다. 그 반면에 외향적인 사람들은 외부로 향하는 것을 더 좋아하고 외부 세계로부터 그리고 타인과의 접촉을 통해 에너지를 얻는다. 하지만 이런 상이한 특성은 모든 사람들의 심리 속 어딘가에 자리 잡고 있는 일직선의 양 끝점일 뿐이다. 누구나 타인을 통해 자신이 채워지고 에너지를 얻었던 경험이 있을 것이다. 또한 내면을 들여다보고 조용히 자신만의 시간을 가지면서 편안함과 에너지를 얻었던 경험도 있을 것이다. 하지만 누구나 한쪽으로 치우쳐 있는 경향이 있고 개인적인 성장 과정, 환경(예를 들어 집이나 직장) 또는 현재의 상황에 따라서 내향적이거나 외향적인 성향으로 보인다.

내가 제시한 성격 유형 사각형이 2차원이라면 내향성 또는 외향성이라는 유형은 3차원적 요소라고 생각하면 된다. 이에 따르면 모든 성격 유형은 내향성 혹은 외향성으로 표출될 수 있다. 흔히 거리를 두는 유형과 질서와 통제를 중시하는 유형은 내향성이 강하다고 해석하는 반면에 경계를 허무는 유형과 친밀함을 추구하는 유형은 외향성과 결부시키는 경향이 있지만 이에 반대되는 사례는 얼마든지 있다. 〈섹스 앤 더 시티〉에 등장하는 두 명의 주인공도 마찬가지이다. 사만다는 거리를 두는 유형임에도 외향적인 반면에 친밀함을 추구하는 유형인 샬롯은 내향성이다. 내향성 또는 외향성의 정도는 네 가지 기본 유형을 구분하는 데 영향을 미치는 것이 아니라 그 특성이 표출되는 방식에 영향을 준다. 그렇기 때문에 뒤에 수록된 유형 테스트에도 이 구분은 따로 등장하지 않는다.

이제 우선 여성의 입장에서 각 성격 유형의 생활 감정실제 생활에서 느끼거나 우러나오는 감정-옮긴이과 장단점을 살펴볼 것이다. 그런 다음에 각 여자 유형을 상대방 남자가 어떻게 인식하는지를 설명할 것이다. 파트너를 찾을 때 적용할 수 있는 강점과 가능성들을 찾아보는 것이다. 덧붙여서 빠지기 쉬운 전형적인 함정과 그것을 피해갈 수 있는 방법도 설명한다. 마지막으로 실제 사례를 통해 각 유형을 생생하게 이해할 수 있도록 돕는다. 나는 이 실제 사례를 통해 같은 유형에 속할지라도 각자의 인생이 얼마나 다를 수 있는지를 이야기하고 싶다.

앞으로 등장할 설명, 사례 그리고 조언들 중에서 당신에게 가장 유용하고 가장 필요하다고 느끼는 것들을 잘 선별해내기를 바란다. 아마도 당신은 이 중 한 개 또는 두 개의 성격 유형에서 당신의 모습을 발견할 수 있을 것이다. 하지만 그렇다고 해도 네 개의 기본 유형도 차분히 다 읽어보기를 권한다. 다른 기본 유형의 특징에 대해 아는 것도 당신에게 유용할지도 모르니까 말이다.

ER STEHT AUF DICH!

II. 당신은 어떤 유형의 여자인가?

1. 거리를 두는 여자

▶ 생활 감정

사람은 누구나 유일무이하고 대체 불가능한 존재가 되고 싶은 욕구를 갖고 있다. 대중화와 세계화 속에서 개별화되고 고립화되는 이 시대에는 더욱 그렇다. 그런 한편 인간은 사회적인 동물로 그룹을 만들고 공동체를 이루는 것을 좋아한다. 단지 어떤 욕구가 더 우세한가에 따라 유형이 나뉘는 것이다. 즉 다른 사람들을 별로 개의치 않고 자신의 개인적인 관심사를 펼치는 것이 중요한가 아니면 배려와 절충이라는 번거로움을 감수하더라도 다른 사람들과 교류하면서 사는 것이 더 중요한가의 차이일 것이다.

당신이 만약 거리를 두는 여자 유형이라면 당신의 행동은 전자에 훨씬 더 많이 가치를 두는 것이다. 그러면서 내면은 두 가지 생각이 충돌하고 있다. 바로 자신을 다른 사람으로부터 경계 짓고 자아를 보호하려는 욕구와 자신을 완전히 내려놓음으로써 자기 자신을 잃어버릴지도 모른다는 불안이다. 당신은 자신의 관심사에 충실하고 욕망에 충실히 따른다. 당신은 당신 세계의 중심이며 외부의 세계는 감정으로 이해하기보다는 인식을 통해 추론하고 이해한다. 당신에게는 누군가에게 종속되거나 너무 많은 의무감을 갖는다거나 혹은 지시를 따르기를 거부하는 것이 중요하다. 당신은 다른 사람들과 거리를 두고 싶어 한다. 이것은 다른 사람들에 대해 불친절한 것이 아니라 반드시 필요한 보호막을 치는 것이다. 그렇게 하지 않으면 당신은 자기 자신을 잃어버리거나 뿌리째 존재가 흔들릴지도 모른다는 불안감을 갖고 있기 때문이다. 그렇기 때문에 사람들과 가까워지면 늘 약간 불안한 마음이 든다. 이것은 물론 상처 받을까 봐 불안한 것이기도 하지만 사실 그것보다는 재능을 발휘할 수 있는 가능성, 자유 그리고 활동 공간이 위축될까 봐 불안한 것이다. 그래서 당신은 다른 사람과 친밀하고 감정적인 접촉을 하기 전에 늘 신중하게 장단점을 저울질한다. 즉흥적인 의형제 맺기 또는 의자매 맺기, 또는 성급한 친구맺기 그리고 마음이 뜨거워지는 집단 소속감 같은 것은 당신과 별로 어울리시 않는다. 그 대신 당신은 당신이 감정적으로 마음의 문을 연 사람에게는 아주 신뢰할 만하고 오래가는 친구가 되어준다. 프리츠 리만은 이런 유형은 자기 헌신에 대한 불안을 가지고 있다고 설명했다. 이는 자아 상실과 의존성으로 나타날 수 있다.* 다른 사람의 입장에서 생각하는 능력이 부족하기 때문에 이런 유형이 느끼는 불안은 더욱 심해진다. 때로는 낯설고, 이해 불가능하고 불안에 사로잡힌 채 홀로 남겨진다. 이런 유형의 사람과 감정적으로 진짜 가까워질 수 있는 유일한 가능성은 완전한 헌신 곧 자기 포기다. 상대방을 진정으로 이해하기 힘들다는 감정 그리고 다른 한편으로 친밀함에 대한 과다한 갈망. 이 때문에 자아를 잃어버리거나 자신을 포기할 수밖에 없는 상황은 필연적으로 불안을 야기한다.

감수성이 뛰어나거나 상처를 잘 받는 체질을 타고났기 때문에 이런 종류의 불안을 느끼는 당신은 외부 세계와 다른 사람들에게 스스로를 무방비 상태로 드러내 보이지 않는다.

강점과 약점

당신은 자의식이 강하고 자신만의 개성이 있으며, 타협하는 것을 좋아하지 않으며 아주 풍부한 상상력과 자신만의 독특한 세계로

* 프리츠 리만, 『불안의 심리』 중에서

주변 사람들을 매료시킨다. 당신은 속마음과 다른 감정을 연기하거나 극적인 상황을 연출할 필요성을 느끼지 못한다. 당신은 그렇게 행동하는 것을 불편해하고 상당히 민망하게 생각한다. 바로 이런 강한 감정과 높은 감수성으로 당신은 스스로의 감정을 다스린다.

만약 다른 사람들과 외부 세계가 당신을 끌어당겨 원하지 않는 방향으로 떠밀면 당신은 자신의 정체성을 지키기 위해 기꺼이 다른 사람들과 어울리기를 거부한다. 상처 받지 않기 위해서 당신의 감수성과 민감함을 내면에 숨겨놓는다. 그리하여 당신은 차라리 혼자가 되어 스스로 합리적이고 논리적으로 행동할 수 있는 분야에 몰두한다. 예를 들어 계산하기, 돈 그리고 어떤 종류의 기술과 같이 설명 가능하고 이해 가능한 것들을 좋아한다. 감정적이지 않은 이성적이고 객관적인 테마에 몰두하는 것은 당신에게 안정감을 준다. 내면에 숨어 있는 불안을 그 안에 잘 감출 수 있기 때문이다. 이런 식으로 당신은 안정감을 느낄 수 있는 자신만의 작은 세상을 만든다. 하지만 계속 이렇게 하다 보면 다른 사람이나 외부 세계와 영원히 단절될 수 있는 위험도 있다. 그 결과 사람들은 당신에게 거리를 두거나 '특이한 사람'이라 평가한다. 당신은 경계를 허무는 여성처럼 먼저 대시하거나 정복하려 하지 않고 친밀함을 추구하는 여성처럼 유혹하거나 헌신적이지도 않다. 당신은 애정이나 속마음을 언어나 감정으로 잘 표현하지 못한다.

상대방은 당신의 언어보다는 눈빛이 많은 것을 말해준다는 것을 알게 될 것이다(제대로 읽을 줄 알면 말이다). 당신은 표정이나 몸짓으로 많은 감정을 표현한다. 그것을 제대로 읽기 위해서는 그만큼 섬세한 주의력과 감각이 필요하다. 당신 같은 유형은 조용한 기쁨을 느끼는 것이 특징인데 어떤 사건 자체보다는 생각이나 인식으로 기쁨을 느끼기 때문이다. 당신의 표정이나 보디랭귀지는 대체로 조용하고 신중한 편이다.

당신은 애정 능력을 겉으로 드러내는 것을 힘들어한다. 그 때문에 만약 상대방이 당신의 시선이나 작은 몸짓만 보고도 마음을 알아챘다면 당신은 상당히 고마워한다. 당신을 위축시키지 않으면서 사랑과 호의를 보여주고 안정감과 편안함을 주는 사람, 당신에게 피난처를 제공하지만 언제든 출구를 열어두는 사람이 바로 그런 사람이다. 당신은 당신의 자유나 독립성을 위협하는 모든 것에 상당히 예민하게 반응하는 사람이다. 그런 당신의 특성을 이해해주는 사람에게 당신은 깊은 사랑, 내적인 결속감 그리고 고마움으로 보상해준다. 비록 당신이 이 모든 것들을 당신의 파트너에게 말이나 행동으로 표현하는 것을 힘들어할지라도 말이다.

▶ 남자의 마음을 사로잡는 방법

당신은 무엇보다 '한 가지' 특징으로 남자들을 끌어당긴다. 그것은 당신의 아우라 그리고 당신의 존재 그 자체다. 당신은 구애를 하는 것이 아니라 구애를 받는다. 당신이 정복을 하는 것이 아니라 상대가 정복하게끔 유도한다. 자신이 유혹하는 것이 아니라 상대가 유혹하게끔 하고 헌신하는 것이 아니라 헌신하게끔 한다. 그리고 다른 사람을 파악하는 것이 아니라 다른 사람이 당신을 파악하게끔 한다.

당신은 태양과 같고 남자들은 당신 주위를 맴돈다. 당신은 남자들이 자신의 인생이 의미 있다 여기게끔 만들어주는 존재이며, 그들에게 방향을 제시하는 빛이다. 당신은 어머니가 아니고, 간호사가 아니고, 주부가 아니고, 가정교사도 아니고 그냥 여자다. 그러나 가까우면서도 먼 여자다. 누구도 당신을 완전히 장악할 수가 없다. 당신은 자유롭기 때문이다. 남자들은 당신의 그 점에 매혹된다. 남자들 역시 내적인 자유를 갖고 싶어 하기 때문이다. 당신은 늘 결정적인 순간을 스스로에게 남겨두어 자신을 보호하는 데 에너지를 쓴다.

이런 점 때문에 어떤 남자들은 절망감에 휩싸이거나 미쳐버리려고 하지만 당신한테 맞는 남자는 사랑에 빠지고 만다. 그 남자는 자신이 늘 그토록 바라던 것을 마침내 얻게 된 셈이다. 그의 사냥 본능은 결코 꺼지지 않으며, 그는 당신 곁에서 절대 진정한 평온을 얻을 수 없기에 늘 자극을 받고 호기심이 발동한다.

실제로는 그렇지 않다고 할지라도 당신은 가벼운 사시(斜視)가 있는 여자인 셈이다. 어떤 남자들은 가벼운 사시에게 큰 매력과 흥분을 느낀다. 이런 여자는 가늠하기가 어렵다. 누구를 쳐다보는 것인지 다른 사람을 쳐다보는지 아니면 자기 자신을 들여다보고 있는지 도통 알 수가 없다. 이런 여자와의 관계는 늘 살짝 결함이 있다. 육체적으로 얼마나 친밀한지와 상관없이 이런 여자는 거리를 두기 때문에 베일에 가려 있어 비밀스럽게 보인다. 어떤 남자들에게는 이런 거리를 극복하려는 노력이 영원한 자극제가 될 수 있다. 가벼운 사시를 가지고 있는 가장 유명한 여자는 바로 레오나르도 다 빈치의 '모나리자'다. 어쩌면 모나리자의 매력은 알 수 없는 미소뿐 아니라 가벼운 사시 때문인지도 모른다.

이와 반대로 옛날에는 '벨라도나'(='아름다운 여자')라는 까만 열매가 열리는 독초 즙을 눈에 넣는 여자들이 있었다. 벨라도나는 동공을 확장시키는 효과가 있었기 때문이다. 여자가 상대방에게 호감을 느끼고 흥분을 느끼면 실제로 어떤 보조제 없이도 동공이 확장된다. 그리고 동공이 확장된 여자의 눈을 바라보는 남자는 자연스럽게 그 여자를 아름답다고 느끼게 된다. 따라서 여자들이 눈에 벨라도나를 넣은 채 상대방에게 자신이 호감이 있다는 신호를 보내려고 했던 것이다. 이것은 거리를 두는 여자 유형과 반대인 친밀함을 추구하는 여자 유형이 남자들을 사로잡는 (인위적인) 방법이다.

가까이하기엔 너무 먼 당신

당신이 대규모의 그룹, 이를테면 파티나 어떤 이벤트 모임에 참석할 경우 당신을 감싸고 있는 눈에 보이지 않는 보호막은 신비롭고 빛나는 분위기를 만들어주어 당신은 남자들에게 다가가기 힘들지만 함께하고 싶은 파티 퀸으로 통한다. 당신은 접근하기 힘든 검은 머리 여인, 쌀쌀맞은 금발 머리 여인, 다가가기 어려운 갈색 머리 여인인 셈이다. 당신은 남자들에게 감히 다가가기 힘든 모델과 같은 매력을 발산한다.

능숙한 친절, 쿨하게 썸 타기 그리고 아련한 감수성을 내뿜는 당신만의 (일부는 무의식적인) 독특한 매력에 수줍고 소극적인 모습까지 적절하게 선보이면 당신은 일부 남자들을 완전히 매료시킬 수 있다. 성적인 관심을 공개적으로 드러내는 것도 지나친 감정적 친밀함으로부터 당신을 보호하려는 방법일 수도 있다. 반면에 당신은 상대가 너무 지나치게 가까이 다가오거나 감정적이 되면 가차 없이 거절할 준비가 되어 있다. 하지만 그렇게 해도 상대가 나가떨어지는 것이 아니라 오히려 당신의 카리스마에 매료된다. 자신감이 넘치는 모습에 감탄하고 부러움을 느끼는 것이다.

에로틱한 분위기 발산

당신은 모든 남자들을 매혹시키는 능력이 있는데 그것은 바로 섹스와 감정을 구분할 줄 아는 것이다. 어떤 남자가 당신에게 섹스는 단지 섹스일 뿐이며 깊은 감정 없이도 섹스는 가능하다고 말하면 당신은 그저 따분하다는 듯한 미소만 지을 것이다. 이미 잘 알고 있는 사실이기 때문이다. 하지만 당신은 이렇게 섹스와 감정을 구분 짓는 것이 고통스러울 수 있다는 것도 알고 있으며 때로는 사랑과 섹스가 결합하여 자신을 완전히 놓아버리고 싶은 경험을 하고 싶기도 한다. 하지만 융합에 대한 불안과 그로 인한 자아 상실에 대한 두려움 때문에 막상 실행에 옮기지는 못한다. 그렇지만 당신은 이런 고통에도 불구하고 자신이 강하고 남자들보다 우월하다고 느낀다.

헬무트 뉴튼의 사진 작품에 등장하는 나체 여성들이 당신이 속하는 유형의 여자들을 잘 대변해준다. 그의 작품에 등장하는 키가 크고 몸매가 좋은 여자들은 나체로 오로지 하이힐만 신은 채 관찰자를 향해 다가오거나 다리를 벌린 자세로 감히 다가가기 어렵게 함과 동시에 위축감이 들게 만든다. 차갑고 거리감이 느껴지면서도 성적인 분위기를 한껏 발산하는 것이다.

이것은 〈섹스 앤 더 시티〉에 등장하는 사만다가 발산하는 에로틱한 매력과 같다. 당신에 대한 남자들의 감정은 멀리 있는 성주의 딸을 흠모하는 중세 시대 기사의 마음과 비슷하다. 흠모하는 여인의 비단 손수건을 들고 십자군 원정을 떠난 기사는 그 여인을 위해서라면 언제든지 목숨을 바칠 수 있다. 기사는 사랑하는 여인을 위해서 싸우고 고통스러워하며 죽는다. 그녀는 기사가 느끼는 그리움의 목표 지점이지만 결코 다가갈 수 없는 존재다. 감정적인 친밀함에 대한 두려움이 성생활 또는 성적인 상상에 얼마나 많은 영향을 미칠 수 있는지를 내가 진료했던 서른세 살 환자의 꿈을 통해 이야기해보자.

자비네는 늘 똑같은 에로틱한 꿈을 꾸곤 했다. 그녀는 부드럽고 따뜻한 모래사장 위에 배를 깔고 누워 있다. 책을 읽다가 음악을 듣기도 하고 멍하니 공상에 잠기기도 했다. 잠이 반쯤 들었을 때 뒤에서 남자가 가까이 다가오는 것을 느꼈고 결국 근육질의 남자는 부드럽게 그녀의 몸 위에 자신의 몸을 포갠다. 그녀는 남자를 볼 수가 없고 볼 생각도 없다. 그녀는 단지 자신의 몸에 닿은 남자의 육감적이고 에로틱한 몸의 접촉만 느낄 뿐이다. 남자는 결국 별다른 전희 없이 뒤에서 그녀의 몸에 들어온다. 그녀는 남자의 강하고 리드미컬한 움직임을 즐기고 서서히 달아오르면서 결국 극적인 순간까지 만끽한다. 그러나 그 낯선 남자는 그녀와 감정적으로 가까워지기 전에 가버린다. 인사도 없이. 그녀가 남자의 얼굴을 채 보기도 전에.

당신은 자신의 본성을 당당하게 받아들이고, 자신의 욕구와 소망뿐 아니라 불안까지 감추지 않고 그대로 드러낼 경우에만 자신에게 맞는 남자를 끌어당길 수 있다. 그렇게만 한다면 당신과 맞는 남자들은 자석에 이끌리듯 당신에게 감탄하며 다가올 것이다.

▌ 당신에게 매력을 느끼는 남자들

친밀함을 추구하고 공감 능력이 있는 남자 유형을 최근에 부쩍 많이 볼 수 있는데, 당신은 이런 남자들에게 엄청난 매력을 발산한다. 자신들이 갖고 있지 않은 바로 그 능력을 당신이 갖고 있기 때문이다. 당신은 별로 개의치 않고 상대방에게 당신의 욕구와 소망에 대해 솔직하고 당당하게 말할 수 있다. 그리고 당신은 가차 없이 경계를 짓기도 한다. 당신은 남자들이 다가오게끔 하고 당신 마음이 내키는 대로 다시 보내버리기도 한다.

당신은 감정적으로 자립했으며 베일에 가린 듯 감히 다가가기 힘든 타입이기 때문에 많은 남자들이 매료되지만, 감수성이 풍부하고 공감 능력이 있는 남자는 당신의 이면에 숨어 있는 상처 받기 쉽고 외로운 성향까지 알아본다. 그는 당신이 친밀함, 애정 그리고 사랑에 대한 욕구를 갖고 있지만 이런 욕구를 제대로 표현하지 못해 내적인 갈등을 겪고 있다는 것을 알고 있다. 그는 당신의 신중한 태도와 거절을 불안과 두려움으로 해석한다. 그리고 그의 이런 해석은 대부분이 옳다.

그는 자신의 불타는 사랑과 친밀감과 인내심으로 당신을 구제해주고 자유롭게 해주고 싶어 한다. 하지만 그가 당신의 자유, 감정적 후퇴 영역 그리고 자율권을 인정해줄 경우에만 당신은 그의 구애를 받아들인다. 그는 자신이 당신과 이 세상 사이의 틈을 메워줄 수 있다고 생각한다. 그는 자신이 당신과 잡다한 감정들로 넘쳐나는 이 세상을 이어주는 연결 고리가 될 수 있다고 생각한다. 그렇지 않으면 당신은 (자극의) 홍수 때문에 휩쓸려버릴지도 모르니까. 친밀함을 추구하는 남자는 당신이 점점 더 세상으로부터 멀어지고 자신을 소외시킨다고 느낀다. 당신은 사람들의 마음을 간파하지 못하고 그들의 감정에 공감할 수 없기 때문이다.

이런 유형의 남자들은 바로 그 점이 자신의 강점이라고 여긴다. 즉 당신과 이 세상 양쪽을 향해 손을 내밀어 연결시키는 역할을 할 수 있다는 것이다. 그 대신 당신은 그런 그에게 자신의 자아와 존재를 얼마나 강하고 독립적으로 지킬 수 있는지를 보여준다. 그는 단지 몇 번의 애정 어린 손길이나 약간의 친밀함을 위해 자신을 기만하는 것보다 차라리 외로움을 선택하는 당신의 강점을 높이 산다.

조금 더 성숙하고 아버지 같은 남자들이 당신에게 매력을 느낀다. 그 남자들은 자신이 당신에게 필요한 따뜻함과 포근함을 줄 수 있다고 생각한다. 하지만 당신에게 너무 큰 요구를 하지 말아야 한다. 너무 많은 요구를 하지 않으면서 기꺼이 자신을 내어주는 남자가 나타났을 때 비로소 당신의 마음을 사로잡을 수 있다. 그가 당신에게 지나친 친밀함이나 헌신을 기대하지 않아야 당신은 자기 포기에 대한 불안감을 느끼지 않고 사랑에 빠질 수 있다. 프리츠 리만은 거리를 두는 유형과 친밀함을 추구하는 유형의 사람들이 서로에게 끌리는 이유를 아주 인상 깊게 설명하고 있다.

> 분열성을 가진 (거리를 두는) 사람과 우울성을 가진 (친밀함을 추구하는) 사람이 서로에게 본능적으로 끌리는 데에는 대개 다음과 같은 이유가 있다. 분열성을 가진 (거리감을 두는) 사람은 우울성을 가진 (친밀함을 추구하는) 사람이 기꺼이 사랑할 준비가 되어 있고 사랑할 수 있는 능력이 있으며 희생할 준비 그리고 세심한 노력과 스스로 물러서 있을 준비가 되어 있다는 것을 예감한다. 그는 고립으로부터 구원받을 수 있을 것 같고 지금껏 한 번도 경험하지 못한 것을 상대방을 통해 느낄 수 있을 것 같은 기대감을 갖게 된다. 즉 강한 신뢰감과 편안함을 느끼는 것이다. 여기서 분열성을 가진 (거리감을 두는) 사람은 우울성을 가진 (친밀함을 추구하는) 사람을 통해 자기 내면에는 있으나 미처 표현하지 못했던 것을 찾을 수 있다는 가능성을 본다. 그것이 가장 매혹적으로 느껴지는 것이다.

반대로 우울성을 가진 (친밀함을 추구하는) 사람은 분열성을 가진 (거리감을 두는) 사람이 자신이 감히 하지 못했던 것, 또는 하면 안 되었던 것을 아무렇지도 않게 실천하는 모습 즉 뭔가 잃을지도 모른다는 두려움이나 죄책감 없이 독립적인 인격체로 살아가는 모습에 매혹된다. 그리고 동시에 그는 상대방이 자신의 사랑을 절박하게 필요로 한다는 것을 느낀다.*

▶ 함정을 피하는 방법

거리를 두는 여자 유형 중 일부는 자신보다 더 심한 남자를 찾기도 한다. 이런 남자들은 더 많은 거리두기를 요구하며 친밀함에 대해서도 더 많은 불안을 갖고 있다. 만약 같은 유형의 남자를 만나게 되면 여자는 자신과 전혀 맞지 않은 역할을 수행해야 한다. 차갑고 어려운 남자로부터 더 많은 친밀함을 갈구하는 사랑에 빠진 불행한 여자의 역할 말이다.

이것이 전형적이고 어찌 보면 선망하기도 하는 여자의 역할이라는 것을 나는 굳이 강조하지 않겠다. 이런 역할을 가진 여자는

* 프리츠 리만, 『불안의 심리』 중에서

자신이 혼자가 아니라 다른 많은 여성들과 함께 고통을 겪고 있다는 생각에 안심할 수 있다. 여성 피해자의 역할이다. 이 불쌍한 여인에게 모든 동정심이 쏟아지고 여자 친구들은 누구나 비슷한 얘기를 여러 개 알고 있거나 이와 비슷한 경험담을 갖고 있다. 대부분의 여성들은 이런 남자들이 얼마나 감정이 메마르고 다가가기 힘들고 이용만 하고 이기적이고 미성숙한 인간들인지에 대해 일치된 의견을 나눈다. 이는 전형적인 남자의 이기적인 모습이라 할 수 있고 실제 이런 남자들은 꽤 많다.

감정이 메마른 남자들과 사귀고 있는 일부 여자들에게는 이 과정이 행복한 사랑으로 향하는 필수적인 경험일지도 모른다. 그녀들은 정말로 친밀함과 보호, 관계성 그리고 조화를 필요로 하기 때문이다. 하지만 거리를 두는 여자 유형에게 이런 역할은 어울리지 않는다. 너무 지나친 친밀함을 버거워하고, 혼자 있는 시간이 필수적이며, 상대가 자신을 어떤 틀에 가두려고 할 때 거절할 수밖에 없는 자신의 본성으로부터 도피해야 하기 때문이다. 다음 사례를 통해 이를 확인할 수 있다.

어느 날 직업적으로도 성공했으며 무척이나 매력적인 서른여섯 살 여자가 내 진료실을 찾아왔다. 그녀는 자폐증인가 싶을 정도로 자기 자신의 세계 안에서 맴돌며 친밀함에 대한 불안을 느끼는 남자 친구로부터 이별 통보를 받았다. 둘은 1년 반 정도 사권 사이였다. 그런데 이 기간 동안 단 한 번도 주말을 함께 보낸 적이 없었으며 기껏해야 일주일에 한 번 정도 만났다. 한 번도 함께 여행을 한 적이 없었으며 제대로 된 섹스는 단 한 번(!)밖에 없었다. 고통스러운 18개월을 보내면서 이 여자는 남자를 향한 그리움과 사랑 때문에 괴로워했으며, 남자는 시간이 지날수록 점점 더 거리를 두고 여자가 그에게 너무 지나친 요구를 한다는 구실로 결국 이별을 통보했다.

　이별을 하고 몇 달 후 이 여자는 온라인상에서 멋진 남자를 알게 되었다. 하지만 이 남자가 온라인상에서 여자에게 찬사를 쏟아내며 사랑이 싹트려는 자신의 감정을 스스럼없이 밝히자 여자는 이 남자를 만나고 싶은 생각이 싹 사라졌다. 여자는 너무 많은 감정에 둘러싸이자 버거웠던 것이다. 나는 그녀에게 남녀 관계에서 상대가 너무 가까이 다가오면 본인이 일정한 거리를 정할 수 있는 주체가 될 수 있다고 설명하려고 애썼다. 기분이 내키지 않으면 주말에 남자 친구한테 만나지 말자고 요구할 수도 있다고 말이다. 그리고 다음에 남자를 사귈 때는 비록 '나쁜' 역할을 수행하게 되더라도 남자를 받아들이거나 보내버리는 역할을 마음 놓고 해도 된다고 설명했다. 그렇게 하면 적어도 그녀를 열망하고 사랑하는 남자와 사귈 수 있는 기회는 얻을 수 있다. 그녀의 독특한 성향을 어쩌면 미소로 받아줄 수 있는 그런 남자하고 말이다.

남자는 유년 시절에 겪은 좌절로부터 당신을 구원해줄 수 없다

더 거리를 두는 남자한테 끌리는 것은 어쩌면 더 근원적인 이유 때문일 수도 있다. 어쩌면 당신은 유년 시절이나 청소년 시절에 너무 외로움을 많이 겪었고 혼자 있는 시간이 너무 많았거나 감정적인 외로움에 시달렸을 수도 있다. 아니면 당신은 단지 극도로 예민한 아이여서 부모의 모든 부정적인 감정, 모든 비판과 거절에 깊은 상처를 받았을 수도 있다. 그래서 자신을 보호하기 위해 마음을 닫아버렸을지도 모른다.

그런데 아이러니하게도 당신은 유년 시절에 느꼈던 바로 이런 외로운 감정, 즉 혼자 버려져 외로움을 느끼면서 진정한 사랑을 받지 못한다는 감정을 느끼게 만드는 남자에게 쉽게 끌린다. 무의식적으로 그 남자는 당신의 아버지와 어머니를 연상시키고, 그 시절에 받지 못한 사랑을 그를 통해 마침내 받을 수 있을 거라 생각하기 때문이다. 하지만 그 생각은 현실에서 이루어지지 않는다.

당신에게 좋은 영향을 주는 남자를 잡아라

당신은 유년 시절에 받지 못한 바로 그것을 줄 수 있는 남자를 만나는 것이 낫다. 사랑, 감탄 그리고 헌신을 선사할 줄 아는 남자 말이다. 바로 이런 남자가 유년 시절과 청소년 시절에 상처 받은 당신에게 알맞은 상대다. 이런 남자는 당신이 거리를 둘 때, 오히려 당신 안에 숨어 있는 예민한 감정을 알아차린다. 보통 사람들은 당신의 그런 모습에 당황해하거나 버거워하지만, 그 남자는 다르다. 그는 당신의 예민함 속에 감춰진 사랑받고 싶은 욕구를 알아차린다. 또 당신의 자유로움에 감탄하면서도 그 속에 숨어 있는 안전에 대한 욕망을 알아차리면서 당신을 주시하게 된다.

이런 남자를 만나기 위해서 당신은 우선 당신의 성향 즉 거리 두기, 낯가림, 자유에 대한 욕구 등을 있는 그대로 드러내야 한다. 이런 성향은 그에게 당신에 대한 관심을 불러일으키고 큰 매력으로 다가가기 때문이다.

▼ 공주 유형 : 잠자는 숲 속의 공주

모든 여자들 안에는 공주가 숨어 있다. 여자들을 상대로 남녀 문제에 대한 심리 상담을 하다 보면 자신도 어쩔 수 없이 백마 탄 왕자를 기다리는 공주라고 말하는 여자들을 종종 보게 된다. 그래서 나는 가장 유명한 동화들을 다시 찾아서 읽어보았는데 새삼스럽게 깨닫게 된 놀라운 사실은 어떤 동화에서도 어느 날 갑자기 백마 탄 왕자가 나타나 여자를 구원해주지는 않는다는 것이다. 백마 탄 왕자 신드롬은 오늘날 많은 여자들의 꿈속에서만 존재하는 듯하다.

그 대신에 독일 동화 중에서 공주이거나 공주이고 싶어 하는 여성들에 관한 흥미로운 이야기들을 발견했다. 동화에 등장하는 여자들의 행동 양식과 태도 그리고 결국 왕자를 쟁취하게 되는 과정은 앞서 제시한 네 가지 유형과 아주 잘 맞아떨어진다. 거리를 두는 여자 유형은 잠자는 숲 속의 공주라 말할 수 있다.

잠자는 숲 속의 공주는 이미 공주 신분이기 때문에 가령 신데렐라처럼 공주로 변신할 필요가 없다. 그녀가 왕자를 파트너로 맞이하게 되는 것은 지극히 당연한 일이지 특별한 사건이 될 수 없다. 잠자는 숲 속의 공주는 왕자에 의해 비참한 삶에서 건져지는 것이 아니라 거의 극복하기 힘든 아득히 먼 거리로부터 구원받는다. 이는 100년간의 수면 상태와 높은 가시덤불이라는 이중적인 상징물로 나타난다.

잠자는 숲 속의 공주는 아름다운 모습으로 그냥 그렇게 누워 있다. 100년이라는 세월이 흐른 후에도 공주의 아름다운 미모는 빛이 바래지 않는다. 많은 왕자들이 가시덤불에 찔려 피를 흘리지만 잠자는 숲 속의 공주는 잠에 빠져 있기 때문에 그 사실을 전혀 알아차리지 못하고, 당연히 감정적인 동요도 없다. 영원히 다가갈 수 없고 멀게 느껴지는 마를레네 디트리히의 노래 가사가 연상되는 대목이다.

"불빛에 나방들이 모여들듯이 남자들은 나를 둘러싸네. 하지만 남자들이 불에 타버린다고 해도 나는 어쩔 수 없네."

동화 속에서 잠자는 숲 속의 공주는 그냥 자신에게 주어진 운명대로 물레에 찔리는 것밖에는 하는 일이 없다. 그렇게 해서 나쁜 마녀의 저주는 축복이 된다. 공주에게 다가가는 것이 힘들기 때문에 왕자들은 목숨을 걸고 용감하게 모험을 감행할 이유를 얻는다. 가까이할 수 없기 때문에 공주에게 더 매혹되고 갈망하게 되는 것이다.

왕자들은 잠자는 숲 속의 공주를 구출하기 위해 물불을 가리지 않고 애쓰며 자신의 아내로 맞아들이고 싶어 한다. 왕자들은 잠자는 숲 속의 공주에게 가까이 다가가려고 노력한다. 왕자 여러 명이 목숨을 걸고 접근하다가 가시덤불에 찔려 목숨을 잃기도 한다. 왕자들은 희생과 헌신을 다할 준비가 되어 있고 오로지 잠자는 숲 속의 공주에게 모든 신경을 곤두세우고 있다. 이런 왕자들은 우리가 앞서 살펴본 유형 중에서 친밀함을 추구하는 남자 유형이라 말할 수 있다.

만약 당신이 거리를 두는 여자 유형이라면 당신은 잠자는 숲 속의 공주인 셈이다. 가시덤불이 높으면 높을수록 왕자들은 당신을 더욱더 갈망하게 된다. 당신은 아무것도 할 필요가 없다. 당신이 발산하는 분위기만으로도 남자들은 당신에게 다가온다. 물론 어떤 남자들은 가시덤불에 걸려 다치기도 하지만 어차피 그 남자들은 당신과 어울리지 않는다. 때가 되면 당신은 긴 잠에서 깨어나고 통과할 수 없었던 가시덤불이 기적처럼 열린다. 따라서 당신에게 알맞은 남자를 알맞은 때에 만나게 되면 당신은 그 남자로부터 키스를 받고 저주에서 풀려날 것이다.

만약 당신이 마음에 드는 남자를 발견하게 되면 그가 가시덤불에 찔려 피 흘리게 하지 말고 가시덤불을 열어주어야 한다. 그 남자가 당신의 사랑을 얻을 만한 자격이 있는지 시험해보거나 그 남자가 당신을 정말로 사랑하는지 알아보기 위해 잔인한 시험을 실시하지는 말자. 당신에게 맞는 남자라면 상처를 입지 않고 당신의 가장 깊숙한 내면까지 들어올 수 있도록 해줘야 한다. 그렇게 해야만 남자가 당신의 가치를 알아보고 저주의 잠에서 깨어날 수 있도록 키스해줄 것이다.

여기서 잠깐 언급하고 넘어가고 싶은 점이 있다. 나는 각 유형 뒤에 실제 사례를 덧붙이면서 한 여자의 삶과 사랑 얘기를 조금 더 생생하게 전달하려고 한다. 사례에 등장하는 인물들은 각 유형의 예이긴 하지만 그 유형이 갖고 있는 무수한 가능성 중 한 가지만을 보여줄 뿐이다. 어쩌면 당신은 사례를 통해 자신의 모습을 발견하게 될 수도 있다. 하지만 그렇다고 해서 당신의 삶과 사랑의 길이 해당 사례와 일맥상통해야 한다는 뜻은 아니다.

▼ 사례 : 카트야, 서른일곱 살

매력적인 파란 눈동자와 긴 금발 머리, 운동으로 단련된 날씬한 몸매의 소유자인 카트야. 그녀는 언제나 뭇 남성들의 시선을 사로잡았다. 진솔하고 자연스러운 그녀의 웃음소리가 주는 천연덕스러운 매력 덕분에 그녀 주변에는 늘 웃음이 끊이지 않았다. 이런 여자라면 문제가 있을 리가 없다. 이런 여자가 굳이 파트너를 찾아 나설 필요도 없다. 이런 여자라면 당연히 행복하고 삶이 만족스러워야 한다. 한 번 보고 두 번 봐도 카트야는 그럴 것 같다.

그녀가 처음 내 진료실로 찾아왔을 때도 그렇게 보였다. 그렇지만 상담을 하다 보니 이면에 들어 있는 다른 모습을 발견할 수 있었다. 어른들의 세계가 버겁고 여자로서의 역할이 편치 않아 극히 불안해하는 어린 소녀의 모습이 차츰 드러났던 것이다.

작은 시골 마을에서 자란 똑똑하고 예쁜 이 소녀는 언제부터인가 여러모로 제약이 많은 시골 생활이 답답해지기 시작했다. 소녀는 넓은 세상을 꿈꿨고 대도시에서 시골로 찾아온 사람들을 선망의 눈으로 바라봤으며 뉴욕, 런던 또는 베를린을 배경으로 한 영화들에 흠뻑 빠져들었다. 카트야는 혼자 있는 시간을 좋아했다. 혼자 있으면 꿈꾸는 것을 방해하는 사람이 없기 때문이었다. 친구는 있을 때도 있었고 없을 때도 있었다. 혼자 노는 시간이 많았으며 혼자 독서하는 시간을 즐겼다. 한동안은 여동생과 많은 시간을 함께 보내기도 했다. 남학생들에 대한 관심은 전혀 없었다. 같은 반 여자 친구들이 대부분 남자 친구를 사귀거나 키스를 한 이후에도 카트야는 여전히 남자에게 별다른 관심을 보이지 않았다.

많은 남학생들이 멀리서 카트야를 흠모하기는 했지만 그들 대부분은 그녀를 차갑고 쉽게 다가가기 힘든 여학생이라 생각했다. 그러다가 페터와 사랑에 빠지게 되었다. 카트야는 너무 심하게 사랑앓이를 하느라 자기도 모르게 살이 심하게 빠졌고 좋았던 성적도 곤두박질쳤지만 그 남자를 위해서라면 모든 것을 포기할 수 있을 것 같았다. 두 학년 선배인 페터는 잘생기고 매력적이었으며 운동도 잘했다. 그런데 페터는 카트야가 다른 남학생들한테 풍겼던 이미지보다도 더 다가가기 힘들고 차가운 사람이었다. 하지만 카트야는 페터와 가까워진 다음에야 그런 사실을 깨달았다. 그리고 카트야는 그와 가까워지고 싶었다.

사실 카트야는 그녀를 무심하게 대하는 유일한 남자가 페터였기 때문에 그에게 관심이 생겼던 것이다. 페터는 카트야에게 호감 정도는 갖고 있는 듯 보였지만 별다른 관심을 보이지는 않았다. 바로 이 점이 카트야를 자극했다. 한참이 지난 후에야 카트야는 페터가 그녀뿐만 아니라 다른 많은 여자들에게도 매력을 느끼지 못한다는 것을 알게 되었다. 알고 보니 그는 동성애자였던 것이다. 하지만 당시에는 페터 자신도 자신이 동성애자라는 사실을 제대로 알지 못했다. 카트야가 그 사실을 모르는 건 너무나 당연했다. 두 사람은 가까워지면서 키스를 하고 잠자리를 갖기도 했지만 이 모든 것이 진정한 친밀감을 만들어주지는 않았다. 조금 더 친밀해지려고 할 때마다 페터는 도망쳤다. 다른 사람들이 보기에 두 사람은 몇 달 동안 사귄 공식적인 커플이었다. 그들에게는 '얼음 왕자와 얼음 공주'라는 별명이 따라다녔다. 하지만 그것은 사실이 아니었다. 카트야는 얼음이 아니라 다 녹아버린 버터였다. 카트야가 페터를 갈망하며 가까이 다가가면 다가갈수록 페터는 더욱더 거리를 두었다. 점점 더 거리를 두던 페터는 어느 날 결국 카트야에게 완전한 이별을 선언했다. 페터는 카트야에게 직접 상당히 형식적인 말투로 더 이상 그녀를 좋아하지 않기 때문이라는 이유를 밝혔다.

카트야는 끝없는 나락으로 추락하고 말았다. 하지만 바닥에 닿기도 전에 공중분해되어 버렸다. 적어도 카트야가 당시에 느꼈던 감정이 그랬다. 더 이상 존재하지 않고 더 이상 살아 있지도 않는 것 같았다. 그녀는 아주 서서히 예전의 아름답고 가까이 다가가기 어려운 여학생의 모습으로 간신히 돌아왔다. 페터는 대학입학 자격시험을 치르고 학교를 졸업했다. 카트야는 그를 다시는 보지 못했고 다시 보고 싶지도 않았다. 그러다가 언젠가 페터가 이제는 다른 남자와 커플이 되어 사귀고 있다는 소문을 전해 들었다. 이런 끔찍한 경험을 하고 난 카트야는 다시는 사랑에 빠지고 싶지 않았다. 다시는 자신이 공중분해되는 느낌을 받고 싶지 않았으며 불행해지고 싶지 않았기 때문이다.

이제야 카트야는 자신이 왜 예전에 사람들로부터 그렇게 거리를 두었는지 깨닫게 되었다. 사랑은 그녀에게 위험한 것이었다. 카트야는 사랑을 갈망했지만 사랑 속에서 자신을 잃어버렸기 때문에 사랑이 두려웠다. 그리고 사랑은 친밀함을 의미한다. 그렇기 때문에 어떤 대가를 치러서라도 친밀함을 피해야 한다는 결론을 내렸다. 카트야는 대학교에서 경영학을 공부하고 현재 대형 금융기관에서 일하고 있다. 그녀는 성공을 거두었지만 성공은 그녀의 관심사가 아니었다. 카트야는 이제 서른일곱 살이 되었고 행복한 사랑을 하고 있다. 그동안 무슨 일이 있었던 것일까?

페터와 헤어진 이후 카트야는 오랫동안 이성을 멀리했지만 남자들은 점점 더 카트야에게 매력을 느끼며 호감을 표시했다. 이제는 카트야가 눈썹 하나 까딱하지 않고 수많은 남자들을 불행한 사랑앓이를 하는 사람으로 만들어버렸다. 그녀를 흠모하는 남자들이 모여들었지만 그녀는 눈길조차 주지 않았다. 카트야는 아무에게도 접근을 허용하지 않았다. 결말이 예측 가능하고 관계를 빨리 끝낼 수 있는 짧은 만남(휴가지 등에서)이나 원나잇 스탠드 몇 차례를 제외하고는 어떤 관계도 용납하지 않았다.

카트야는 이십 대 후반이 되어서야 조금씩 변하기 시작했다. 카트야는 더 이상 자신의 젊음을 낭비하면서 계속 이런 식으로 살고 싶지 않았다. 하지만 그녀는 또다시 페터 같은 유형에만 끌렸다. 다가가기 힘들고 친밀함을 견디지 못하고 도망치거나 잠수를 타는 '얻기는 쉽지만 곁에 오래 두기는 힘든' 유형의 남자들. 그리고 그런 남자들을 만나면 또다시 불행해졌다. 하지만 열일곱 살 때 페터를 만났을 때만큼은 아니었다. 카트야는 자신을 좋아했던 남자들 중에 가족의 사랑이나 행복한 노후 같은 따뜻함과 평안함을 추구하는 남자들에게는 눈길도 주지 않았다. 이런 남자들에게는 사랑의 감정 자체가 생기지 않았으며 매력을 느끼지 못했다. 그래서 친구들은 카트야가 여러 차례 나쁜 남자 때문에 울며 하소연을 할 때마다 착한 남자 동료를 소개해주었지만, 아무 소용이 없었다.

세월은 흘렀고 카트야가 남녀 관계에서 맡는 역할은 늘 동일했다. 카트야는 더 많은 사랑과 시간을 줄 수 없거나 줄 생각이 없는 남자에게 매달려 늘 더 많은 관심과 시간 그리고 사랑을 갈구했다. 카트야는 돌아오지 않는 사랑을 갈구하며 고통을 겪었다. 그녀는 정작 자신이 친밀함과 사랑을 두려워하는 사람이었다는 사실은 깨닫지 못했다. 아니 그럴 기회조차 없었다. 카트야가 만났던 남자 친구들이 더 심하게 그런 성향이었기 때문이다. 이와 같은 연애 패턴은 수년 동안 반복되었다.

그러던 어느 날, 카트야는 전문가의 도움을 받기로 결심하고 내 진료실로 찾아왔다. 얼마 지나지 않아 카트야는 이웃 남자인 랄프에 대한 얘기를 꺼냈다. 카트야는 랄프를 그냥 일반적인 이웃 사람이라 생각했다. 급할 때 계란 두 개를 빌린다든가 드릴을 빌릴 수 있는 그런 착한 이웃. 하지만 그녀의 이야기를 들으면서 랄프가 그녀에게 상당한 호감을 갖고 있다는 것을 눈치챌 수 있었다. 그는 카트야의 마음을 사로잡으려고 애썼고 데이트를 하거나 함께 식사를 하자고 집으로 초대하기도 하고 (카트야는 전혀 그러고 싶지 않았다) 새로 생긴 레스토랑에서 함께 식사를 하자고 권하기도 했다. 카트야는 별다른 변명 없이 매번 거절했다. 카트야는 그 남자가 싫지는 않았지만 왠지 모르게 거부하는 감정이 생겨 무관심으로 일관했다.

하지만 결국 카트야는 랄프와 데이트를 하게 되었다. 두 사람은 함께 즐거운 저녁 시간을 보내고 헤어지기 전에 레스토랑 앞에서 키스를 하기도 했다. 카트야가 느끼기에 기분 좋은 키스였고 조금 얼떨떨했지만 오랜만에 느껴보는 좋은 감정이었다. 카트야는 만약 그 남자가 아주 멀리 거의 닿을 수 없는 곳에 살거나 계속 바쁘게 출장을 다니느라 시간이 거의 없는 남자였다면 두 사람 사이가 훨씬 더 잘될 수 있었을지도 모른다고 농담 삼아 얘기했다. 아니면 그의 직업이 날마다 다시 돌아오지 못할 수도 있을 만큼 끔찍하게 위험하든가. 랄프는 당황스러운 미소를 지으며 다른 건 해줄 수 없지만 이사 정도는 가줄 수 있다고 말했다. 카트야는 너무 어이가 없어서 웃기 시작했고 사과했다. 그렇게 예쁜 집에 살고 있는 랄프한테 이사 가라고 요구할 수는 없었다. 하지만 그는 이사 가겠다는 뜻을 굽히지 않았다. 카트야가 그를 말리면 말릴수록 그는 도시 외곽 쪽으로 이사 가겠다는 결심을 더욱 굳혔다.

두 사람은 곧 함께 첫날밤을 보냈지만, 카트야의 집도 아니고 랄프의 집도 아니었다. 만약 그랬다면 카트야는 견딜 수 없었을 것이다. 지나친 친밀함은 여전히 부담이었다. 카트야는 랄프를 호텔로 초대했다. 하지만 그전에 랄프는 카트야에게 때가 되면 말없이 카트야를 혼자 호텔방에 두고 홀연히 떠나겠다는 약속을 해야 했다. 카트야는 호텔에서 자고 다음 날 아침 집으로 가겠다고 했다. 그리고 며칠 동안 혹시라도 아파트 계단에서 마주치더라도 아주 평범한 이웃처럼 대해줬으면 좋겠다고 했다. 랄프는 말없이 그러겠다고 약속했다.

랄프는 모든 약속을 철석같이 지켰다. 함께 첫날밤을 보내고 며칠이 지난 후에야 두 사람은 우연히 엘리베이터에서 마주쳤다. 카트야는 깜짝 놀라고 당황스러워하며 불안과 사랑 사이의 이상하고 모호한 감정을 억누르려고 애썼다. 페터는 카트야의 내적 동요를 눈치채고 그냥 친절한 미소만 지으며 가만히 있었다. 그는 카트야에게 잘 지내는지 물은 후 새로 생긴 레스토랑이 있는데 꼭 한번 같이 가보고 싶다며 며칠 전에 너무나 황홀한 경험을 했는데 지금도 그 생각만 하면 하루 종일 춤을 추고 싶다고 말했다. 하지만 유감스럽게도 그것이 어떤 경험이었는지는 말해줄 수 없다고, 그 일에 대해 침묵하기로 했다고 말했다. 그러더니 랄프는 작별 인사를 하고 유유히 자기 집을 향해 걸어갔다. 문 앞에 다다르자 랄프는 다시 한 번 카트야를 향해 몸을 돌려 할 말이 한 가지 더 있다고 했다. 그는 이미 다른 동네에 집을 구했다며 곧 이사 갈 예정이며 가기 전에 주소는 알려주겠다고 말했다.

카트야는 마치 벼락을 맞은 듯 멍하니 서 있었다. 마치 그녀의 내면이 밖으로 다 까발려진 느낌이었다. 그녀는 스스로도 어렴풋이 알고는 있었지만 극복하지 못한 관계의 문제가 현실 세계에서 연극처럼 펼쳐지는 것 같았다. 또 속마음을 다 들킨 느낌이 들면서도 자기 마음을 알아주는 사람을 만났다는 느낌도 들었다. 그가 마치 방사선과 의사처럼 자신의 내면을 속속들이 들여다보고 있다는 느낌 혹은 발가벗겨진 느낌과도 유사했다. 그렇지만 창피하지도, 불안하지도 않고 오히려 짜릿했다.

랄프의 말속에는 어떤 비난이나 자기 연민이 깃들어 있지 않았다. 그는 객관적인 태도를 유지했다. 한 치의 주저함도 없었다. 그는 카트야가 할 수 없는 모든 것을 갖고 있었다. 무엇보다 카트야의 감정을 파악하고 그에 대한 확신을 갖고 있었다. 카트야는 꿈을 꾸는 것만 같았다. 하지만 자기 때문에 랄프를 이사 가게 할 수는 없었다. 단 하룻밤 때문에!

카트야는 마치 뜨겁게 달군 돌덩이를 삼킨 것처럼 온몸이 뜨겁게 달아올랐다. 하지만 돌덩어리는 내려가다가 어딘가에 걸렸는지 배가 뜨거운 것이 아니라 가슴이 뜨거워졌다. 카트야는 랄프를 쫓아가 옷을 벗기고 끌어안고 애무하고 온몸에 키스를 퍼붓고 싶은 마음을 간신히 억눌렀다. 마치 댐이 무너져 내린 것 같았다. 과거에 즐기지 못한 쾌락과 사랑의 감정이 메마른 땅을 뚫고 나와 마침내 꽃이 되어 피어난 듯했다. 카트야는 내면에서 솟아오르는 사랑을 느꼈고 친밀함에 대한 불타오르는 욕구를 느꼈다.

두 사람은 레스토랑에 간 후 호텔로 이어지는 코스를 몇 차례 더 반복했다. 랄프는 이를 즐기고 재밌어하기까지 했다. 랄프는 마치 어린아이가 나쁜 늑대를 두려워하는 모습을 볼 때와 같은 아빠 미소를 지으며 그녀를 바라보았다. 카트야는 마침내 자신의 본래 모습을 맘껏 드러낼 수 있었다. 친밀함에 대한 불안을 느끼면서도 동시에 사랑과 포옹을 그리워하는 모습. 랄프는 그런 카트야의 심리를 제대로 파악했고 감정을 잘 어루만져주었다. 어떻게 자신에 대해 그렇게 잘 알고 있는지 카트야는 의아하기만 했다. 랄프가 만들어내는 친밀함은 부담스럽지 않고 존중을 바탕으로 한 것이었다. 그는 카트야를 재촉하지 않았고 지나친 친밀함으로 귀찮게 하지도 않았다. 그는 카트야를 있는 그대로 내버려둔 채 받아들였다.

1년 후 두 사람은 둘이 살기에 충분히 넓은 새로운 집으로 이사했다. 집을 보러 다닐 때부터 랄프는 늘 '이 방은 카트야의 방, 이

방은 내 방 그리고 이 방은 함께 쓰는 공동 거실'이라는 말을 반복했다. '우리 침실, 우리 거실, 우리 손님방 또는 우리 애들 방'과 같은 표현을 사용하지 않았다. 그래서 카트야는 안심할 수 있었다. 하지만 카트야는 랄프와 꼭 함께하고 싶은 것이 있었다. 바로 아이를 낳는 것.

사례에 대한 소견

카트야의 사례를 보면 자신이 느끼는 근본적인 불안이나 특성들을 완전히 극복하려고 하거나 치료를 통해 없애려고 하는 시도는 아무런 의미가 없다는 것이 여실히 드러난다. 그렇게 할 수가 없다. 자신이 느끼는 불안이나 특성들을 받아들이고 이것이 삶의 장애물이 되지 않도록 적절히 대처하는 법을 배우는 것이 중요하다. 그녀가 자신이 아주 특별한 소망과 욕구를 품고 있는 것을 인정하지 않았다면 이렇게 자신의 욕구를 정확하게 채워줄 수 있는 남자는 아마 평생 만나지 못했을 것이다. 개인적으로 '자기애'라는 단어는 아무런 의미가 없다. 다른 사람을 사랑할 때 생기는 감정을 나 자신에게 쏟아내는 것은 불가능하다. 하지만 자기 자신을 인정하고 좋아하는 것은 중요하다. 자기 스스로를 미워하고 끊임없이 자기 자신을 비판하면 안 된다. 자기애가 추구할 가치가 있는 것인지는 모르겠지만 어쨌든 카트야도 자기애 단계에 이르지는 못했을 것이다. 하지만 카트야는 자신의 성격을 인지하고 받아들였다. 그렇게 하는 것이 처음에는 상당히 힘들었을 것이다. 하지만 그녀는 모든 것을 받아들일 용기가 있었다. 그래서 결국 자신에게 딱 맞는 남자를 만나게 되었다.

2. 친밀함을 추구하는 여자

◤ 생활 감정

사랑을 주고, 사랑을 받고 싶은 소망은 인간의 기본적인 욕구이다. 예전에는 종족의 보존, 신에 대한 믿음, 세속적인 출세, 직업적인 성공 그리고 다른 것들이 삶의 중요한 의미였다면 오늘날에는 단연 사랑이다. 우리와 정신적으로 그리고 신체적으로 아주밀접한 관계에 있는 신뢰할 만한 사람에 대한 사랑은 거의 모든사람들이 행복을 생각할 때 반드시 떠올리는 것이다. 그리고 우리는 모두 행복을 추구한다.

만약 당신이 친밀함을 추구하는 유형이라면 1970년대 메리 루즈가 부른 '오직 사랑만이 우리를 살아가게 할 뿐'이라는 노래 제목이 당신의 인생 구호와 일맥상통할지도 모른다. 당신은 넘치도록 사랑이 많은 사람이며 당신의 사랑을 기꺼이 나누어주고 싶어 한다. 물론 그러기 위해서는 당신의 선물을 받아줄 수 있는 사람이 필요하며, 당신의 사심 없고 강한 사랑을 견딜 수 있어야 한다. 하지만 그런 남자를 찾는다는 것이 그리 쉬운 일은 아니다. 적지 않은 남자들이 사막에 있는 물 한 잔을 갈구하지 지나치게 많은 선물로 가득 찬 테이블에는 관심이 없기 때문이다. 여기서 당신은 상대방에게 물 한 잔이 아니라 지나치게 넘쳐나는 선물 테이블 같은 존재인 것이다!

당신의 사랑 능력은 다른 사람에게 쓸모 있고 다른 사람을 위해 헌신하고 싶은 욕구와 아주 밀접하게 관련되어 있다. 이것은 당신에게 날개를 달아주고 동기를 부여해주고 당신에게 힘과 삶의 기쁨을 선사한다. 당신은 고맙다는 말이나 사랑의 응답을 받지 못해도 잘 견딜 수 있다. 남을 보살피고 도와주는 행위 자체만으로도 당신은 이미 깊은 내적인 만족을 느끼기 때문이다. 그런데 여기에 진정한 감사의 말이나 심지어 사랑의 응답까지 받게 되면 기본 욕구는 충족된다. 그렇게 되면 당신의 개인적인 행복은 완성된다.

당신은 평소에도 감정이 풍부하고 마음이 따뜻한 사람이다. 당신은 선량하고 온화한 사람이며 주변 사람들에게 편안함을 선사할 줄 안다. 당신은 사람들 간의 조화나 좋은 분위기를 해치느니 차라리 순응하고 자기 자신의 욕구는 접어두는 쪽을 택한다. 당신은 다른 사람들을 세심하게 살피고 지극히 협력적이고 전체를 위해서라면 자신의 이익은 제쳐두는 아주 훌륭한 팀 플레이어다. 당신은 어디에 갖다놓아도 사람들과 두루두루 잘 지내고, 리더의 위치에 올라서면 구성원들을 뒤에서 잘 지켜주고 챙겨주는 자상한 어머니 같은 상사가 된다. 당신은 직장에서도 사람들 간의 관계를 아주 중요시한다. 심지어 월급을 많이 받는 것보다 좋은 직장 분위기와 팀워크를 더 중요하게 생각한다.

프리츠 리만은 친밀함을 추구하는 유형에 속하는 사람들이 가지고 있는 기본적인 불안을 자기화에 대한 불안으로 설명하는데 이는 불안정과 고립으로 나타난다. 자기 자신과 직면하고 자기 자신을 발견하고 또한 혼자 있는 것에 대한 불안이다. 자기 자신으로부터 시선을 돌리기 위해 자기 인생에서 중점을 삼을 만한 다른 사람을 찾게 되는 것이다. 그래서 주로 남을 돕는 직업군에서 이런 유형의 사람들을 많이 찾아볼 수 있다. 볼프강 슈미드바우어의 베스트셀러 저서 『속수무책으로 돕는 자』에서 바로 이런 현상을 다루고 있다. 하지만 이들은 도움이 필요한 사람들에게는 축복이다. 세상에 좋은 일과 감탄할 만한 일들을 행하기 때문이다. 이런 유형이 없었다면 알베르트 슈바이처, 테레사 수녀, 마하트마 간디도 없었을 것이다.

당신의 가장 큰 능력은 무엇보다 사람들과의 관계에서 발휘된다. 당신은 다른 사람의 감정 세계를 잘 이해할 수 있다. 당신은 상대방을 머리로 이해하기 전에 이미 직감적으로 파악한다. 그렇기 때문에 때로는 당신의 생각대로 어떤 일을 추진하기가 힘들어진다. 상대방의 입장을 먼저 이해하고 고려하기 때문이다. 그래서 당신은 상대방이 미처 무슨 말을 하기도 전에 자신의 입장을 약화시킨다.

애정 그리고 사랑을 주고받는 것은 당신의 삶에서 중심을 차지한다. 당신은 성보다 애정과 감정적인 친밀함을 더 중요하게 여긴다. 당신은 파트너와의 신체적인 접촉을 즐기고, 마음을 완전히 열고, 헌신하고 아주 열정적인 모습을 보여줄 수도 있지만 섹스를 할 때 애정과 감정적인 친밀함에 대한 당신의 욕구가 충족되었을 경우에만 그렇다.

사람들 간의 친밀함과 안정을 추구하는 욕구 때문에 당신은 공동체 생활을 즐긴다. 당신은 꽃도 좋아하고 동물도 사랑하며 당신 주위를 둘러싸고 있는 모든 살아 있는 것들을 보호하고 가꾼다. 좋은 일이라면 당신은 언제든지 관심을 갖고 참여하기도 한다. 이타주의는 당신에게 당연한 것일 뿐 아니라 본능이자 욕망이다. 특히 아이들이나 도움이 필요한 사람들을 잘 보살피며 인내심과 배려심을 발휘한다. 마음이 따뜻한 당신은 언제나 도움을 줄 준비가 되어 있다.

조직 내에서 갈등이 벌어질 경우 당신은 관대하게 양보심을 보이며 싸움닭들 사이에서 타고난 중재자 역할을 수행한다. 당신은 타협하고 화해하는 것을 좋아한다. 당신과 직접적인 관련이 없다고 할지라도 불화를 못 견디기 때문이다.

당신의 따뜻한 마음은 얼굴 표정에도 드러난다. 공감, 특히 진실한 동정심은 당신의 보살핌, 친절함 그리고 관심과 마찬가지로 당신의 표정에 그대로 드러난다. 당신이 보이는 신뢰성 덕분에 사람들은 당신 주위에서 편안함을 느끼며 마음을 잘 털어놓는다. 그래서 당신은 사회사업이나 자선사업 분야에 특히 잘 어울린다. 이 분야에서 당신의 능력을 직업적으로 발휘할 수 있으며 당신의 감정과도 잘 어울린다. 당신이 싫어하는 것이 있다면 그것은 바로 다급함과 불편함이다. 당신은 내적인 평온과 평정을 추구하는데 그러기 위해서는 사랑이 가능한 조화로운 환경이어야만 한다. 어쨌든 당신은 세상을 지식이 아닌 느낌 또는 믿음으로 간파한다. 다른 사람들이 독립을 추구하고 스스로 행복해야만 파트너를 찾아 나서는 반면에 당신은 파트너에게 완전히 맞춰줄 준비가 되어 있다. 당신은 사랑이란 곧 종속이라는 것을 받아들인다.

대부분의 여성들은 자신을 사랑해주는 남자를 만나고 싶어 한다. 그런데 당신의 경우에는 정반대다. 당신에게는 사랑을 '받는'

것보다 '하는' 것이 중요하다. 이 특징이 당신을 숭고하게 만들어 주기도 하지만 불행을 초래할 수도 있다. 당신은 당신이 사랑에 빠진 남자를 행복하게 만들어주고 싶어 한다. 당신은 헌신을 하며 자기 자신을 잃어버리고 당신 자신의 욕구는 고려하지 않은 채 그의 욕구를 간파하고 채워주는 것에만 집중한다. 그의 행복이 곧 당신의 행복이기 때문이다. 실제로 당신은 받는 것보다 주는 것을 훨씬 잘 한다. 당신은 실제로 상대방의 눈만 보고도 그 사람이 뭘 원하는지 읽어내는 능력을 갖고 있다. 상대방은 진정 이해받고 있다는 느낌을 받게 된다. 그리고 상대방의 눈에 깃든 행복감을 보고 당신도 역시 행복을 느끼게 된다.

▌남자의 마음을 사로잡는 방법

당신은 전통적인 여성의 특징들을 갖고 있다. 마음이 따뜻하고 다른 사람의 감정을 잘 헤아리며 양보하고 이해심이 많고 부드럽고 나긋나긋하며 헌신적이고 세심하게 챙겨주며 사랑이 가득하고 사랑을 갈구한다. 오늘날 이런 특징들을 남자들에게 그대로 드러내며 사는 여성은 절대적인 희귀종이다. 이런 여성의 특징은 1950년대의 전통적인 여성상에 상응하는 가치이기 때문이다. 부엌에서 요리를 하고 분주하게 아이들을 챙기는 여자 말이다. 남편의 성공과 아이들을 위해 모든 것을 희생하는 아내의 모습이 떠오른다. 가족의 행복이 곧 나의 행복이라는 상투적이고 낡은 생각과도 맞아떨어진다. 자기 자신의 욕구는 뒤로 제쳐두거나 아예 인지조차 하지 못한다.

사실 현대 여성의 대부분은 이렇게 희생하는 삶을 기꺼이 감수하는 여자나 여자가 이렇게 살아가도록 만든 남자에 대해 무시하거나, 분노하거나 거부한다. 그렇지만 있는 그대로의 자기 모습을 버리려고 하지 마라. 대세가 그렇다고 해서 당신이 죄책감을 느낄 필요는 없다. 이런 여성적인 특징들을 감추려고 하지 말자. 희소성이 있는 제품은 늘 인기가 많은 법이니까. 대부분의 남성은 여전히 이런 특징을 가진 여성을 좋아한다. 이유는 아주 간단하다. 편안하게 해주는 파트너를 원하기 때문이다. 친밀함을 추구하는 여자와 사귀면 편안함을 느끼게 되는 것은 당연하다. 남자는 이 점을 아주 정확하게 감지한다. 특히 태생적으로 편안함을 잘 느끼지 못하는 남자들, 즉 거리를 두는 유형에 속하는 남자의 경우가 그렇다.

당신은 환상적인 특성을 가지고 있다

전형적인 여성적 성격 특징들이 오늘날 별로 각광받지 못하고 있는 또 다른 이유는 입사지원서를 판단할 때 '팀워크'만을 중요시하기 때문이다. 친밀함을 추구하는 여성의 전형적인 특징들은 목표 지향적이고 야망이 있는 역동적인 여직원의 모습에 상응하지 않기 때문이다. 출세 지향적인 우리 사회에서 그런 특징들은 인생에 그다지 도움이 안 된다고 여긴다. 당신은 너무 사랑스럽고, 유순하고, 지나치게 양보하고, 사람들과의 조화만 추구한 나머지 강한 추진력이 부족하다. 그렇기 때문에 이런 특징들을 드러내지 않으려고 애쓴다. 현대적이고 깨어 있는 여성은 자아실현을 중시하고 자기 자신만을 위한 시간이 필요하며, 요구할 것은 요구하고, 적당한 선을 그을 줄 알아야 하며, 자신의 목표를 확고히 세우고 실행에 옮길 수 있어야 한다. 여성이 여성에게 부르짖는 이런 요구 사항은 누구나 알고 있으며 이런 요구 사항을 적은 리스트는 끝없이 이어질 수 있다.

이런 이유 때문에 전통적인 여성의 특징과 재능들이 완전히 희소성이 있는 물건처럼 되었으며 연애 시장에서 가장 각광받는 여성의 특징으로 자리 잡게 되었다. 만약 당신이 이런 소망, 이런 감정과 이런 성격 특징을 갖고 있다면 적어도 파트너를 찾는 과정에서 마음껏 드러내고 감추려고 하지 말자!

구체적인 예를 들어보면 이렇다. 당신이 막 알게 된 젊은 남자가 주중에 매일 12시간에서 14시간을 일하기 때문에 당신과 주말에만 만날 수 있다고 한다면 다음과 같이 해볼 수 있다.

당신이 우선순위에서 완전히 밀리는 것이기 때문에 그런 사실을 상대에게 말할 수 있다.

당신이 다음 3주 동안은 주말에 만날 시간이 없다고 한다. 당신이 상대방이 시간이 있을 때만 쪼르르 나가는 사람이 아니라는 사실을 확실히 보여줘야 한다.

상대가 당신을 그렇게 자주 만나지 못하고도 아무렇지 않다는 것에 대해 상대에게 냉정하다고 말할 수 있다.

상대의 전화번호와 이메일 주소를 전부 삭제해버릴 수 있다. 당신은 어차피 그런 워커홀릭인 남자를 원하지 않기 때문이다.

또는 반대로 몹시 이해심 깊은 반응을 보이며 상대방에게 그럴수록 토요일에 있을 만남을 더욱 기대한다고 말할 수도 있다. 상대방은 당신의 반응이 너무 놀랍고 의아하고 기뻐서 당신의 이런 면 때문이라도 당신과 사랑에 빠지게 될 것이다.

손수건을 떨어뜨려라

상호 간의 이해와 관련된 짧은 이야기를 하나 더 곁들이고 싶다. 젊은 여자가 마음에 드는 남자가 뒤에 있을 때 일부러 손수건을 떨어뜨리는 옛날 영화에 흔히 등장하는 장면을 누구나 알고 있을 것이다. 그러면 남자는 손수건을 주워 여자에게 갖다 주면서 서로 인사를 나누게 되고 얼마 지나지 않아 남자는 여자에게 청혼을 한다. 옛날에는 그랬다. 젊은 여자는 남자들이 무턱대고 자신에게 말을 걸지 못한다는 것을 알고 있었다. 이는 예의범절에 어긋났기 때문만이 아니라 거절에 대한 두려움 때문이기도 했다. 그래서 고상하게 말을 걸기 위한 구실로 손수건이 필요했다.

오늘날에는 여자에게 말을 거는 것이 금기는 아니다. 하지만 남자들에게는 여전히 거절에 대한 두려움이 있다. 그리고 서로 알아가는 단계의 규칙은 예나 지금이나 같다. 이런 '경기'를 진행하기 위해서는 두 가지 요소가 있어야 한다. 마음에 드는 여자에 대한 남자의 이해심, 그리고 마음에 드는 남자에 대한 여자의 이해심이다.

경기 진행 방식은 아주 간단하다. 여자가 마음에 드는 남자를 찾아낸다. (예전에도 그랬고 지금도 거의 이렇게 진행된다.) 여자는 미세한 몸짓으로 남자에게 마음에 든다는 신호를 보낸다. 지하철에서 손수건을 (요즘에 갖고 다니는 사람이 있는지 모르겠지만) 떨어뜨리거나 헬스클럽 트레드밀 위에 그냥 올려두고 온 수건일 수도 있다. 아니면 그저 친절한 미소일 수도 있다. 어쨌든 신호는 남자가 알아차릴 수 있을 정도로 분명하지만, 성공하지 못할 경우에는 여자가 타격을 입지 않도록 눈에 띄지 않고 은밀해야 한다. 이 신호는 남자가 여자에게 다가갈 수 있는 길을 터주며 거절에 대한 두려움을 내려놓고 용기를 낼 수 있게 해준다. 하지만 이것은 정복을 할 때 남자가 느끼는 두려움과 불안에 대한 여성의 이해를 전제로 한다. 남자가 작은 신호를 알아차렸으면 남자는 아주 자신 있고 당당하고 적극적으로 여자에게 다가가 말을 걸고 데이트 약속을 잡을 수 있다. 나중에 남자는 다른 사람들에게 자신이 여자를 정복했다고 말할 수 있다. 하지만 이것은 사실이 아니다. 그는 이미 한참 전에 여자에게 넘어간 것이다. 단지 여자의 무기로 넘어간 것뿐이다.

나는 이런 얘기를 완전히 낯설고 생소해하는 젊은 여성들에게 얼마나 자주 들려줬는지 모른다. 이들은 여성의 역할을 잃어버렸지만 그렇다고 해서 남성의 역할을 받아들인 것도 아니었다("어떻게 여자가 남자한테 먼저 가서 같이 와인 한잔 하자고 할 수 있겠어요!). 하지만 이것은 여성들이 현대의 남성들을 이해하지 못하는 것과도 관련이 있다. 물론 이것이 결코 쉽지 않은 일이라는 것은 나도 인정한다. 하지만 만약 당신이 다른 사람의 감정을 잘 헤아릴 수 있는 자신의 재능에 귀 기울인다면 당신 마음에 드는 남자에게 은밀한 신호를 보내서 당신에게 다가오는 것에 대한 두려움을 내려놓게 만들 수 있다. 한 내담자의 일화를 소개한다.

존야는 오래전부터 파트너를 찾고 있었다. 하지만 지금까지 일상생활에서도 인터넷에서도 적당한 남자를 만날 수가 없었다. 그녀는 어느덧 좌절감에 휩싸여 동성 친구들과 함께 남자에 대한 험담을 늘어놓게 되었다. 그렇게 하면 왠지 모르게 기분이 좋아지고 긴장이 풀렸다. 어느 금요일 저녁 존야는 동성 친구들과 함께 평소 즐겨 가던 술집이 아닌 새로운 술집을 물색해서 찾아가게 되었다. 두 번째 술집에서 존야는 전기에 감전된 것 같은 느낌을 받았다. 그곳에 마치 신이 그녀를 위해 준비해놓은 것 같은 남자가 서 있었던 것이다! 그는 남자 친구와 함께 구석 자리에 서서 대화를 나누며 편안한 시선으로 술집 안을 둘러보았다. 존야는 심장이 심하게 두근거렸으며 친구들의 대화에 집중할 수 없었고 친구들은 존야에게 어디 아픈 게 아니냐며 걱정스러운 눈길을 보냈다. 친구들은 존야가 구석에 서 있는 그 남자 때문에 그런다는 것을 곧 알게 되었다. 친구들은 술집 안에 있는 남자들을 두고 으레 하던 험담에서 그 남자를 제외했지만 그 대신에 그와 함께 있던 남자에게 모든 험담이 집중되었다. 그 남자는 존야가 있는 쪽을 자주 쳐다보았고 존야는 어떻게든 그의 눈을 사로잡고 싶었지만 어떻게 해야 할지 방법을 알지 못했다.

"술 한잔 같이 하자고 말해봐."

친구 중 한 명이 비아냥거렸다.

"우리가 너를 위해서 돈을 모아줄게."

존야는 거절했다. 존야는 그렇게 할 수가 없었다.

"저 사람도 어차피 즐길 상대를 찾는 것뿐이야."

한 친구가 말했다.

"아니야, 저 사람도 나처럼 진정한 파트너를 찾고 있다는 것을 아주 확실히 느낄 수 있어. 저 사람 친구가 즐길 상대를 찾고 있는 거야. 여자 친구가 있거든."

"네가 그걸 어떻게 알아?"

친구가 물었다.

"그냥 알아."

존야가 받아쳤다. 존야는 왠지 모르게 몸속에서 뭔가 따뜻한 것이 차오르는 것을 느꼈다. 몹시 마음에 드는 그 낯선 남자에 대해 아주 강한 친밀감을 느꼈다. 그녀는 다만 공간적인 거리를 어떻게 극복해야 할지 알 수 없었다. 게다가 친구들이 옆에 있어서 조금 창피하기도 했다. 남자가 다시 존야 쪽을 쳐다보자 존야는 속에서 뜨거운 것이 용솟음쳤다. 하지만 존야의 얼굴에는 남자를 향한 친절한 미소만 번졌다. 남자는 놀라 일단 눈길을 돌렸다가 다시 존야 쪽을 쳐다보았다. 존야는 다시 남자를 향해 분명한 메시지가 담긴 미소를 지어 보였다.

"그래, 바로 너 말이야."

존야는 눈길로 이런 말을 전하려고 애썼다. 남자는 또다시 쳐다보았고 이제 남자도 미소를 지으며 존야의 눈을 똑바로 쳐다보았다. 두 사람은 눈이 마주쳤으며 두 사람의 얼굴에 미소가 활짝 번졌다. 그러고는 남자는 마치 유령의 손에 이끌리듯 존야에게 다가와 말을 걸었다. "제 이름은 펠릭스입니다. 성함이 어떻게 되시는지 여쭤봐도 될까요?"

당신만큼 경청을 잘 하는 사람은 없다

당신은 또 다른 흔치 않는 재능을 가지고 있다. 당신은 다른 사람의 말을 경청할 줄 안다. 당신은 상대방의 얘기에 관심을 가지며 질문을 하고 그 사람의 얘기를 끊고 당신의 얘기를 할 수 있는 타이밍을 찾지도 않는다. 당신과 대화하는 사람은 스스로 재밌는 사람이라는 느낌을 갖게 된다. 당신에게 그리고 온 세상 사람들에게. 어떤 남자가 살아가면서 자신이 재미있는 사람이라고 느끼는 경험을 하는 것은 흔치 않다. 그런데 바로 당신이 그런 느낌을 갖게 해준다. 남자는 여자 앞에서 자랑을 늘어놓거나 영웅담을 늘어놓으면서 잘나 보이려고 애쓰게 마련인데 당신 앞에서는 전혀 그럴 필요가 없다. 당신은 그 남자의 있는 그대로를 좋아하기 때문이다.

당신에게는 감탄할 만한 영웅이 필요한 건 아니다. 그저 좋아할 만한 사람이 필요하다. 어떤 단점이나 문제가 있어도 되고 성공한 사람이 아니어도 상관없다. 남자에게 그런 느낌은 오히려 낯설다. 남성 집단에서는 절대 있을 수 없는 일이기 때문이다. 그들은 속성상 극도로 불가피한 경우가 아니라면 결코 자신의 약점을 드러내지 않는다. 하지만 당신 곁에서 그 남자는 때로 자신의 힘든 점을 털어놓을 수가 있다. 작고 사소한 문제부터 시작해서 나중에는 큰일까지 마음 놓고 얘기할 수 있게 된다.

▶ 당신에게 매력을 느끼는 남자들

누구나 당신을 보면 착하다고 생각하고, 거의 모든 사람들은 당신에게 호감을 갖지만 누구나 당신에게 관심을 갖는 것은 아니다. 당신에게 관심을 끌 만한 매력이 없기 때문이 아니다. 당신이 관심을 가질 만한 남자를 찾아다니느라 당신 자신의 흥미로운 면들을 간과하기 때문이다. 그러다 보니 다른 사람들도 당신을 간과하게 된다.

그렇지만 당신이 아주 손쉽게 할 수 있는 일이나 능력에 젬병인 남자가 당신에게 매력을 느낀다. 우리가 살펴본 유형 중 거리를 두는 남자 유형이 바로 그들이다. 그들은 자신을 마치 상어들이 우글거리는 수족관 속에 들어 있는 잉어라 여기며 자신도 가능한 한 빨리 상어가 되고 싶어 한다. 그러다가 문득 잉어 무리 속에서 유유히 평온하게 헤엄치는 당신을 발견하게 된다. 그는 당신이 자신과는 달리 다른 사람들을 두려워하지 않는다는 것을 감지하며 마법에 이끌린 듯 당신에게 매혹된다. 그리고 당신처럼 행동하고 싶어 한다.

당신은 그가 한 번도 겪어보지 못한 감정의 심연을 열어준다. 그는 당신에게 어떤 기계나 컴퓨터 또는 어떤 시스템의 기술적인 세부 사항들을 설명해줄 수 있고, 당신은 그에게 다른 사람들의 생각 혹은 그 사람의 본래 말뜻이 무엇이고 왜 그렇게 쳐다보

느지, 누가 왜 일찍 파티 장소에서 떠났는지 등등을 속속들이 설명해줄 수 있다. 당신은 파티 장소를 먼저 떠나려는 사람의 표정을 얼핏 보면서 그의 감정을 속속들이 읽어버렸다. 당신은 그 사람의 감정을 간파했다. 하지만 거리를 두는 남자 유형에게는 그런 능력이 없다. 그의 눈에는 당신이 마치 무슨 특수 안경이라도 쓴 것처럼 보인다. 그는 어둠밖에 보지 못하지만 당신은 흥미로운 세부 사항들까지 알아볼 수 있기 때문이다.

그 남자의 메마른 감정, 다른 사람이나 다른 사람의 감정에 무관심한 모습에 노여워하지 말고 차라리 그에게 감정 세계에 대한 얘기를 들려줘라. 그에게는 닫혀 있는 미지의 세계다. 거리를 두는 유형의 남자가 자기 자신의 감정에 대해 얼마나 낯설어하고 미숙한지는 내가 이런 유형에 속하는 사람들과 즐겨 하는 다음 훈련 방법을 통해 살펴볼 수 있다.

거리를 두는 남자들과의 훈련

나는 환자와 마주 서서 한 발은 카펫 위에 올리고 다른 발은 나무 바닥 위에 올린다. 그런 다음에 나는 환자에게 지난주에 어떤 일이 있었는지 얘기해보라고 한다. 카펫은 감정, 나무 바닥은 사실을 대변한다. 환자가 나에게 사실에 근거한 얘기만 쭉 나열할 경우 나는 나무 바닥이 있는 쪽을 향해 몸을 기울여서 환자도 똑같이 따라 할 수밖에 없다. 그러고 나서 환자가 자신의 감정에 대해 얘기하면 할수록 한쪽으로 기울었던 몸이 다시 똑바로 세워지고 편안해진다. 그러면 환자도 똑같이 그렇게 된다. 곧장 나무 바닥으로 쓰러져야 할 정도로 심각한 수준의 환자에게 나는 감정에 관한 얘기를 못하겠으면 적어도 감각적인 인상에 대해 설명해보라고 얘기한다. 즉 무엇을 듣고 무엇을 보고 피부에서 어떤 감각을 느꼈으며 어떤 냄새를 맡았는지 말이다. 그런 다음에 환자에게 느낌이 어땠는지를 평가해보라고 한다. 좋은 느낌이었는지 안 좋은 느낌이었는지 등등. 이런 방법을 통해 감정을 인지하고 그런 감정을 말로 표현하는 법을 배운다. 그러면서 환자는 천천히 그에게 낯선 세계인 자신의 감정 세계에 발을 들이게 된다.

율리아 온켄 역시 『거울에 비친 상』에서 다음과 같이 결론 내렸다. 거리를 두는 남성에게는 친밀함을 추구하는 여성이 가장 적합한 상대다. 이런 여성을 만나면 세상은 온전해지고 남자는 완벽해진다. 한쪽으로 치우진 남자의 감각 기관이 여자의 왕성한 감정 영역 덕분에 훌륭하게 보완된다. 그리고 여자 역시 남자의 자율적인 모습에 매료되고 온전해진 느낌을 받는다.

동시에 친밀함을 추구하는 여성은 거리를 두는 남성의 높디높은 진입 장벽 뒤에 감춰져 있는 높은 감수성을 감지한다. 그녀는 외로운 상아탑에 갇혀 있는 그를 구원해줘야 한다는 소명 의식을 느낀다. 그녀는 그 남자와 세상을 차단하는 거리를 극복하려고 온 힘을 기울인다. 이때 거리를 두는 유형의 사람과 친밀함을 추구하는 유형의 사람을 근본적으로 연결해주는 것이 있다는 점이 흥미롭다. 그것은 바로 높은 감수성이다. 둘은 높은 감수성이 공통의 출발점이지만 서로 상반되는 길을 걸어가게 된다. 거리를 두는 유형이 활동성과 확장성을 띤 태도를 보이는 사안에 대해 친밀함을 추구하는 유형은 관망하며 뒤로 물러난다. 거리를 두는 유형에 속하는 사람이 공격적으로 싸우는 사안에 대해 친밀함을 추구하는 유형의 사람은 참을성 있게 온화한 태도를 유지한다.[*]

율리아 온켄은 거리를 두는 남자가 파트너인 여자들에게 다음과 같이 말한다.

> 당신은 그에게서 자전(自轉)하는 법을 배울 수 있다. 자신의 욕구와 충동을 감지하기 위해 내면에 귀를 기울이는 것을 배울 수 있다. 자기 자신에게 충실해지는 것을 배울 수 있다. 자율적으로 사는 것을 배울 수 있다. 끊임없이 다른 사람을 삶의 중심으로 삼고 그들 주위를 맴돌지 않고 자기 자신을 중심에 놓는 것을 그에게서 배울 수 있다. 그는 자신을 보호하고 방어하고 필요한 경우 방해가 되는 것에 대해 전투적이고 공격적으로 대처한다. 이때 어떤 죄책감의 기미도 보이지 않는다.[**]

거리를 두는 남자가 친밀함을 추구하는 여자를 매혹시키는 요소가 무엇인지 여기서 다시 한 번 분명하게 드러난다. 그녀가 불안을 느끼고 감히 하지 못하는 것에 그는 어떤 두려움도 갖지 않는다. 그는 혼자서 외로운 한이 있어도 독립적이고 자율적으로 산다. 그리고 거리를 두는 남자는 자신이 못하는 것을 잘하는 여자, 즉 친밀함을 추구하는 여자에게 매력을 느낀다. 친밀함을 도모하고 즐기며 헌신하고 자신을 버려야 하는 위험을 감수하고서라도 다른 사람과 하나가 되는 것이 그녀의 특징이다.

◤ 함정을 피하는 방법

절대 남자를 구제하려 하지 마라

당신의 문제는 당신이 도와줄 사람이 필요하다는 것이다. 당신에겐 항상 당신 자신으로부터 시선을 돌릴 수 있게 해주는 누군가가 필요하다. 그 사람의 문제가 너무 크고 중요하고 확연해서 당신의 도움과 헌신이 필요해 보이는 사람 말이다. 그래서 당

* 율리아 온켄, 『거울에 비친 상』 중에서
** 율리아 온켄, 『거울에 비친 상』 중에서

신은 문제가 있는 남자, 어려운 유형의 남자, 속을 터놓지 않는 남자에게 끌린다. 당신은 외로운 카우보이, 사막의 늑대 그리고 관계 맺기 어려워하는 남자의 거친 껍데기 안에 숨어 있는 상처를 감지한다.

당신은 남자들의 블랙박스를 해독하는 것으로 만족감을 얻는다. 다가가기 어려운 남자, 감정이 메마른 남자, 이기적인 남자를 상대할 때에만 당신은 당신의 특별한 능력을 제대로 증명해 보일 수 있다. 물론 이건 맞는 말이다.

그래서 당신은 제아무리 복잡하고 폐쇄적인 남자의 감정까지도 감지하고 사랑할 수 있게 된다. 당신은 이것이 당신의 임무라고 느끼겠지만 이것이 불행을 초래할 수도 있다는 걸 알아야 한다. 당신이 사랑에 빠진 남자를 구제하고 당신이 원하는 대로 그 사람이 자신의 감정을 파악하게끔 하지 마라. 그는 아마도 언젠가는 자발적으로 당신에게 자신의 감정을 보여줄 것이다. 하지만 당신이 오히려 감정을 드러내지 않는 그의 모습에 매력을 느끼고 있다는 걸 그가 눈치챈다면 아마도 그는 절대 그렇게 하지 않을 것이다. 그럴수록 그는 감정의 문을 더욱더 굳게 닫을 것이다. 절대 당신이 그 사람을 구제하고 싶어 한다는 생각을 갖고 있다는 것을 들키지 마라.

가볍게 받아들여라

다른 사람의 감정을 헤아릴 수 있는 당신의 능력을 정말 유익하고 건설적인 방향으로 당신의 (미래의) 파트너에게 적용할 수 있는 방법이 있다. 그냥 가볍게 받아들여라! 당신이 선택한 남자가 거리를 두는 유형이고 그가 만약 친밀감이 부담스러워서 또다시 뒤로 물러난다면 당신은 그냥 속으로 미소를 지으며 그가 동굴 속으로 기어들어 갈 수 있게 내버려둬라. 어차피 그는 다시 돌아오게 되어 있다.

그는 자유롭다는 느낌이 들면 들수록 그리고 당신과의 사랑에서 자유를 느끼면 느낄수록 자발적으로 당신과 사귀는 관계를 만들기 위해 애쓸 것이다. 만약 남자가 한발 물러서면 그를 뒤쫓아 가지 말고 그 자리에 멈춰 서 있어라.

물러날 곳을 마련해주면 그는 다시 돌아온다

당신은 친밀함을 추구하고 친밀함을 필요로 한다. 남자가 다시 칩거에 들어가면 당신은 그 거리감을 견디기 힘들어한다. 당신은 상실에 대한 불안에 사로잡히게 될 것이다. 하지만 그는 당신에게서 진짜로 멀어진 것이 아니다. 당신은 100킬로미터 떨어진 곳에서도 그를 감지할 수 있다. 그러니 안심하고 남자가 물러설 수 있게 내버려두면 된다. 당신 내면의 목소리에 귀를 기울이고 당신과 같은 감정적인 능력을 갖고 있는 동성 친구들의 말에만 귀를 기울여라.

　당신은 상대로부터 버림받고 혼자가 되는 것에 대해 불안해하고 있다. 하지만 그는 당신을 떠날 생각이 없다. 만약 남자가 진짜로 당신과 헤어지고 싶은 마음이 있었다면 당신은 두 사람의 관계가 끝났다는 것을 이미 오래전부터 감지했을 것이다. 그러니 마음 놓고 남자가 동굴 안으로 들어가게 내버려둬라. 그는 다시 돌아온다. 그의 뒤를 졸졸 따라다니지 말고, 그에게 감정적인 협박을 가하지 말고 그가 (아직) 견디기 힘들어하는 친밀함을 강요하지 마라. 그는 당신을 사랑하지 않는 것이 아니라 당신과의 사랑에서 자기 자신을 잃어버릴까 봐 두려워하는 것이다. 남자가 당신에게서 거리를 두고 싶어 하면 그냥 멈춰 서라. 그렇다고 당신까지 뒤로 물러나는 것으로 그에게 벌을 주지 마라. 남자는 아마도 당신의 행동을 오해하고 둘의 관계가 진짜로 끊어질 때까지 더욱더 담을 쌓게 될 것이다. 당신이 그의 감정을 더 이상 읽을 수 없고 감정적으로 다가갈 수 없는 상황이 되면 그때서야 남자에게 그가 무엇을 원하고 무엇을 원하지 않는지 솔직하고 확실하게 물어보면 된다. 당신 역시 남자에게 단도직입적으로 당신이 원하는 것과 필요한 것 그리고 당신이 원하지 않는 것과 필요하지 않은 것을 말해라.

섹스는 감정적인 친밀감의 대체 수단이 될 수 없다

다정하고 다른 사람의 마음을 잘 헤아리는 당신의 성격 덕분에 당신은 금세 친밀한 분위기를 조성한다. 당신은 감정적인 친밀함과 따뜻함을 매우 중요하게 여기며 갈구한다. 하지만 절대 육체적인 친밀함과 혼동해서는 안 된다. 당신은 감정적인 친밀함을 얻기 위해 육체적인 친밀함을 도모하거나 허용할 위험을 안고 있다. 하지만 그것은 불가능한 목표다. 여기서 분명하게 밝혀둔다. 만약 당신이 어떤 남자에게 감정적인 친밀함을 느끼고 싶은데 (어떤 이유에서든지) 마음대로 되지 않는다고 해서 그 대체 수단으로 그 남자하고 잠자리를 가져서는 안 된다. 그렇게 되면 당신이 본래 갈구하던 친밀함은 더욱더 얻을 수 없게 된다. 그리고 당신은 어차피 친밀함, 안정감 그리고 무엇보다 사랑을 갈구하는데 그 대신에 섹스를 얻게 되면 나중에 이용당했다고 느끼게 되고 만다.

하지만 당신이 아주 의식적으로 오직 섹스만 원한다면 그렇게 해도 좋다. 당신은 아주 쿨한 원나잇 스탠드에서도 따뜻함과 애정을 발휘하기 때문에 분명히 좋은 경험이 될 것이다.

그럴 만한 가치가 있는 남자에게만 헌신하라

서로 알아가는 단계에서 어떤 남자가 아무리 차갑고 쌀쌀맞은 태도를 보인다고 할지라도 당신은 어떻게든 좋은 면만 보려고 노력하면서 스스로에게 최면을 건다. 그런데 이런 점을 악용하려는 남자가 정말 많다. 당신은 좋은 잠자리 상대이며 헌신적이고 유순하기 때문이다. 남자는 당신의 온화한 태도를 즐기고 자신이 원하는 대로 다 들어주는 당신의 방식을 만끽하며 언제든지 당신이 자신을 사랑할 수 있게 만들 수 있을 거라 착각한다. 하지만 절대 그렇지 않다. 당신이 친밀하고 가까운 상황에서 행동하는 아주 자연스러운 방식을 그는 '사랑에 빠졌다'라고 해석한다. 당신은 낯을 가리거나 쭈뼛거리지 않고 친숙한 분위기를 만들고 별 어려움 없이 호의를 베풀 수 있다. 이것은 당신이 가지고 있는 많은 재능들 중 한 가지다. 이런 재능을 너무 쉽고 헤프게 베풀지 말고 그럴 만한 가치가 있는 사람에게만 선물하자! 당신하고 친밀해지고 싶은 생각이 있는 남자, 당신과 사랑에 빠졌거나 빠질 것 같은 남자, 당신하고 잠자리만 가질 생각이 아니라 다른 여러 가지 일도 함께할 생각이 있는 그런 남자들에게 말이다.

스물아홉 살인 율리아는 아주 열정적인 교육자로서 거의 3년간 다섯 살 연상인 카이와 사귀었다. 하지만 건축가인 카이는 율리아와 사귀는 동안 그녀에게 완전히 빠지지는 못했다. 그는 단 한 번도 '너를 사랑해'라는 결정적인 말을 입 밖으로 꺼내지 못했다. 율리아가 이 말을 곧바로 결혼 약속이라고 확대해석하지 않을 것을 잘 알고 있었으면서도 그랬다. 율리아는 사랑한다는 말을 그냥 듣고 느끼고 싶었을 뿐이다. 카이는 율리아와 한집에 살고 싶은 마음도 없었고 휴가도 율리아와 함께 보내지 않고 대부분의 휴가를 혼자 또는 친구들과 함께 보냈다. 율리아는 상당히 불만스러웠지만 그래도 모든 것을 그냥 묵묵히 참아줬다. 그리고 이 관계는 율리아가 갖고 있던 여자로서의 자존심을 서서히 파괴해버렸다. 급기야 율리아는 자신이 남자에게 '사랑해'라는 말을 들을 가치가 없는 여자라는 생각까지 하게 되었다. 다른 여자들도 사랑한다는 말을 듣지 못해도 잘만 살아간다고 율리아는 스스로를 위로했다. 동성 친구뿐 아니라 다른 남자들로부터 자신이 얼마나 멋지고 독특한 매력을 갖고 있는지에 대해 자주 들었는데도 소용이 없었다. 율리아는 그럼에도 불구하고 카이와의 관계는 아무런 문제가 없고 카이가 언젠가는 그녀에게 느끼는 감정을 말해줄 날이 올 거라고 스스로를 위로했다. 카이와 함께 보내는 시간도 늘 좋았다. 섹스 역시 좋았다. 카이가 안아주면 율리아는 포근함과 안정감을 느꼈다. 하지만 율리아가 미처 인지하지 못한 것이 있었다. 둘의 관계에서 안정감을 만드는 것이 그녀의 따뜻한 마음 덕이며, 친밀함을 만드는 것도 그녀의 사랑 때문이며 그와의 섹스가 그토록 즐겁게 느껴지는 것이 그녀의 헌신적인 애무 때문이라는 것을 말이다.

율리아가 예기치 않게 임신을 하게 되자 카이는 그녀를 떠났다. 율리아는 아이를 혼자 낳아서 키우고 앞으로 태어날 아이에게 전폭적인 사랑을 쏟을 각오가 되어 있었지만 안타깝게도 임신 4개월에 유산을 하고 말았다. 그때야 비로소 율리아는 카이와의 이별을 실감했고 자신이 정말 버림받고 이용당했다는 것을 깨달았다. 율리아는 정신적으로 심각한 위기에 빠졌고 다시 헤어 나오기까지 한참 시간이 걸렸다. 그 위기 상황에 빠져 있을 때 그녀는 내 진료실 문을 두드렸다.

6개월이 지난 후 율리아는 카이의 가장 친한 친구인 토마스와 만났다. 율리아는 토마스를 잘 알고 있었고 인간적으로 좋아했다. 토마스는 율리아에게 열정적인 구애를 했고 결국 율리아는 그와 잠자리를 갖게 되었다. 카이에게 복수하기 위해서가 아니라 친밀함과 온정이 필요했기 때문이다. 이것은 율리아에게 좋으면서도 상당히 중요한 경험이었다. 한편으로는 바닥에 떨어진 자존감을 어느 정도 회복할 수 있었을 뿐만 아니라 비록 토마스와 아직 사랑에 빠지지는 않았지만 그의 열렬한 구애가 카이로부터 벗어나는 데 도움이 됐기 때문이다. 토마스는 오래전부터 남몰래 율리아를 흠모해왔다고 고백하기도 했다.

토마스는 율리아가 카이로부터 한 번도 듣지 못했던 세상의 달달한 말들을 속삭였지만 율리아의 마음에 진정으로 와 닿지는 않았다. 율리아는 자신이 마치 예전의 카이처럼 행동하고 있다는 생각이 들었다. 율리아는 친밀함과 토마스가 해주는 칭찬의 말들을 즐기기는 했지만 사랑의 감정 없이는 모든 것이 공허하다는 것을 깨달았다. 율리아는 토마스와 사랑에 빠지지 않았다. 율리아는 여기서 친밀함에 대한 욕구와 사랑에 대한 갈망의 차이를 확실히 느꼈다. 율리아는 자신이 카이를 무척 사랑했으며, 카이는 자신을 사랑하지 않았다는 사실을 다시 고통스럽게 깨달았다. 그와 함께했던 지난 몇 년은 오직 그녀의 사랑으로 유지되었고 그는 그녀에게 받는 사랑을 즐기기는 했지만 그 사랑을 되돌려주고 싶지는 않았던 것이었다. 율리아는 다시는 그런 관계를 맺지 않겠다고 굳게 다짐했다. 그녀가 카이를 사랑했던 것만큼 그리고 토마스가 그녀를 사랑하는 것만큼 서로 사랑할 수 있는 사람을 찾을 때까지 충분히 시간을 가질 생각이었다.

당신의 의도는 애정 표현이지만 남자는 오직 섹스 생각뿐이다

남녀 사이에 누구나 알고 있고 공통적으로 자주 벌어지는 오해가 있다. '여자는 애정 표현을 원하고 남자는 섹스를 원한다.'가 그것이다.

당신은 온정이 많은 성격 때문에 어렵지 않게 육체적인 친밀함을 만들어낼 수 있다. 하지만 연애 초기의 에로틱한 영역을 넘어서지는 않으며 그래서도 안 된다. 당신은 이런 식으로 친밀함과 접촉에 대한 욕구를 충족한다.

하지만 남자는 당신의 행동을 섹스를 위한 전 단계이자 도발이라 잘못 해석할 수 있다. 그는 당신의 애정 표현을 단순히 그 자체를 즐기는 것으로 받아들이지 않고 더 나아가자는 것에 대한 출발 신호로 오해한다. 그래서 남자가 성의 경계를 넘어서려고 하면 당신은 오해받았다는 느낌을 받게 된다. 남자들의 감정 스위치는 대개 두 가지 선택밖에는 모른다. '온(ON)' 아니면 '오프 (OFF)'. 반면에 당신의 경우에는 무수히 많은 스위치와 단추, 레버가 있어서 편안한 감정에서부터 짜릿한 느낌 그리고 열정적인 욕망까지 아주 세밀하게 조정할 수 있다.

이런 상황에서 여러 가지 잘못된 방향으로 흘러갈 수 있다. 가장 흔한 경우는 원치 않으면서도 상대에게 맞춰주다가 나중에 마음이 불편해지는 상황이다. 남자 역시 당신이 내키지 않은 마음으로 했다는 것을 눈치채기 때문에 마음이 편하지 않다. 두 번째로 흔한 경우는 당신은 이미 오래전부터 "싫어요" 또는 "여기까지만 그리고 더 이상은 안 돼요."라고 말하고 싶지만 머뭇거리다가 결국 남자가 '더 이상 돌이킬 수 없는 지점'을 한참 넘어선 시점에서야 말하는 것이다. 그러면 남자는 계속해서 당신을 재촉하거나 아니면 자신이 굴욕을 당했다고 생각한다. 목표 지점을 바로 앞에 두고 갑자기 중단하는 것을 그는 이해하기가 힘들다. 남자 입장에서는 여자가 먼저 시작했으면서 갑자기 밀쳐낸다는 생각밖에 들지 않는다.

특히 친밀함을 추구하는 여자 유형은 '싫어요'라는 말을 분명하게 제때에 할 줄 아는 것이 매우 중요하다. 바로 당신의 마음에 그런 생각이 들 때 말이다. 또는 경고를 하거나 당신의 입장을 확실히 밝히기 위해서 미리 하는 것도 좋다. 싫다는 의사 표현을 분명히 함으로써 상대방을 내쫓거나 당신이 추구하는 친밀함이 파괴될까 봐 불안해하는 상황을 극복해야 한다. 오히려 정반대의 상황이 벌어지는 경우가 많다. 자신의 의사를 분명히 밝히면 남자는 지금이 동침을 위해 전력 질주해야 할 때가 아니라 가벼운 마음으로 에로틱한 상황을 즐길 때라는 걸 알게 된다.

피해자 역할을 조심하라

사실 당신은 '싫어요'라는 말보다는 '좋아요'라는 말을 더 좋아하는 사람이다. 이는 매우 큰 장점으로 남녀 관계에서 윤활유 역할을 하며 가까운 곳으로 가는 소풍에서 거창한 여행에 이르기까지 그 어떤 일을 추진할 때도 이상적인 전제를 만들어준다. 이것은 당신이 좋아하는 사람을 신뢰할 수 있는 능력과 용기의 표현이기도 하다. 하지만 때때로 선을 긋거나 당신의 의지를 관철시키지 못하면 당신은 남녀 관계에서 피해자 역할로 전락할 위험에 처하게 된다. 외로움에 대한 불안과 자신을 기꺼이 헌신하고 싶은 마음 때문에 결과적으로 당신의 욕구를 억누르게 되고 오랫동안 이용할 수도 있다. 자신의 의견을 분명히 말하고 지속적으로 거절을 표시하고 분명한 선을 긋는 것이 당신에게는 힘든 일이겠지만 이것은 당신에게 꼭 필요한 것이다. 남녀 관계에서 갈등을 흐지부지 안고 가는 것보다는 적시적소에 '싫어요'라고 분명하게 말할 줄 아는 것이 훨씬 낫다.

당신의 파트너를 이상화하지 마라

이별 이후 다시 혼자가 되는 것에 대한 근본적인 불안을 갖고 있는 당신은 가령 당신에게 향하는 파트너의 거절 또는 비하하는 태도를 애써 무시하거나 "그런 의도로 한 말이 아니야." 또는 "실수로 그런 말이 입에서 튀어나왔을 뿐이야." 하는 말로 애써 상황을 미화하기도 한다. 당신은 일부러 그의 좋은 면들을 부각시키며 남자가 당신에게 함부로 군 지 이미 오래되었는데도 참아주거나 받아준다. 당신은 남자의 태도를 긍정적으로 바라보기 위해 그를 이상화하기도 한다. 그렇게 함으로써 불편함과 좌절감, 상처투성이인 현실을 애써 외면한다.

독립적인 사람으로 남아 있으라

남자와 오랜 시간 사귀면서 남자에게 너무 많이 맞춰주느라 독립적인 인간이기를 포기한 사람들도 유감스럽게도 이 유형에 속한다. 너와 나의 경계가 너무 희미해지기 때문에 파트너가 눈길을 돌릴 때마다, 시선이 잠깐이라도 다른 곳으로 향할 때마다 상실에 대한 불안과 강한 질투심을 보인다. 그렇게 되면 여자는 파트너를 잃을지도 모른다는 불안뿐만 아니라 파트너에게 완전히 빠져 있던 자기 자신의 인격을 상실할지도 모른다는 불안을 갖게 된다.

극단적인 경우에는 사랑 때문에 자기 포기를 하기도 한다. 그런 경우에는 파트너의 의견, 생각, 좋아하는 것과 싫어하는 것을 그대로 따르고 습관과 특징까지 모방한다. 상대의 거울이 되어 살아가는 셈인데 그렇게 되면 상대에게는 독립적인 인격체가 아닌 자기 자신의 복제품으로만 보일 뿐이다.

그러므로 당신은 하나가 되고 싶어 하는 지나친 사랑으로 남자를 압박하지 않도록 조심해야 한다. 당신은 융합에 대한 불안이 없을지 몰라도 당신의 파트너는 그럴 가능성이 높다. 남자는 바로 그런 이유 때문에 당신으로부터 도망가고 싶을지도 모른다.

▶ 공주 유형 : 신데렐라

공주를 떠올릴 때 가장 전형적으로 떠올리는 인물이 바로 신데렐라다. 줄리아 로버츠와 리처드 기어가 등장하는 할리우드 영화 〈귀여운 여인〉 역시 고전으로 자리 잡았고 이 영화에서 신데렐라의 역할이 다시 재현되었다. 왕자가 별 볼 일 없지만 특별한 (그리고 당연히 아주 예쁜) 여자를 보고 반하며 비참한 삶에서 여자를 건져준다. 남자는 신데렐라와 결혼을 하고 그녀를 자신의 아내로 삼고 왕비로 만든다.

유형 탐구에서 알 수 있듯이 신데렐라는 앞서 언급한 친밀함을 추구하는 여자 유형에 가장 근접하다. 신데렐라는 군소리 없이 자신이 처한 운명에 순응하고 욕심이 없고 순종적이다. 하지만 기회를 갖게 된 신데렐라는 자발적으로 왕자에게 가까이 다가가고 (성에서 열리는 연회에 세 번 찾아간다) 왕자는 당연히 첫눈에 그녀에게 반한다. 왕자의 사랑을 통해 재투성이 신데렐라가 공주로 변신하는 것이 바로 동화적인 요소다. 이때 기이한 자연의 힘(비둘기, 헤이즐넛 나무)이 작용해서 신데렐라를 도와주기도 하고 대신 복수를 해주기도 한다. 신데렐라 자신은 공격성하고는 전혀 어울리지 않는다.

하지만 신데렐라가 목적을 이루고 왕자를 손에 넣기 위해서 해야 할 일이 몇 가지 있다. 그녀는 재투성이에서 벗어나 아름답게 단장하고 모든 방해 공작을 물리치고 왕자 곁에 접근해야 한다. 그러기 위해서는 모든 지상의 존재와 초지상적인 존재의 도움을 총동원해야 한다. 비둘기들은 콩을 골라내는 것을 도와주고 ("좋은 콩은 통에, 나쁜 콩은 비둘기의 모이 주머니 속으로!) 헤이즐넛 나무는 신데렐라에게 세 번이나 예쁜 드레스를 선물한다(나무야, 몸을 흔들어 나를 금과 은으로 덮어주어라!). 신데렐라는 3일 밤 동안 오직 왕자하고만 춤을 추고 매번 더 아름다운 모습으로 등장하지만 일정한 시간이 되면 사라지고 자신의 정체를 밝히지 않기 때문에 왕자의 호기심과 사냥 본능을 더욱 자극한다. 소위 밀당을 하는 신데렐라는 남자를 손에 넣는 방법을 너무나 잘 알고 있는 것이다!

따라서 이 동화는 평범한 여자가 가만히 있다가 우연히 백마 탄 왕자를 만나 성공한 이야기가 절대 아니다. 그런데 대부분의 여자들은 그런 허무맹랑한 꿈을 꾼다.『빌어먹을 말을 타고 오는 멍청한 왕자는 대체 언제 나타나는 거야』를 쓴 올리버 슈퇴빙은 이 책에서 이런 여성들의 허무맹랑한 꿈을 아주 재밌고 적절하게 묘사하고 있다. 이런 동화는 현실에서는 존재하지도 않으며 존재할 수도 없다. 모든 동화 속에 등장하는 미래의 신부들도 해피엔드를 위해서 무언가를 해야 한다. 하다못해 100년 동안 잠들기라도 해야 한다. 동화 속 주인공 중 가장 적극적인 공주가 신데렐라다.

신데렐라의 입장에서 왕자는 너무 높은 곳에 있어 감히 다가가기 어려워 보인다. 왕자는 늘 수많은 여성들에게 둘러싸여 있으며 그녀들은 그의 아내가 되기 위해 갖은 수단과 방법을 동원한다. 신데렐라는 왕자가 베푸는 연회에 매번 참석해서 왕자에게 가까이 다가가 자신의 아름다움을 어필한다. (애초에 결혼 생각이 없었던) 왕자는 신데렐라를 찾아다니면서 두 번이나 다른 여자를 데리고 온다. 그의 실수를 일깨워주는 것은 고마운 비둘기들이다. 왕자는 거리를 두는 유형에 속하고 이런 거리를 극복하기 위해 도움이 필요하다. 그는 황금 구두우리나라에서는 유리 구두로 알려짐-옮긴이의 도움으로 자신이 찾던 신부를 마침내 알아낸다.

모든 동화에서 소녀의 아름다움이 왕자가 사랑에 빠지게 되는 가장 큰 요인이기는 하지만 신데렐라의 경우에는 친밀함을 추구하는 성격이 두 사람의 관계에 결정적인 역할을 한다. 당신이 만약 신데렐라 유형이라면 당신도 당신이 점찍은 사람에게 가까이 다가갈 수 있는 방법을 모색해보길 바란다. 그러기 위해서 특별한 노력을 기울이고 다른 사람의 도움을 받아야 할 수도 있다. 그렇게 한다고 해서 당신이 손해 볼 것은 없다. 예쁘게 단장하고 두 번째 세 번째 데이트 때는 더욱 예쁘게 꾸미고 나가라. 하지만 그에게 너무 쉬운 상대로 보이면 안 된다. 당신을 그리워하고 안달이 날 여지를 남겨둬야 한다. 그러면 당신을 향한 열망과 사랑이 더 높아진다. 그리고 남자가 처음에 비록 잘못된 여자를 고른다고 해도 침착함을 잃지 마라. 남자는 결국 당신이 그에게 알맞은 상대이며 당신과 함께할 때에만 행복할 수 있다는 것을 깨닫게 될 것이다.

▼ 사례 : 베티나, 서른다섯 살

만약 중세 시대였다면 베티나는 아마도 마녀사냥으로 화형당했을지도 모른다. 빛나는 빨간 머리칼이 머리, 어깨 그리고 등에 넓게 드리워지는 것을 보고 겁이 많은 남자들은 오싹해지는 반면에 용감한 남자들은 홀딱 반한다. 베티나의 굴곡 있는 몸매와 당당한 걸음걸이는 전체적인 분위기를 더욱 강화시킨다. 하지만 그녀의 얼굴을 자세히 들여다보면 전혀 다른 성격을 엿볼 수 있다. 불타는 듯한 곱슬곱슬한 머리칼 사이로 팜파탈이나 신비스러운 예언자 같은 모습이 아니라 마음이 따뜻한 회청색 눈동자를 지닌 여자를 엿볼 수 있는 것이다. 호기심 가득하고 열망을 품은 남자들의 눈빛도 베티나는 열린 마음으로 받아들인다. 그녀는 남자들을 좋아하고 사람들을 좋아하며 그리고 자기 자신을 좋아한다. 베티나의 다정한 얼굴을 보는 것만으로도 보는 이의 마음이 따뜻해진다.

베티나의 인생이 순탄하지만은 않았기 때문에 베티나가 늘 이렇게 다정한 표정을 짓는 것은 사실 다른 사람들이 보기에는 놀라운 일이었다. 하지만 베티나는 자신의 순탄하지 않은 삶을 전혀 다른 시각으로 바라본다. 사남매 중 셋째 딸로 태어난 베티나는 만성적으로 과로에 시달리고 정신적인 질병이 있던 어머니로부터 별로 사랑을 받지 못했고 가정 내에서 점점 더 많은 역할을 떠맡게 되었다. 언니까지 중병에 걸리자 베티나는 완전히 엄마 역할을 맡게 되어 모든 가족 구성원들을 보살피고 챙겼고 가정 내에서 중심적인 역할을 하게 되었다. 당시 베티나는 열여덟 살이었다. 베티나는 몹시 힘들었지만 이런 역할을 즐겼다. 그녀는 아버지를 매우 사랑했고 자신이 아버지를 보살필 수 있다는 사실에 자부심을 느끼기까지 했다. 남자 형제들은 베티나가 가족을 부양하는 것을 당연시했고, 아버지는 애인을 찾아 나섰고, 어머니와 언니는 정신적인 병과 육체적인 병에 시달리고 있었기 때문에 그녀는 가장 역할을 떠맡았다. 베티나는 가장 역할을 하느라 본인의 삶은 거의 없었다. 그 와중에 대학입학시험에 합격할 수 있었던 것은 순전히 똑똑한 머리 덕분이었다.

베티나는 당시 그녀를 위해서라면 모든 것을 해주는 남자 친구가 있었지만 그녀는 수시로 바람을 피웠다. 그는 베티나 주위를 맴돌았고 그녀에게 감탄의 눈길을 보냈다. 그는 베티나의 아름다움에 흠뻑 빠져 있었다. 사실 그는 베티나의 이상형과는 거리가 있었지만 그렇다고 베티나가 딱히 찾는 이상형도 없었다. 그녀의 마음은 이미 다른 곳에 있었기 때문이다. 그것은 바로 가족이었다. 그렇기 때문에 그 남자가 베티나에게는 안성맞춤이었다. 그는 골치 아프게 굴지 않았고 베티나는 자신이 하고 싶은 대로 할 수 있었기 때문이다.

아버지가 새로운 여자 친구의 집으로 이사 가서 동거를 시작하자 베티나는 몇 주 동안 심각하게 병을 앓았다. 그때서야 베티나는 자신이 지금껏 해왔던 많은 일들이 무엇보다 아버지를 위해서였다는 사실을 깨닫게 되었다. 사실 단지 아버지를 위해서 지금껏 희생해왔고 가족들을 위해 자신을 기꺼이 희생한 것이었다. 그런데 이제 그런 모든 동기가 와르르 무너져버렸다. 가족 내에서 베티나의 역할이 완전히 사라져버린 것이다. 그러자 갑자기 어머니가 다시 '기능을 발휘하기' 시작하며 심지어 베티나를 아주 정성껏 보살피기까지 했다. 베티나는 오랜만에 어머니의 사랑을 듬뿍 받는 것을 즐기기도 했지만 한편으로는 불편하고 민망하기까지 했다. 어쩐지 자신이 연약하고 쓸모없는 존재가 되어버린 느낌이 들었다. 그전에 베티나는 자신이 맡고 있었던 아내 역할 그리고 엄마 역할이 대체 불가능하다고 생각했다. 하지만 그렇지 않다는 것을 이제 깨닫게 된 것이다. 베티나는 건강이 회복되자마자 집에서 나왔다.

베티나는 대학의 사회교육학과에 등록하고 첫 학기부터 강사 중 한 명과 사랑에 빠졌다. 그는 베티나보다 약 스무 살이 많았으며 발달심리학을 강의했고 지식인의 분위기를 물씬 풍겼다. 그는 젊은 여대생들과 열정적인 토론을 즐겼으며 그런 토론은 그의 단골 술집에서도 이어졌다. 담배와 술 그리고 우수에 젖은 눈빛은 그를 대표하는 것들이었다. 베티나는 그에게 홀딱 반했고 그 역시 마찬가지였다. 그는 이렇게 똑똑하고 정신적으로 성숙한 여학생은 지금껏 한 번도 보지 못했다고 말했다. 베티나는 그가 원래 하려는 말이 무엇인지 정확히 알고 있었지만 그녀는 개의치 않고 오히려 반가웠다. 베티나는 그를 보며 활짝 미소 지었고 그에게 궁금한 건 무엇이든지 끊임없는 질문 세례를 퍼부었다. 그는 속이 뻔히 들여다보이는 구실을 들어 베티나를 자신의 집으로 초대했고 두 사람 다 그곳에서 어떤 일이 벌어질지 내심 알고 있었다. 그리고 실제로 그렇게 됐다. 그가 일을 치른 지 한 시간도 채 지나지 않아 베티나를 집으로 돌려보내자 베티나는 조금 서운했다. 그는 쉬고 싶어 했고 자기만의 시간을 갖고 싶어 했다.

베티나는 그가 가장 좋아하는 케이크를 구워주었으며 그가 좋아하는 상표의 담배를 피워보았으며 그가 가장 좋아하는 화가들에 관한 책을 구입하고 그의 강의 시간에 단 1분도 딴청을 피우지 않았다. 베티나는 어떻게든 그와 조금이라도 더 가까워지고 싶었다. 하지만 그는 능숙하게 베티나와 일정한 거리를 두었다. 두 사람의 관계는 비밀에 부쳐야 하기 때문에 일주일에 한 번 많아야 두 번 정도 볼 수 있었으며 그것도 고작 한두 시간 볼 수 있는 게 전부였다. 베티나는 마음 같아서는 아예 그의 집으로 들어가 함께 살면서 그를 위해 요리를 하고 빨래를 하고 지저분한 집을 청소해주고 싶었다. 베티나는 그 사람과 함께 살고, 그 사람을 위해 살고 그 사람으로 인해 살고 있었다. 아침에 깨어 눈도 채 뜨지 못하는 상태에서도 그의 얼굴부터 떠올렸다.

그가 아무리 베티나로부터 거리를 두려고 해도 베티나는 그에게 파고들고 얽히고 싶었다. 하지만 그는 여전히 거리를 두었다. 섹스는 좋았지만 짧았다. 베티나도 대부분 절정을 느끼기는 했지만 그럼에도 매번 왠지 불만족스럽고 뭔가 채워지지 않은 채 집으로 돌아가는 기분이었다. 하지만 그럴수록 다음에는 더 좋아질 거라는 희망이 생겼다. 마치 도박꾼의 심리와 비슷했다. 상실에 대한 좌절감이 다음 판에서는 반드시 돈을 딸 거라는 희망을 높여줬던 것이다. 하지만 모든 도박의 끝은 엄청난 손실과 끔찍한 좌절이라는 것을 깨닫게 될 운명이었다.

두 사람의 비밀스러운 관계가 1년이 넘은 시점인 세 번째 학기가 시작되자마자 그는 점점 더 이상하게 변했다. 그는 베티나를 거의 만나지 않으려고 하더니 나중에는 아예 만남을 기피했다. 두 사람의 관계가 탄로 나면 직장을 잃을 수 있기 때문에 너무 위험하다면서 그는 관계를 끝내거나 아니면 긴 휴식 시간을 갖자고 제안했다. 베티나는 그가 자신을 진심으로 대하지 않았고 뭔가 다른 이유, 다른 누군가가 있는 것 같다는 느낌을 받았다. 베티나는 그에게 단도직입적으로 물었다. 그녀는 모든 것을 받아들일 수 있으며 다만 자신을 떠나거나 자신을 잊거나 그의 인생에서 쫓아내지만 말아달라고 부탁했다. 그는 아무 말없이 침묵했다. 베티나는 다시 한 번 간곡히 부탁했다. 만약 꼭 그래야 한다면 당분간 다른 사람을 사귀는 것은 용납할 수 있고 계속 기다리겠다고 했다. 그는 계속해서 침묵했다. 그리고 그는 다시 한 번 베티나와 잠자리를 가졌다. 베티나는 이것이 마지막이고 이별이라는 것을 예감했다.

베티나는 날마다 몇 시간씩 울었다. 그리고 그가 다시 연락하기를 기대했다. 그를 다시 돌아오게 할 수만 있다면 정말 무엇이든지 할 수 있을 것 같았다. 하지만 그는 다시 연락하지 않았고 늘 그렇듯 아무렇지 않게 강의를 계속했다. 베티나는 자신의 세계는 완전히 무너져버렸는데 그는 아무렇지도 않게 잘 지낸다는 것을 이해할 수가 없었다. 베티나는 그에게 새로운 애인이 생겼다는 것을 직감했다.

그녀는 정말 힘든 시간들을 보내고 몇 달이 지난 후 그 사람의 새로운 애인이 누구인지 알게 되었다. 이번에도 예쁘장한 대학 신입생이었다. 이번에는 금발 여학생이었다. 하지만 베티나는 조금 마음이 언짢을 뿐 질투심이라든가 미움 같은 감정은 없었다. 오히려 금발 여학생에게 동정심을 느껴 조용히 불러 미리 경고를 해주는 게 좋지 않을까 하는 생각까지 들었다. 하지만 사랑에 푹 빠져 있던 예전 자신의 모습을 떠올려보고 그만두었다.

'만약 나에게 그 사람의 예전 여자 친구가 찾아와서 그런 얘기를 해줬다면 괜찮을까? 절대 그러지 않았을 것이다! 또 그렇게 한들 무슨 소용이 있었을까? 아무 소용이 없었을 것이다!'

베티나는 이렇게 생각하며 만약 다시 처음으로 돌아간다고 해도 달라지는 것이 별로 없을 거라는 결론을 내렸다.

3년 후 베티나는 파울을 만나게 되었다. 파울은 유명 출판사 편집장이었고 진정한 지식인이었다. 베티나는 이제 그런 것쯤은 확실히 구분할 수 있었다. 그는 문학과 관련해서는 독보적인 지식을 자랑했고 베티나보다 나이가 몇 살 많지 않았지만 다방면으로 지식이 많았다. 그리고 파울에게 지식인의 슬픈 고뇌 같은 모습은 전혀 보이지 않았다. 그런 분위기를 풍길 만한 이유가 다분했음에도 그랬다. 그는 일찍 부모님을 여의었고 형제자매도 없는 외동이었기 때문이다.

파울은 이 세상에 혼자였다. 그럼에도, 아니 바로 그렇기 때문에 그의 얼굴에는 저돌적이고 장난스러운 악동 같은 표정이 깃들어 있었다. 그는 자신을 몸소 희생해서라도 늘 농담을 던졌다. 베티나는 그를 디스코텍에서 처음 만나 홀딱 반했고 그가 너무 마음에 들어서 마음 같아서는 당장에라도 집으로 데려가고 싶었다. 하지만 파울은 너무 빠르다는 생각이 들었다. 파울은 베티나가 원하는 것이 무엇인지 눈치채자 그녀에게 조금 더 잠자는 숲 속의 공주 노릇을 하는 것이 좋겠다고 말했다. 그는 아직 장미 가시에 찔리지 않았고 아직 100년도 지나지 않았다는 말도 덧붙였다. 그러자 베티나는 100년이 지났지만 멍청한 왕자만 아직 눈치채지 못한 것뿐이라고 받아쳤다. 파울은 이 얘기를 듣고 배꼽을 잡고 웃었다. 어쨌든 두 사람은 열정적인 키스를 나누고 헤어질 때 서로의 전화번호를 주고받았다.

파울이 곧장 베티나의 집으로 따라나서지 않은 것에 대해 베티나는 그에게 플러스와 마이너스 점수를 주었다. 하지만 다음 날 오전에 그가 짧은 문자메시지를 보내자 플러스 점수가 우세해졌다. 가능한 한 빨리 다시 만나고 싶다는 메시지였다.

하지만 파울은 육체적인 관계의 진행 속도를 일부러 늦춰서 베티나는 그에 대한 열망으로 미치기 일보 직전이었다. 그는 키스를 완벽하게 했고 그녀가 원하는 곳을 잘 만져주었지만 시간이 오래 지나도 그녀와 잠자리를 가질 생각을 하지 않았다. 파울 역시 베티나와 사랑에 빠진 것만큼은 분명했다. 사랑하지 않기 때문에 관계를 갖지 않는 것은 아니었다. 마침내 때가 되자 베티나는 하늘을 떠다니는 것만 같았다. 베티나는 확실하게 느끼고 있었다. 그녀와 영원히 함께할 남자가 바로 이 남자라는 것을 말이다!

하지만 파울에게는 결정적인 단점이 하나 있었다. 그는 질투심이 심했다. 베티나가 처음 사귀었던 남자에 대한 얘기를 하며 자신이 수시로 바람을 피웠다는 얘기를 들려주자 그는 경악했다. 베티나는 솔직하게 말한 것을 곧바로 후회했지만 그녀는 솔직해지고 싶었다. 아무것도 감추고 싶지 않았고 그냥 있는 그대로의 모습을 보여주고 싶었다. 그리고 파울이 그런 자신을 견디고 받아주기를 바랐다.

강사와의 힘든 사랑을 겪은 후 베티나는 다시는 그런 사랑을 하지 않겠노라고 굳게 다짐했다. 자신의 욕구는 뒤로 제쳐둔 채로 무조건 상대에게 맞추는 행동은 그만하겠다고 말이다. 그리고 지난 몇 년간 이런 다짐을 잘 지켜왔다. 그동안 대부분의 관계는 끝이 났고 그중 어떤 남자도 그녀에게 위협이 되지는 않았다.

그런데 파울의 경우에는 조금 달랐다. 베티나는 그를 사랑하게 된 것이다. 그녀는 속으로 갈등을 겪었다. 자신의 욕구를 채우고 있는 그대로의 모습을 지키고 싶기도 했기 때문이다. 그래서 그녀는 그가 질투심을 느끼든 말든 아랑곳하지 않고 모든 얘기를 털어놓곤 했다. 하지만 한 부분은 그에게 맞춰줬다. 그는 무조건적인 신뢰를 원했고 베티나는 그러겠노라고 약속하고 지켰다.

그것을 제외하고 파울은 베티나를 어떤 식으로든 바꾸려 들지 않고 있는 그대로의 모습을 사랑했다. 다만 그는 때때로 조금 특이한 모습을 보이거나 거리를 두었는데 그때가 되면 자신만의 동굴로 들어가 연락이 닿지 않았다. 베티나는 마음 같아서는 위로나 지지 또는 사랑을 필요로 하는 어린아이처럼 그를 꼭 안아주고 싶었다. 하지만 파울에게 필요한 것은 그냥 자유였다. 자유가 그의 위안이자 버팀목이었다. 이따금 혼자만의 시간을 갖는 것. 베티나가 이것을 이해하고 받아들이기까지는 상당한 시간이 걸렸다.

파울과 베티나가 함께 살기 시작하고 아이를 갖게 되기까지는 몇 해가 더 걸렸다. 그렇게 되기까지 함께 몇 번의 위기를 넘기기도 했다. 베티나는 다시 가족과 정기적인 만남을 통해 관계가 회복되었고 함께하는 가족 파티를 즐겼다. 반면에 파울은 이런 파티를 끔찍이 싫어했다. 가족들이 파울에게 아무리 다정하고 살갑게 대해주어도 그는 낯설고 불안했으며 자신이 있으면 안 되는 자리에 있는 느낌을 지울 수가 없었다. 베티나는 친구도 많아서 자주 그들과 어울렸다. 파울은 친구가 한 명밖에 없는데 그 친구마저도 어쩌다 한 번 만나기 일쑤였다. 베티나가 다른 사람을 만나러 나가면 파울은 주로 집에 혼자 남아 있었다.

그는 결코 가정적인 사람이 아니었지만 베티나는 가족을 멀리하지 않았다. 파울은 이따금 그의 유일한 친구와 만나 맥주잔을 기울였고 베티나는 계속해서 여러 친구들을 자주 만나러 다녔다.

베티나는 파울을 이해할 수 없는 경우도 많았지만 그래도 그를 사랑했다. 베티나는 감정적으로는 언제나 파울에게 다가갈 수 있었고 그렇기 때문에 파울을 그냥 있는 그대로 내버려둘 수 있었다. 조금 힘들 때도 있었지만 충분히 견딜 수 있는 정도였다.

사례에 대한 소견

베티나가 살아가면서 그리고 남자들을 만난 경험을 통해서 배운 것 중에서 가장 중요한 것은 '아니요'라고 말할 수 있게 되었다는 것이다. 베티나의 경우에는 경계를 짓거나 자신을 보호하기 위해 이런 말을 다른 사람들에게 사용할 필요가 없었다. 남자친구에게도 이 말을 사용할 필요가 없었다. 베티나는 남자 친구를 그냥 있는 그대로 받아들일 수 있었다. 너무 강한 자기 자신의 조화 욕구와 융합 욕구를 향해 '아니요'라고 말하는 것이 관건이었다. "아니, 그 사람이 거리를 둔다고 해서 그의 뒤를 졸졸 쫓아

다닐 필요는 없어.", "아니, 네가 아무리 원한다고 해도 그 사람이 원하지 않으면 굳이 가족 모임에 같이 갈 필요는 없어.", "아니, 단지 그 사람과 가까워지고 싶은 마음에 너 자신을 희생하거나 네 인생을 포기할 필요는 없어.", "아니, 다른 사람에게 너무 맞추려고 하지 말고 있는 그대로의 모습을 지켜. 아무리 분위기가 깨진다고 해도 말이야." 베티나는 이런 내면의 메시지들을 이해했고 덕분에 잘 지낼 수 있었다. 물론 파울도 마찬가지였다.

3. 질서와 통제를 중시하는 여자

ER STEHT AUF DICH!

▌생활 감정

이 유형의 여자가 갖고 있는 특징들은 특히 독일에서 이미지가 별로 좋지 않다. 아마도 독일 사람들의 대부분이 이런 특징을 갖고 있다고 지나치게 희화화되고 있기 때문일 것이다. 강박적이고 규칙에 얽매이는 질서광으로서 대화는 오직 명령과 복종으로 국한되는 것처럼 말이다.

하지만 이 유형은 실제로 아주 중요하고 진화 생물학적으로 아주 오래된 특징들을 내포하고 있다. 유지하고 보존하기, 경계 짓고 보호하기, 정돈하고 규칙 따르기 등이 그것인데 우리는 이런 규칙 없이 살아갈 수 없고 생명을 유지하거나 종속시킬 수도 없다.

만약 당신이 이 유형이라면 당신은 외면 세계뿐만 아니라 내면 세계에서도 늘 질서를 갖추려고 한다. 당신에게 질서는 삶의 반이지만, 그래도 어쨌든 반일 뿐이다. 나머지 반은 안정되고 견고한 틀이 있다면 훨씬 더 가볍고 자유롭게 살아갈 수 있다. 당신은 이런 틀을 갖춰야 마음이 편하다 느낀다. 그렇기 때문에 틀을 구축하려고 에너지를 많이 사용한다. 이때 당신은 자신만 생각하는 것이 아니라 다른 사람들도 생각한다. 그렇기 때문에 당신은 상당히 사회적인 사람으로 다른 사람들을 지지해주고 안정을 가져다줄 수 있다. 당신은 파트너와 아이들을 돌보는 것을 가장 좋아한다.

당신은 끈기, 근성 그리고 놀라운 인내심으로 목표에 도달한다. 당신과 반대되는 유형인 경계를 허무는 여성이 세상을 기습적으로 정복하려는 반면에 당신은 당신의 인생과 행복을 하나하나 차곡차곡 쌓아나간다. 당신은 충분히 견딜 수 있는 힘을 갖고 있다. 좋은 것은 시간이 걸리기 마련이다.

프리츠 리만은 이런 유형의 사람들은 변화에 대한 불안을 갖고 있다고 말하는데 이는 무상함과 불안정으로 표출된다. 이 유형의 사람들은 아무런 문제가 없고 안정적인 이상 그냥 모든 것이 그대로 유지되기를 바란다. 당신은 질서와 통제를 좋아하는 유형에 속하는 사람으로서 익숙한 것과 친밀한 것을 좋아한다. 변화할 수밖에 없는 상황에 직면하면 당신은 사전에 이에 대해 정확히 계획을 세우고 예측하고 싶어 한다. 예측 가능하고 안정적인 미래를 원하기 때문이다. 당신은 이 세상에서 굳건한 자리를 차지하고 집처럼 편안하게 머물고 싶어 한다. 안정적이고 안전한 권위에 기대기도 한다. 예측 불가능한 상황은 당신을 불안하게 만들어 존재의 이유까지 흔들어버릴 수도 있다. 이렇듯 당신이 예측 불가능한 것, 비합리적인 것, 불확실한 것을 어려워하는 이유는 당신이 경계를 허무는 유형처럼 불안을 스스로에게 유익한 것으로 만들 의지도, 재능도 없기 때문이다.

◤ 강점과 약점

당신은 긍정적인 의미에서 '강한 여성'에 속한다. 자의식이 강하고 신뢰감을 주며 좋은 직장에 다니며 질서 정연한 삶을 살아가고 있다. 당신에게 필요한 버팀목은 대부분 스스로 구축한 것이다. 그래서 당신은 다른 사람들에게도 버팀목이 되어줄 수 있다. 당신은 비전을 제시하고 그런 비전을 다른 사람들에게 전달하기도 한다. 당신은 '신(新) 남자'의 유형에게 이상적인 파트너다. 당신은 가족을 위해서 경제적인 부양을 함께할 준비가 되어 있기 때문이다. 남편의 도움을 받아 성공가도를 달릴 수 있다면 그가 전업주부 역할을 하는 것도 당신은 받아들인다. 당신은 이제 막

회사를 창업했거나 흥미진진하지만 아직은 경제적으로는 불안한 프로젝트를 진행하고 있는 창업자에게도 아주 이상적인 파트너다. 이런 남자의 경우 사업이 잘될 때도 있고 상황이 안 좋을 때도 있지만 당신의 평정심은 감정적인 지지대가 되어주고 당신의 월급은 경제적인 안정을 가져다준다. 하지만 그렇다고 해서 당신의 파트너가 자리를 잡기까지 이런 불안정한 상태가 불안정한 미래로 길게 이어져서는 안 된다. 그렇게 되면 당신이 파트너의 용기와 창의력을 높이 샀던 마음이 어느덧 불만족으로 탈바꿈하게될 것이다. 당신은 장기적으로 평온과 안정을 필요로 하는 사람인데, 특히 재정적인 측면에서 그렇다. 당신의 파트너는 당신에게 한동안 의지해도 되지만 지속적으로 그래서는 안 된다.

당신은 비록 유머와 재치가 있는 사람은 아닐지라도 남자들이 던지는 농담에 기꺼이 잘 웃어줄 수 있다. 이 유형의 여성은 가끔 신랄한 유머를 던져서 남자들을 당황하게 만들기도 한다. 당신은 안정된 자의식 덕분에 대체로 오래 토라져 있거나 화를 내지는 않는다. 뒤끝이 심하거나 지나친 질투심은 당신에게 쓸모없다고 느껴지는 감정이며, 비생산적이고 비실용적인 것이다. 다만 당신의 질서 욕구를 과거로 확대시켜서는 안 된다. 그렇지 않으면 당신의 파트너와 당신 자신이 더 이상 어찌할 수 없는 좋지 못한 과거가 계속 따라다닐 것이다. 당신은 남자의 변덕과 감정적인 기복을 잘 견딜 수 있는 여자다. 당신은 폭풍이 가라앉고 다시 좋은 날씨가 찾아올 때까지 기다리며 잘 참아낸다.

당신이 수년간에 걸쳐 지속적으로 잘 구축해온 폭넓은 인간관계 덕분에 당신의 파트너도 이익을 본다. 당신의 파트너가 만약 당신과 상반되는 유형에 속하는 사람이라면 그는 당신의 이런 점을 감탄스러워하고 부러워한다. 그는 자신의 생일 때마다 초대할 사람들을 매번 새롭게 물색해야 하기 때문이다.

당신은 직장에서 기초가 튼튼하고 폭넓은 지식 때문에 인정받고 있을 뿐만 아니라 자기 스스로는 인지하지 못하지만 탁월한 일반교양까지 갖추고 있다. 당신은 우쭐하거나 허풍 떨거나 잘난 척하는 행위를 싫어한다. 그렇지만 당신의 공을 너무 숨기지 않도록 조심해야 한다.

당신의 신체만 보더라도 당신의 인내심과 자제력을 엿볼 수 있다. 당신은 늘 운동을 해서 날씬한데 아무리 많은 아이들을 낳아도 여전히 그럴 것이다. 그것은 당신이 자신의 감정뿐만 아니라 욕망을 제어하는 능력을 갖고 있기 때문이다. 그래서 어쩌다가 체중이 몇 킬로그램 증가한다고 해도 이내 다시 제자리로 돌아오게 할 수 있다. 당신은 늘 한결같이 날씬하고 운동으로 잘 단련되고 부지런하고 믿음직스러운 모습을 보여준다. 당신은 남편을 일터나 피트니스클럽, 취미 작업실 또는 술집으로 도망치게 만드는 과잉 집착이나 결벽증을 갖고 있지도 않다. 강박적으로 식구들을 쫓아다니면서까지 질서와 청결을 추구하는 것이 꼭 이 유형의 특징은 아니다. 오히려 그런 행동을 하는 쪽은 경계를 허무는 유형의 여성이다. 그녀는 그렇게 불만족을 표현하면서 권력을 표출하는 수단을 발견한다. 그녀는 오히려 청소를 하고 질서를 유지하는 것을 싫어하기 때문에 주변 사람들에게 그 행위를 강요하게 된다.

당신의 경우에는 전혀 다르다. 당신은 청소하는 것을 즐기고 집을 깨끗하고 질서 정연하게 유지하는 것에 내적인 만족을 느낀다. 누가 당신이 청소하는 것을 도와주면 좋고 도와주지 않는다고 해도 그만이라 여길 뿐이다. 당신은 별로 힘들이지 않고 몇 분만에 집안을 편안한 분위기로 탈바꿈시킨다.

당신의 남편은 당신이 언젠가 돌아버리거나 실성하거나 성격이 바뀔 거라 걱정하지 않아도 된다. 당신은 절대로 특이한 이름으로 개명을 한다거나 새로운 남편을 만나 성을 바꾸는 일은 하지 않을 것이다. 또한 경계를 허무는 유형의 여성들이 인생에서 피할 수 없는 노화 현상에 직면해서 위기를 겪는 데 반해 당신은 그런 모습을 보일 가능성이 거의 없다.

당신에게 나이가 든다는 것은 변화가 아니라 안정에 대한 증거이다. 당신의 안정. 물론 당신은 노후에 대비해서 경제적인 것들도 차곡차곡 준비한다. 어쩌면 당신은 진심으로 나이 드는 것을 즐거워하는 특이한 재능을 갖고 있는지도 모른다. 당신은 아이들과 손자들에 둘러싸이는 것을 좋아하고 존경과 사랑을 받는 것으로 받아들인다.

당신은 감정이라는 것이 예측할 수 없고 체계적이지 않은 세계에서 온 거라고 생각하기 때문에 차분하고 편안하게 사람들을 대하려고 애쓴다. 그래서 당신은 아주 사랑받고 인정받는 친구이며 얘기를 잘 들어주고 도움이 필요할 때 신뢰할 수 있는 사람으로 통한다. 술에 만취하거나 극단으로 치닫는 자리가 아닌 한 당신은 사람들과 어울리는 것을 좋아한다. 여자 친구들과 정기적으로 만나는 것도 즐긴다. 그리고 다른 사람들끼리 맺어주거나 어떤 식으로든 함께 자리를 만드는 것을 좋아한다. 당신은 친구들 간의 질투나 지나친 소유욕 따위는 전혀 없으며 절친한 친구를 자주 바꾸거나 적을 만드는 행동은 하지 않는다. 당신은 집중적으로 네트워크를 유지해나가고 지속적으로 확장시키는 사회적 인간이라 말할 수 있다.

◤ 남자의 마음을 사로잡는 방법

당신은 예측 가능한 여성이다. 이것은 모욕이 아니라 칭찬이다. 늘 말끔하게 단장하고 절대 민망한 모습을 보이는 법이 없다. 당신은 몸을 사리지 않고 소매를 걷어붙이고 함께 거든다. 당신은 많은 남성들에게 절대적인 휴식 같은 존재다. 당신은 시간을 잘 지키고 파트너를 기다리게 하지 않으며 책임을 받아들일 줄 알며 행동에 따르는 결과를 받아들일 줄 안다. 결코 요란하게 난리법석을 떨지 않는다.

당신 곁에서는 아직 신사로 남아 있을 수 있다

당신과 같은 유형에 속하는 여성들은 아주 성숙하고 이성적으로 보여도 내면에는 아이 같은 면이 다분하다. 아이들은 반복되는 의식을 좋아하고 항구성과 안전을 추구한다. 바로 당신이 그렇듯이 말이다. 아이들은 익숙한 환경을 원하고 불시에 무언가 예기치 않은 변화가 생기면 이내 불안해하고 그들이 따를 수 있는 권위자를 필요로 한다. 바로 당신이 그렇듯이 말이다.

경계를 허무는 여성은 남자를 유혹하기 위해 일부러 보호 본능을 일으키는 어린아이처럼 연기하지만 당신은 원래 모습이 그렇다. 그 때문에 스스로 안전한 기지를 구축하기 위해 애쓰는 것이다. 당신에게 안정감을 주고 든든한 어깨가 되어주는 남자 곁에 있으면 당신은 마침내 깊은 안도의 한숨을 내쉰다. 그리고 남자도 그렇다는 것을 눈치챈다!

당신은 독립적인 자세로 늘 더치페이를 하려고 하는데 그것은 오히려 남자의 보호 본능을 자극한다. 그는 당신이 그를 이용해 먹으려고 하지 않는다는 것, 자신에게 의존하지 않기 위해 사력을 다하고 있다는 것을 눈치챈다. 그래서 더욱더 자발적으로 당신에게 모든 것을 해주고 싶어 한다. 또한 당신이 보호해주고 챙겨주었을 때 그것을 깊이 즐길 줄 아는 사람이라는 것도 안다. 남자들은 당신의 바로 그런 점에 매혹된다.

당신은 까칠녀가 아니다

당신은 까칠하게 굴거나 기분 내키는 대로 행동하는 여자인 척할 필요성을 느끼지 않는다. 당신은 그런 여자가 아니고 그래서도 안 된다. 당신은 드라마 퀸도 아니고 팜파탈도 아니다. 당신은 점찍은 남자의 마음을 전혀 다른 방식으로 사로잡는다. 첫 대화 때부터 당신은 그의 말을 귀 기울여 듣기 때문에 그가 가장 좋아하는 작가의 신작에 대한 얘기를 꺼내거나 심지어 그 책을 사서 선물하기도 한다. 만약 남자가 채식을 즐긴다고 말했다면 당신은 다음 만남을 위해 이미 좋은 채식식당을 물색해서 예약까지 마쳤을 것이다. 그리고 만약 남자의 자동차가 정비소에 들어갔다면 당신은 그를 위해 그곳으로 갈 수 있는 대중교통 수단을 찾아서 알려줬을 것이다. 당신은 아주 사소한 것 하나까지도 알아차리고 기억한다. 그리고 남자가 만약 당신 집에 갔다면 당신은 그의 재킷에 헐렁하게 달린 단추까지 떨어지지 않도록 바느질해준다.

어떤 남자들은 이 모든 행동들이 지나치다고 여기며 부담스러워할 수도 있다. 하지만 경계를 허무는 남자라면 놀라며 당신에게 감탄할 것이다. 당신은 그 사람하고는 완전히 다르기 때문이다. 당신의 내적 그리고 외적 질서가 그에게는 은혜이며 편안한 항구다. 어느 정도 질서를 갖추는 것은 창의력의 죽음이 아니라 창의력의 시작이라는 것을 어렴풋이 깨닫게 해준다.

만약 당신이 감정을 보인다면 그 감정은 진짜다

경계를 허무는 유형의 남자라면 당신이 자신의 감정과 그의 감정을 잘 통제해나가는 면을 상당히 좋게 평가할 것이다. 당신은 상당히 쿨한 면을 보이기도 하고 아주 실용적인 면을 보이기도 한다. 그렇기 때문에 그는 당신을 통제 밖으로 끌어내거나 당신을 유혹하거나 당신을 웃기거나 울게 만들고 당신으로부터 가능한 한 격렬한 감정들을 이끌어내고 싶어 하는 유혹을 느낀다. 그리고 만약 그렇게 하는 데 성공한다면 그는 당신 감정의 진실성과 깊이에 대해 감동하고 깊은 인상을 받을 것이다. 그는 자기 자신의 감정에 관해서는 자신이 지금 단지 그러는 척하고 있는 것인지 진지한지, 자신의 감정을 가지고 외줄타기를 하고 있는 것인지 지속적인 감정인지 여부를 알지 못한다. 당신의 경우에는 모든 것이 진짜다. 그는 이런 사람과 사랑에 빠질 수 있다. 하지만 당신이 반드시 조심해야 할 일이 한 가지 있다. 절대 파트너를 통제하려고 해서는 안 된다. 파트너는 당신의 통제를 절대 견뎌낼 수 없기 때문이다.

당신은 신뢰를 지킨다

당신의 깊이 있고 진실한 감정 외에도 상대에 대해 변함없는 사랑을 주는 사람으로 매우 인기 있는 파트너다. 질서와 통제를 추구하는 여성 환자가 나를 찾아와 여러모로 보나 경계를 허무는 유형의 남자에 대한 한탄을 늘어놓으며 이렇게 말했다.

"아무튼 저는 그래요. 무슨 일이 있든지 그 사람이 무슨 일을 벌이든지 간에 저는 그 사람을 그냥 계속 사랑해요. 저도 어쩔 수가 없어요."

이것은 아주 대단한 강점이지만 한편으로는 다른 사람들로부터 이용당할 단점이기도 하다. 그러므로 당신은 이 점을 각별히 조심해야 한다. 만약 당신의 파트너가 당신을 더 이상 존중하지 않고 그저 이용하기만 한다면, 그 사실을 알아차리는 순간 바로 그의 곁을 떠나야 한다. 이별이 두렵다고 해서 미뤄서는 안 된다.

◤ 당신에게 매력을 느끼는 남자들

당신에게는 조금 피곤한 사람일지는 몰라도 경계를 허무는 유형의 남자가 바로 당신 인생에서 부족한 것을 채워줄 수 있다. 변화와 즐거움, 긴장과 모험, 위험과 활력 같은 것들 말이다. 하지만 그중에서도 특히 가벼움이다. 당신에게는 아주 심각한 일이 그에게는 식은 죽 먹기일 수 있다. 그래서 당신은 겁먹고 물러서거나 불안감에 휩싸일 수도 있지만 오히려 당신의 부담을 경감시켜 주거나 감격케 할 수도 있다. 이런 유형의 남자는 당신에게 참을 수 없는 존재의 가벼움을 생생하게 선보일 뿐만 아니라 당신에게 전달할 수도 있다. 그 사람과 함께라면 당신도 그렇게 될 수 있다. 당신을 고무시키고 즐거움을 주는 낯선 세계로 가는 소풍이 된다. 물론 당신은 다시 자기 자신으로 되돌아온다. 아무도 그러는 당신을 말려서는 안 된다! 경계를 허무는 남자는 특히 에로틱한 매력으로 당신을 사랑의 놀이가 벌어지는 춤의 무대로 이끌어내어 극도로 흥분시키는 능력을 갖고 있다. 그런 열정적인 춤을 가능한 한 오래 즐겨라. 두려워하지 마라. 하지만 무대 바닥이 살얼음판처럼 불안하다고 느껴지거나 당신의 가치가 무시당하고 있다는 생각이 들면 중단하라. 절대 그가 당신의 가치를 비웃음거리로 만들지 않도록 하라.

또한 남자가 아무리 매력적인 눈빛이나 그럴듯한 이야기를 들려주면서 불쌍한 표정으로 쳐다보며 부탁한다 할지라도 절대 그에게 경제적으로 이용당하지 않도록 주의해라. 단 1센트도 안 된다는 것을 철칙으로 삼아라! 당신에게도 혜택이 돌아갈 경우에만 그를 위해서 돈을 쓰도록 하자. 당신이 맛있는 식사를 하고 싶은 경우에 그를 식사에 초대하고, 당신이 어떤 특정 여행지나 호텔을 원하는 경우에만 여행 경비를 지출하는 것이 좋다. 하지만 절대 현금을 쥐어주거나 그의 빛이나 어려움을 해결하기 위해 대신 돈을 갚아주는 일 따위는 하지 마라. 자, 약속? 절대로!

상황이 좋을 때 남자는 당신에게 우월감을 느끼고 당신을 놀리거나 당신을 불안하게 만들려고 한다 할지라도, 만약 상황이 좋지 않을 때는 당신이 얼마나 절대적인 존재인지 그는 잘 알고 있다. 그런 경우에 당신은 그에게 안식처 그리고 힘의 원천이 되어주기 때문이다. 그는 맨 앞줄에 서서 춤추는 것을 즐긴다고 할지라도 두 번째 줄에서 그를 받쳐줄 사람이 필요한 것이다.

특히 경계를 허무는 유형의 남자는 차분하고 신중한 당신의 태도와 흔들리지 않는 굳건한 태도에 깊은 인상을 받는 반면에 이런 남자들은 본인에 대해서는 떠다니는 빙산 조각 위에 올라타 있는 듯한 느낌을 받는다. 이런 남자는 당신 곁에 있으면 평안을 찾을 수 있으며 그가 두려워하기 때문에 피하지만 그래도 결국에는 자신에게 필요한 것을 당신이 다 갖고 있다는 것을 안다. 안식처와 항구성, 가족과 미래, 친구와 포근한 울타리 말이다. 그는 당신을 행복하지만 낯선 세상처럼 바라본다. 그는 당신의 인내심, 자신의 변덕스러운 감정 변화에 등대가 되어주는 당신의 올곧은 감정 세계, 마음을 무장 해제시키는 당신의 능력, 깊은 감동과 두터운 신뢰감에 감탄한다. 하지만 당신은 그 사람을 위해서가 아니라 자기 자신의 평화와 안정을 위해 이렇게 행동할 뿐이다.

당신은 실용적인 사람이기 때문에 관계의 위기에 대해서도 현실적인 시각을 갖고 있다. 당신은 위기를 그냥 견뎌내고 싶어 한다. 다른 한편으로는 관계가 정말 심각한 위협을 당하고 있다고 느끼면 끈기, 평온 그리고 사려 깊은 자세로 관계를 위해서 싸운다. 당신이 어떤 관계를 포기했다면 그동안 정말 많은 일들을 겪었기 때문이다. 당신의 이런 장점과 충성심을 경험하면 특히 경계를 허무는 남자 유형은 감탄의 눈으로 바라본다. 자신들은 할 수 없는 일이기 때문이다. 이런 유형의 남자들은 아주 작은 위기가 닥쳐도 도망치려는 경향이 있기 때문이다.

친밀함을 추구하는 여성들의 경우에는 이럴 때 두려운 마음에 수단과 방법을 가리지 않고 남자를 붙잡고 싶어 하지만 그럴수록 남자는 더욱 벗어나려고 든다. 하지만 당신은 아주 정확하게 잘 대처한다. 당신은 남자가 알아서 다시 돌아올 때까지 그냥 기다린다.

등산가라면 누구나 알고 있는 규칙이다. 차분하고 천천히 신중하게 일정한 발걸음으로 산을 오르는 사람이 결국 가장 먼저 산 정상에 오르게 되는 것이다. 처음부터 지나치게 속도를 내고 질주해서 올라가는 사람은 빨리 나가떨어지거나 자포자기하게 된다.

당신은 진국 같은 성품과 지속적인 부지런함으로 창의적인 직업에서도 상당한 성공을 거둘 수 있다. 당신과 같은 유형의 사람들이 오직 세무 공무원이나 경찰관 같은 직업에만 어울린다는 선입견은 잘못된 것이다. 예술 분야의 직종에서도 당신은 시간이

지남에 따라 다른 사람들을 능가하게 된다.

"어떻게 하면 카네기홀 무대에 설 수 있죠? 연습, 연습, 연습하세요!"

이런 구호에 걸맞게 당신이 속한 유형의 사람들이 세상의 큰 무대에 진출하게 되는 경우가 적지 않다. 토마스 만 역시 매일 8시에서 12시까지 책을 집필했다. 그는 이렇게 확실하게 정해진 틀이 있어야만 창의력을 발휘할 수 있었던 것이다.

당신이 만약 창의적이거나 예술적인 직종에서 성공을 거두게 되면 특히 경계를 허무는 유형의 남자들로부터 엄청난 찬사를 받게 될 것이다. 이런 유형의 남자들은 비록 창의력을 갖고 있지만 정말 성공하기 위해서 반드시 필요한 끈기가 부족해서 10퍼센트의 영감(=재능) 외에 90퍼센트의 땀(=노력)을 쏟으려고 하지 않기 때문이다.

어쩌면 당신은 이 유형에 어울리는 직종에서 일하고 있을지도 모른다. 세무 공무원, 행정실 직원, 세무 전문 변호사 사무실 직원, 법조인 또는 도서관 사서 등이 바로 그런 직업이다. 당신은 믿음직스럽고 기한에 맞춰 일을 잘 처리한다. 당신의 책상은 늘 깨끗하게 잘 정리되어 있으며 당신의 기분은 유쾌해 보이지는 않지만 늘 한결같다. 늦장 부리기, 즉 발등에 불이 떨어져야 일을 하는 것은 당신에게는 절대 있을 수 없는 일이다. 당신은 잠자리에 들기 전에 모든 일이 제대로 잘 처리되고 정리 정돈되어 있으면 흡족해한다. 당신은 단지 자신의 중요성을 부각시키거나 스포트라이트를 받기 위해 힘든 일을 맡거나 박수갈채를 받으려고도 하지 않는다. 끊임없이 반복되는 일을 잘 견뎌낼 뿐만 아니라 심지어 즐기는 당신을 경계를 허무는 유형의 사람들은 남몰래 질투하거나 선망하게 된다. 그들은 절대 할 수 없는 일이기 때문이다.

▚ 함정을 피하는 방법

혼란스러운 감정은 당연한 것이다

리하르트 다비트 프레히트가 쓴 베스트셀러 제목처럼 사랑은 혼란스러운 감정이다. 만약 사랑이 예측 가능하고 논리적이며 일정한 규칙을 따르는 것이라면 사랑에 관한 자기계발서가 이토록 많이 쏟아져 나오지도 않았을 것이다. 일반적인 경향과 설문조사를 통해 사랑에 대한 통계를 정리해보면 일정한 규칙들을 도출해낼 수 있다. 하지만 구체적이고 개별적인 사안에 대입해서 현재 사랑에 두려움을 겪고 있는 개개인의 문제를 해결하는 데는 그다지 도움이 되지 않는다. 왜냐하면 사람에 따라 아주 다른 양상을 보이거나 아니면 전혀 다르게 느껴질 수 있기 때문이다.

사랑을 하게 된다는 것은 항상 예측 불가능한 불안함에 발을 담근다는 것을 의미한다. 이것은 마땅히 지불할 준비가 되어 있어야 하는 대가인 셈이다. 하지만 당신이 만약 질서와 통제를 중시하는 유형이라면 바로 이 점을 상당히 힘들어한다. 당신은 불안하고 예측 불가능한 상황을 두려워하고 변화를 힘들어하기 때문이다. 하지만 누군가를 사랑하게 되면 이런 상황은 당연히 겪게 된다. 우선 가장 중요한 것은 당신이 느끼는 불안에 당당하게 맞서라는 것이다. 안정과 통제에 대한 당신의 욕구를 진지하게 받아들여라. 애써 무리하는 것은 아무런 의미가 없다. 당신이 느끼는 불안이 더 커지거나 완전히 장악당할 위험이 도사리게 된다. 그 결과 당신은 결국 불에 덴 아이처럼 영원히 사랑의 불꽃을 건드리지 않으려고 할 수도 있다.

인생에 아무런 문제가 없는 당신에게도 사랑이 필요하다

안타깝게도 당신과 같은 유형은 남자와의 좋지 않은 경험 때문에 사랑과 열정과 관련된 일이라면 피해가려는 경우가 많다. 만약 당신이 그렇다면 인생에서 행복을 느낄 수 있는 부분을 지레 포기하고 있는 것이다. 당신 역시 다른 유형의 여성들과 마찬가지로 사랑할 수 있는 존재이다. 다만 강조하는 것이 다를 뿐이다.

그리고 절대 잊지 말아야 할 사실이 있다. 삶이 아무런 문제없이 정돈되어 있고 경제적으로 풍족하다 할지라도 사랑이 필요하다. 다만 당신의 특성, 욕구 그리고 불안을 인지하고 그런 것들을 얘기하고 드러낼 수 있는 용기가 있어야 한다. 특히 관계가 시작되는 초기에 말이다. 마치 그런 불안을 느끼지 않는 척해서는 안 된다.

당신이 필요한 시간을 충분히 가져라

당신이 변화에 대해 느끼는 불안을 조금 더 자세히 살펴보자. 처음 만나 알게 되는 새로운 사람은 우리 삶에 변화를 일으키기 마련이다. 그 사람에게 많은 감정이 생기면 생길수록 그리고 그 사람에게 호감과 매력을 느끼면 느낄수록 더욱더 많은 변화가 일어난다. 비록 겉으로 드러나지 않는다 할지라도 적어도 내면적인 변화는 반드시 일어난다.

다른 사람들이 바로 이런 변화를 갈구하고 즐기는 반면에 당신 같은 유형의 여자들은 이런 변화를 힘들어하거나 불편해한다. 당신이 새로운 사람을 아무리 좋아한다 할지라도 그렇다. 당신에게 필요한 것은 시간이다. 당신의 삶에서 새로운 것과 새로운 사람에 대해 적응할 수 있는 시간이 필요하다. 그런 시간을 충분히 갖도록 하자. 특히 관계가 시작되는 초기에 이런 시간을 갖는 것이 얼마나 중요한 일인지는 다음 환자의 사례를 통해 확인할 수 있다.

홍보담당자로 활동하는 서른일곱 살의 코린나는 사랑에 빠진 남자와 만난 지 몇 주 만에 여행을 떠났다. 두 사람 모두 황홀한 시간을 만끽했다. 하지만 코린나는 이 여행을 통해 원치 않는 임신을 하게 되었다. 그녀는 기꺼이 새로운 남자 친구의 아이를 낳을 생각이 있었고 남자 역시 임신 소식을 듣고 기뻐하며 아이를 받아들이는 것 같았다. 그는 어차피 살던 집을 비워줘야 하는 상황이었기 때문에 곧바로 코린나의 집으로 들어와 함께 살게 되었다. 일주일 동안 함께 휴가를 보낼 때도 아무런 문제가 없었기 때문이었다.

하지만 그것은 실수였다. 코린나는 정리 정돈하고 통제하려는 경향이 강했다. 코린나의 집은 그녀의 취향에 맞게 예쁘게 꾸며져 있고 정리 정돈이 잘 되어 있었다. 집은 코린나에게 편안한 안식처이자 쉼을 제공하는 공간이었다. 그러나 집이 그다지 크지 않았다. 그녀의 인생에 찾아온 많은 변화, 새로운 사랑 그리고 임신은 상당한 부담으로 다가왔다. 처음에는 그냥 모든 것을 받아들였다. 남자 친구가 상자를 복도에 쌓아놓는 것을 그냥 지켜보고 그녀의 옷장에 그의 옷을 채워 넣고 욕실이 그의 용품으로 넘쳐나는 것을 그냥 묵묵히 지켜보았다. 그러나 날이 갈수록 마음이 불편했고 압박감을 느꼈다. 그래서 일부러 퇴근 시간을 늦추기도 하고 친구들과 밤마다 모임을 갖기도 하고 단지 집에서 남자 친구와 마주치지 않기 위해서 일부러 어머니의 집을 자주 찾아가기도 했다. 남자 친구는 코린나를 끔찍이 아껴주었다. 청소를 하고 장을 봐오고 요리를 하고 아침을 차렸다. 어느 날 아침 남자 친구가 코린나의 찻잔을 엉뚱한 찻잔 받침 위에 올려서 내놓자 코린나는 더 이상 참지 못하고 폭발하고 말았다. 코린나는 발작을 일으키듯 울음을 터트렸는데, 좀처럼 그칠 수가 없었다. 코린나도 그런 자신을 이해할 수 없었지만 그녀의 내면에서 모든 것이 터져 나오고 말았다. 그녀는 남자 친구에게 당장 이 집에서 나가서 살 집을 찾아보라고 부탁했다.

남자 친구는 어리둥절해하며 코린나에게 다른 남자가 생겼거나 아니면 적어도 자신에 대한 사랑이 식었다고 생각했다. 코린나는 그에게 여전히 사랑한다고 맹세하고 아이의 탄생을 고대하고 있으며 그와 함께 살기를 원했다고 말했다. 남자 친구가 그녀의 집으로 들어오기 전까지는. 하지만 코린나는 남자 친구와 살림을 합친 후 그가 자신의 정돈된 작은 세계를 엉망진창으로 만들어버리는 불청객처럼 느껴졌다고 말했다.

남자 친구는 코린나에게 자신과 헤어지고 싶은지를 물었다. 그녀는 남자 친구를 많이 사랑하지만 그에게 익숙해지는 데 그냥 시간이 필요하다고 설명하려고 애썼다. 임신 여부와 상관없이 휴가 이후에 감정적으로 가까워진 그때로 다시 돌아가자고 말했다. 코린나는 그에게 아주 천천히 조심스럽게 다가가는 것을 중요하게 여긴다고 설명했다. 마치 배 속에서 아이가 자라듯이 그렇게 천천히. 나중에 아이가 태어나면 다시 함께 사는 것을 시도해보자는 말을 덧붙이기도 했다.

다행히도 그는 코린나가 하는 말을 완전히 이해하지는 못해도 그녀의 부탁을 들어주었으며 혼자 살 집을 구해서 나갔다. 아이가 태어나기 직전에 두 사람은 다시 살림을 합치며 더 큰 새집으로 함께 이사했다. 이제야 코린나는 남자 친구와 함께 보내는 편안한 저녁 시간과 그와 함께하는 아침 식사를 즐기게 되었다. 그리고 남자 친구는 어떤 찻잔에 어떤 찻잔 받침을 사용해야 하는지를 배웠다.

당신의 감정을 상투적인 틀에 끼워 맞추지 마라

갓 사랑에 빠진 사람이 느껴야 하는 감정과 행동들에 대한 상투적인 생각들 때문에 당신이 원하지 않는 행동을 억지로 하지 마라. 이런 상투적인 생각들은 모두 한 방향을 향해 달려간다. 사랑의 설렘 때문에 뱃속에는 나비뿐만 아니라 첩보 비행기까지 쉴 새 없이 날아다닌다. 감정의 불꽃놀이 덕분에 낭만적인 사랑의 하늘은 늘 새로운 환상적인 빛깔로 물든다. 몸의 모든 세포 하나하나가 쉴 새 없이 연인을 그리워하고 그 연인 역시 마찬가지다. 아주 짧은 헤어짐조차도 고통 그 자체다. 그리고 함께 있는 모든 순간순간이 말할 수 없이 아름답기 때문에 영원히 지속되기를 바란다. 간단히 말해서 풍요로운 사랑이 갓 사랑에 빠진 연인들 위로 끊임없이 행복의 비를 내리는 것이다.

어쩌면 당신도 이런 감정을 느끼거나 이와 비슷한 감정을 느낄지도 모른다. 하지만 그렇지 않을 수도 있다. 어쩌면 새로운 사랑이 당신에게는 이제 막 땅에서 솟아올라 보살핌을 필요로 하는 아주 작은 식물 같은 것인지도 모른다. 물이 필요하지만 물이 너무 많으면 안 된다. 햇빛이 필요하지만 너무 강한 햇빛은 안 된다. 그리고 온기가 필요하지만 너무 뜨거우면 안 된다. 모든 것이 너무 지나치면 연약한 새싹은 물에 잠기거나 타버린다. 새싹은 서서히 자라고 강해지며 시간이 지날수록 영양분이 풍부한 토양에 깊이 뿌리를 내리게 된다. 결국 새싹은 수십 년을 견뎌 건강하고 굳건하게 자라 튼튼한 나무가 된다. 하지만 그러기 위해서는 시간이 필요하다.

당신의 새로운 연인에게도 이런 얘기를 반드시 하기를 바란다. 그렇지 않으면 그는 당신을 감정이 메마르고 실용적이기만 할 뿐 당신이 사랑에 빠지지 않았다고 여길 수 있다. 하지만 그렇지 않다. 당신은 단지 그에게 적응하고 친숙해지는 데 시간이 필요한 것이다. 당신은 그러고 나서야 안정을 느낀다.

여기에 필요한 시간은 당신이 파트너와 처음 잠자리를 갖게 되는 데 필요한 시간과 일치할 수도 있다. 하지만 당신과 같은 유형은 이 두 가지가 별개의 문제일 수도 있다. 당신이 누군가와 급속히 육체적으로 가까워지고 그것을 즐길 수도 있지만 아침이 되면 낯설어하고 밤을 함께 보낸 연인을 불편하게 느낄 수도 있다. 그렇게 되면 당신은 내면의 질서와 안정을 다시 찾기 위해 그와 거리를 두고 싶어진다. 다만 이것은 상대방과 친밀함이 형성되기 전까지만 그렇다. 하지만 거리를 두는 유형은 상당히 다르다. 이들은 친밀함이 깊어질수록 상대방과 일정한 거리를 두며 자신만의 시간을 가지려 한다. 특히 오래된 친밀한 관계가 지나치게 가까워지는 것을 견디지 못한다. 심지어는 지나치게 가까워질 경우 오히려 사랑이 식을 수도 있다. 그렇게 되면 새로움을 찾아 또 다른 곳으로 눈을 돌리게 된다.

당신처럼 질서와 통제를 추구하는 사람의 경우에는 관계가 익숙해지면 그제야 본격적으로 관계가 시작된다고 느낀다. 그러면 상대방은 더 이상 당신에게 변화의 요소, 새로운 것, 예측 불가능한 것이 아니라 당신 삶의 일부가 된다. 이제 당신은 친밀함을 잘 견딜 수 있고 만남, 의식, 접촉을 맘껏 즐길 수 있게 된다. 오히려 친밀함이 사라지면 견디지 못할 것이다. 그러니 당신의 불안은 정반대의 모습을 띤다. 이제 관계가 끝나는 것이 변화를 의미하기 때문에 당신은 무슨 수를 써서라도 그런 일이 일어나지 않도록 노력할 것이다.

유유상종이 때로는 좋을 수도 있다

질서와 통제를 즐기는 유형의 남녀끼리 드물지 않게 교제하게 되는 것은 바로 이런 이유 때문인지도 모른다. 두 사람은 관계나 인생을 설계하면서 같은 패턴으로 움직이기 때문이다. 둘은 비록 서로 보완해주는 관계는 못 되지만 보조를 맞춰서 걸어갈 수는 있다. 둘은 서로 비슷하지만 다른 유형처럼 그렇게 강하게 일치하지는 않기 때문이다.

거리를 두는 유형의 사람들끼리는 커플이 되는 것 자체가 힘들고, 경계를 허무는 유형의 남녀는 서로 급속히 가까워지지만 그만큼 급속히 관계가 깨질 수 있다. 친밀함을 추구하는 유형의 남녀는 자신들이 주위를 맴돌 수 있는 대상이 없다.

하지만 질서와 통제를 중시하는 유형의 남녀는 욕구가 같고 변화에 대한 불안감도 같기 때문에 천천히 신중한 자세에서 관계가 이어진다면 매우 긍정적이다. 둘 다 적당한 실용주의와 안전에 대한 높은 욕구가 있기 때문에 관계가 오래 지속된다. 다만 이들이 어디에서 변화와 재미를 찾고 어디에서 회의감을 느끼는지 알 수 없을 따름이다. 사랑이란 살아 있는 생명체와 같아서 시간이 지날수록 발전하고 변화를 겪으며 좋을 때가 있으면 나쁠 때도 있다. 때로는 위기를 겪기도 하고 행복한 시기가 있는 반면 덜 행복한 시기도 있다.

물론 이 커플은 변화 없는 삶을 지루해하지도 않는다. 이들은 같은 패턴을 반복하는 것을 즐기며 둘 다 서로에게 지루하다며 비난하지 않는다. 이들은 결코 경제적인 결속력 때문에 이루어지는 커플이 아니다. 이런 이유 때문에 이 유형의 커플이 탄생하는 것이다. 하지만 대부분의 경우에는 두 사람 중 한 사람이 그 반대 성향, 즉 경계를 허무는 방향으로 점점 바뀌어 둘 사이에 균형을 도모하려고 한다.

통제보다는 신뢰가 훨씬 낫다

당신은 자기 자신 혹은 자신에 관한 일은 어느 정도 통제할 수 있지만 파트너와 관련된 일이나 파트너 자체는 통제할 수 없다는 사실을 명심해야 한다. 만약 당신의 통제 욕구를 파트너에게 투사한다면 제아무리 갓 피어난 사랑이라 할지라도 무덤을 파는 것과 마찬가지가 될 것이다. 상대방은 당신의 소유물이 아니다(당신역시 마찬가지로 그의 소유물이 아니다). '내 남자 친구' 그리고 '내 여자 친구' 또는 '내 남편' 그리고 '내 아내' 같은 말이 그렇게 느껴질 뿐이다.

그는 자발적으로 당신 곁에 머무르거나 당신을 떠날 수 있다. 당신이 그럴 수 있는 것처럼 파트너도 그렇다. 당신의 파트너는 당신과 마찬가지로 성인이며 자유인이다. 이런 말이 당신의 귀에는 삭막하고 무정하게 들리겠지만 그렇지 않다.

사랑은 정리되지 않는 혼란스러운 감정이라는 사실을 절대 잊지 마라. 비록 때로는 두려울지라도 이것을 견뎌낼 수 있는 힘이 당신에게 있다는 것도 잊지 마라. 어쩌면 당신 자신의 감정을 조금은 통제할 수 있을지 몰라도 파트너의 감정은 당신의 통제력을 벗어날 수밖에 없다. 당신이 통제하려고 하면 할수록 당신은 점점 더 관계를 망칠 수 있다. 감정은 선물이지 의무가 아니다. 질투심 역시 통제의 지배를 받을 수 없다. 은밀하게 통제하려고 들 경우에는 더욱 그렇다. 통제를 하면 질투심이라는 불에 기름을 붓는 격이 될 뿐이다. 그렇게 해봤자 질투심을 줄이기는커녕 더욱 심하게 만들 뿐이다. 만약 질투심을 느낀다면 상대방을 더 잘 감시하기 위해 한 발자국 가까이 다가갈 것이 아니라 한 발짝 뒤로 물러서서 스스로 생각할 시간을 가져봐야 한다. 자기 자신의 장점에 대해 생각해보며 통제 대신 신뢰를 만들어가려고 노력해야 한다. 자기 자신에 대한 신뢰도 그에 포함된다. 당신은 내면에 안정감이 있는 사람이기 때문에 파트너보다 훨씬 이 상황을 잘 컨트롤할 수 있다. 이렇게 인식하는 것만으로도 불안을 줄일 수 있고, 관계에도 도움이 될 수 있다.

끊임없이 투덜거리기보다는 분명하게 의사를 전달하자

지속적으로 불평불만을 늘어놓지 않도록 하자. 그는 차라리 확실한 전투를 원하지 바늘로 꼭꼭 찌르는 것 같은 작은 다툼에 익숙하지 않다. 그런데 당신의 지속적인 불평불만이 이어지면 그도 불만을 품게 된다. 그렇게 되면 당신이 벌이는 게릴라전에 속수무책인 상황이 되어 공격성을 드러내고 아주 사소한 일에도 폭발하게 된다. 그러다 보면 결국 당신은 아주 사소한 일에도 욱하는 그를 다혈질이라고 비난하게 된다. 하지만 이것은 옳지 않다.

차라리 분명하고 솔직하게 당신 마음에 들지 않는 점을 말하라. 아니면 그가 원래 그런 사람이라는 것을 인정하고 받아들이도록 노력하는 편이 낫다.

스스로 재정적인 안정을 도모하자

당신과 같은 유형의 여자는 특히 경제적으로 안정돼 있는 남자에게 쉽게 넘어갈 수 있다. 물질적인 불안에서 벗어날 가장 좋은 수단으로 파트너의 부를 선택하는 것이다. 하지만 이런 시도는 혹시 모를 이혼이나 혹은 다른 변수 등을 생각해볼 때 모래 위에 쌓은 성이라 생각하는 게 낫다. 파트너에게 물질적으로 기댈 것이 아니라 스스로 필요한 재정을 마련해서 감정적으로도 안정을 찾는 것이 훨씬 더 안전하고 안정적이라는 사실을 알아야 한다.

▼ 공주 유형 : 백설공주

질서와 통제를 추구하는 유형을 동화 세계에서 찾다 보니 백설공주라는 캐릭터에 이 유형을 끼워 맞추기식으로 분류한 것이 아닌가 하고 나는 스스로를 의심했다. 하지만 생각하면 생각할수록 백설공주가 질서와 통제를 중시하는 여자 유형의 표상이라는 확신을 갖게 되었다.

첩첩산중에 사는, 게다가 광산에서 일하는 일곱 난쟁이의 살림을 완벽하게 도맡아서 하는 여성이라면 질서와 통제를 중시하는 측면이 강한 것이 틀림없다. 다른 여자들 같으면 그런 상황에서 아마도 미쳐버릴 것이다. 정리 정돈은 백설공주에게 전혀 어려운 일이 아니다. 그녀에게 힘든 일은 금지된 사항을 지키면서 안정을 유지할 것인지, 유혹에 넘어갈 것인지 사이에서 갈등하는 일일 뿐이다. 잘 알다시피 이 금기 사항은 (백설공주에게) 나쁜 일이 일어날지도 모른다는 (난쟁이들의) 불안에서 생긴다. 물론 이 안에는 완벽한 주부 역할을 수행하고 있는 백설공주를 잃을지도 모른다는 불안도 숨어 있다.

질서가 있긴 하지만 너무나 답답하고 좁은 세계에서 살고 있기 때문에 백설공주는 상인으로 변신한 계모의 유혹에 쉽게 넘어간다. 코르셋, 빗 그리고 사과. 이것은 각각 아름다움(코르셋), 관능(머리카락) 그리고 성(사과)을 상징한다. 이것은 히스테리성 성향(경계를 허무는 유형)인 계모의 전형적인 무기로 그녀는 나이가 들어가며 여성적인 매력이 떨어지는 것을 견디지 못한다. 계모는 이 무기를 이용해서 백설공주를 죽이려고 한다. 그리고 백설공주는 이것들을 간절히 원한다. 아름다움, 관능 그리고 성은 난쟁이들과 함께하는 삶에서는 도저히 충족할 수 없기 때문이다. 결국 백설공주는 유혹에 넘어가고 함정에 빠진다.

그러나 난쟁이들은 너무 꽉 조이는 코르셋 끈과 독을 바른 빗으로부터 백설공주를 구해낸다. 다만 성을 상징하는 독이 든 사과는 그들의 힘으로 제거하지 못한다. 그래서 일곱 난쟁이는 백설공주가 죽었다고 여긴다.

만약 백설공주가 유혹에 넘어가지 말라는 계명을 잘 지켰다면 백설공주는 평생 난쟁이들 곁에 머물며 난쟁이들을 돌보며 살았을 것이다. 난쟁이들에게는 그 편이 훨씬 좋았을 것이다. 하지만 백설공주가 유혹에 절대 흔들리지 않고 난쟁이와 함께하는 생활만 했더라면 과연 행복했을까? 그녀가 규칙을 어기고 금지된 일을 하게 됨으로써 비로소 이야기가 전개된다는 사실을 기억해야 한다. 또한 결국 규칙을 어기는 일(더 정확하게 말하자면 엉뚱한 실수) 덕분에 이 이야기는 해피엔드로 끝난다. 왕자의 하인이 이미 숨을 거뒀다고 생각하는 백설공주가 누워 있는 유리관을 들고 가다가 떨어뜨린다. 관은 바닥에 떨어지고 다행히도 백설공주의 목에 걸려 있던 독이 든 사과가 튀어나오며 그녀는 깨어난다.

이 이야기는 간단히 요약하자면 히스테리성 계모에게서 벗어나기 위해 질서는 있지만 너무 작은 세계로 도망치는 우를 범하는 질서와 통제를 중시하는 여자 유형의 이야기이다. 그녀는 금기 사항을 어겼다가 위기에 처하지만 결국 그로 인해 행복한 사랑을 얻게 된다.

그렇다면 이 이야기를 통해 우리는 무엇을 배울 수 있을까? 당신은 질서와 통제를 중시하는 여성으로서 아름다움, 관능 그리고 성을 대하는 자기 자신만의 독특한 방식을 가지고 있다. 당신과 반대되는 유형인 경계를 허무는 여성은 당신에게 모범이 되는 것이 아니라 그 반대다. 오히려 서로 적대적인 관계가 될 수 있다. 만약 당신만의 방법을 찾았다면 당신은 더 이상 불안할 필요가 없다. 당신의 아름다움, 당신의 관능 그리고 당신의 성. 이것이 남자들에게 어떻게 보일지에 대해 불안해할 필요가 없다. 또 히스테리성 여성들에 대해 더 이상 불안을 느끼지 않아도 된다. 당신은 질서 정연하고 통제력이 강한 자신의 삶에서 가끔 벗어나 금기를 깨고 유혹에 따르는 용기를 내야 한다. 그렇지 않으면 당신은 비록 질서는 있을지 모르지만 너무 좁은 세계에 평생 갇혀 살게 될 것이다.

그렇다면 사랑은 어떤가? 백설공주는 난쟁이들에게 진짜 사랑을 느끼지 않는다. 이들의 관계는 타산적인 면이 강하다. 사랑은 왕자가 나타났을 때 비로소 백설공주의 삶에 찾아온다. 왕자가 나타났을 때 백설공주는 죽은 것처럼 보이나 여전히 아름다운 모습으로 유리관 속에 누워 있다. 왕자는 백설공주를 자신의 이상형인 아내로 맞이하기 위해서는 현실을 부인하고 상상력을 발휘해야 한다. 왕자는 상상력을 동원해서 자신이 보고 싶은 대로 본다. 적어도 이런 의미에서 본다면 왕자는 경계를 허무는 유형이라고 할 수 있다.

이 동화에서 정말 아름답고 놀라운 것은 상상이 현실이 된다는 것이다. 백설공주는 왕자의 도움으로 자신과 맞지 않는 성(性)을 뱉어내고 자기 주도적인 성을 되찾아 깨어나는 것이다. 백설공주는 마침내 살아나서 자유를 찾았고 왕자와 함께 행복하게 살 수 있게 된다.

◤ 사례 : 주잔네, 마흔두 살

주잔네의 아버지는 주잔네가 아홉 살 때 가족을 떠났다. 아버지는 2주마다 주말에 한 번씩밖에 볼 수 없었다. 나중에 아버지가 재혼을 하고 셋째 아이를 낳게 된 후로는 아주 가끔씩만 볼 수 있었다. 주잔네는 아버지를 매우 좋아했는데 특히 조용하고 신중한 모습에 매료되었다. 하지만 그녀는 왜 아버지가 어머니 곁을 떠났는지 이해할 수가 없었다. 주잔네는 아버지가 모두를 버리고 떠났다고 생각했다. 어머니, 주잔네 그리고 지적 장애가 있는 두 살 연하의 남동생까지.

부모님이 이혼한 후 주잔네는 엄마의 대화 상대이자 가장 큰 도움을 주는 존재가 되었다. 그녀는 차분하고 인내심 있게 다운 증후군을 앓고 있는 남동생도 보살폈다. 주잔네는 그런 삶이 불만족스럽지는 않았다. 시간 분배를 잘해서 심지어 피아노까지 배우고 정기적으로 친구들과 만나기도 했다. 연애는 잘되지 않았지만 처음에는 별로 개의치 않았다. 주잔네는 약간 과체중이었다. 하지만 살만 좀 빼면 그윽한 갈색 눈동자, 갈색 머리카락 그리고 여성적인 몸매 덕분에 금방 남자 친구가 생길 거라고 생각했다. 문제는 그녀에게 다이어트를 하고 운동을 하고 싶은 생각도 시간도 여력도 없다는 것이었다. 무엇보다 그녀는 먹는 것을 몹시 즐겼다.

주잔네는 중등 과정을 마친 후 사회보험직원 교육을 받기 시작했다. 이 직업에서 유일하게 거슬리는 것은 줄임말이었다. 그녀는 사회보험직원(Sozialversicherungsfachangestellte)이라는 용어를 왜 하필 '소파(Sofa)'라는 줄임말로 부르는지 알 수 없었다. 이것은 은어나 농담도 아니고 관공서에서 명명한 공식적인 명칭이었다. 주잔네는 이 줄임말을 고집스럽게 거부했다. 누군가 그녀의 직업을 물어보면 그냥 보험업계에서 일하고 있다는 언급만 하고 얼른 화제를 다른 곳으로 돌렸다.

어머니가 새로운 파트너를 만나고 남동생이 보호시설로 간 이후에야 그녀는 집에서 나왔다. 주잔네가 스물세 살 때였다. 그리고 얼마 지나지 않아 직장 동료인 베른트와 사랑에 빠졌다. 두 사람은 함께 데이트를 즐기고 베른트는 주잔네를 위해 정성껏 요리를 해주었다. 둘은 가르다 호수에서 함께 주말을 보내고 주잔네는 오랜 심사숙고 끝에 베른트와 잠자리를 갖게 되었다. 주잔네에게는 첫 경험이었으며 일대 발견이었다. 주잔네는 엄청난 재미를 느꼈다. 마치 자신의 몸이 섹스를 위해서 만들어진 것처럼 몸이 지금까지와는 다르게 느껴졌으며 그 이후로 며칠 몇 주 동안은 먹는 것조차 잊어버릴 정도로 붕 떠 있었다. 베른트는 훌륭한 애인이었다. 주잔네는 잠자리가 매번 똑같아도 상관없었고 특별한 변화를 요구하지도 않았다. 주잔네는 매번 같은 방식을 원했다. 베른트가 처음에 했던 것처럼 늘 똑같이.

베른트 역시 감탄했다. 지금까지 그 어떤 여자도 이렇게 간단하게 만족시키고 행복하게 해준 적이 없었던 것이다. 그의 자신감은 하늘을 찔렀다. 베른트는 관계를 가진 후 매번 주잔네가 그렇게 행복한 미소를 지으며 고마워하고 감탄의 눈길로 쳐다보며 안기는 것이 오직 자기가 잘해서라고 생각했다. 베른트는 갑자기 자신이 세기 최고의 연인이 된 것 같은 느낌이 들었다. 그래서 그는 이런 자신의 새로운 능력을 다른 여성들에게도 시도해보고 싶었다. 그때 주잔네는 이미 임신 중이었지만 아직 모르고 있었을 뿐이다. 아이가 태어난 지 얼마 되지 않아 주잔네는 베른트와 헤어졌다. 그가 바람을 피운 것을 용서할 수 없기 때문만은 아니었다. 베른트는 그녀를 존중하지 않았고 무책임한 태도를 보였다. 주잔네는 더 이상 그런 남자를 곁에 두고 싶지 않았다.

그 이후 주잔네는 오랫동안 남자 친구가 없었다. 주잔네는 아들을 키우고 직업 세계에서는 승진을 하고 차분한 생활을 이어갔다. 저녁에는 운동을 하고 친구들과 모임을 가지고, 일요일마다 어머니 집에서 점심 식사를 함께했으며 장애인 남동생이 있는 시설을 정기적으로 방문했다. 주잔네는 싱글맘으로서 아들 양육도 별다른 어려움 없이 잘 해냈다. 어머니도 양육에 도움이 되어주었으며 때로는 아버지까지 도움을 주었고 믿음직한 베이비시터를 구하기도 했다. 아들이 좀 더 커서 학교에 들어간 이후에는 방과 후 종일 돌봄 교실에 맡겼다.

주잔네는 가끔 남자를 만나도 그 만남을 오직 성적인 영역에 국한시켰다. 하지만 주잔네는 이때에도 일정한 규칙을 원했다. 남자는 저녁에 와서 아침에 나가야 하며, 그것도 운동이나 친구들과의 약속이 없는 날만 허락했다. 주잔네는 여전히 섹스를 매우 즐겼으나 이제는 더 이상 제대로 사랑에 빠질 수가 없었다. 그리고 나이가 들면 들수록 남자들에 대해 느끼는 감정이 점점 줄어들었다.

그것은 주잔네의 아버지 그리고 아이 아버지에 대한 경험 때문이었다. 그녀가 얻은 교훈은 삶이 정말 힘들어지거나 문제가 생겼을 때 어차피 남자들에게 기댈 수 없다는 것이었다. 남자들은 도망치거나 이성을 상실하거나 혹은 둘 다였다. 그렇기 때문에 주잔네는 앞으로도 고정된 파트너 없이 살기로 결심했고 그렇게 해도 별다른 문제가 없을 것 같았다. 오히려 유부남들이 그녀에게 추파를 던지며 은밀한 때로는 확실한 메시지를 보내곤 했다.

주잔네는 유부남들의 이런 유혹에 넘어가지 않았고 그 아내들을 불쌍하게 여겼으며 자신은 그런 처지가 아니라 다행이라는 생각이 들었다.

시간이 지나면서 차분하고 신중했던 성격의 주잔네는 조금씩 변해갔다. 그녀는 다른 사람 입장에서 생각하거나 타협하는 것을 점점 힘들어하게 되었다. 그래서 일하면서 적을 만들기도 했다. 주잔네가 팀장을 맡고 있는 부서 팀원들이 다른 부서로 옮기는 일도 생겼다. 하지만 주잔네의 상사는 어려운 문제를 체계적으로 꼼꼼하게 처리하는 주잔네의 주도면밀하고 정확한 업무 방식을 높이 평가했다.

그녀의 서른아홉 번째 생일날, 친구들은 온라인 커플중개 이용권 3개월짜리 쿠폰을 선물하며 다음 생일은 남자 친구와 함께하길 바란다고 기원해줬다. 친구들은 주잔네를 인정하고 좋아했지만 그녀가 점점 깐깐한 노처녀처럼 변해가는 것을 안타까워했다. 주잔네는 친구들의 충고를 상당히 진지하게 받아들였다. 하지만 그녀는 함께하고 싶은 사람을 만났음에도 마흔 살 생일뿐만 아니라 그다음 생일에도 친구들의 바람을 들어줄 수 없었다.

사실 그녀는 오랜만에 다시 사랑에 빠졌다. 그의 이름은 스웬이었고 아이 둘을 둔 이혼남이었다. 그는 주잔네가 남자들에 대해 느끼는 감정들을 너무나 잘 이해하고 있었다. 그 역시 여자들에 대해 동일한 느낌을 갖고 있기 때문이었다. 그리고 그도 주잔네와 마찬가지로 굶주려 있었다. 둘은 서로에게 이런 점을 느끼자 더 이상 멈출 수가 없었고 함께 즐거운 밤을 보내게 된다. 주잔네는 그와 육체나 영혼 등 모든 것이 너무나 잘 맞는다고 생각했다. 하지만 그것은 그녀만의 생각이었고 스웬은 그렇게 생각하지 않았다. 그는 헌신적이고 사랑스러운 만큼 솔직했다. 그는 주잔네에게 여러 차례 공공연하게 말했다. 그녀와 잠자리를 갖는 것은 좋아하지만 사랑에 빠진 것은 아니라고 말이다. 사랑에 빠지고 싶지만 마음대로 되지 않는다고. 그래서 더 이상 구속적인 관계로 발전할 수 없다고 말했다.

반면에 주잔네는 실제로 그와 깊은 연인 관계를 원하고 있었다. 스웬은 계속해서 사랑에 빠질 만한 다른 여자, 그의 전 부인을 대체할 만한 여자를 찾아다녔다. 그러면서 다른 여자를 사귀기도 하고 장기적인 연애를 하기도 했다. 하지만 그는 여전히 정기적으로 주잔네를 몰래 찾아왔다. 주잔네가 먼저 스웬에게 그렇게 하자고 제안하고 부탁했다. 스웬은 수많은 여자들과 만나 사랑하고 사귀면서도 지속적으로 주잔네와 관계를 맺으면서 다른 여자들을 속였다. 두 사람의 속궁합이 너무 잘 맞았기 때문이기도 했다. 어쩌면 스웬이 자신도 모르게 내면 깊숙한 곳에서 주잔네를 깊이 사랑하고 있기 때문인지도 모른다. 주잔네는 그의 전 부인과 완전히 달랐다. 그녀는 차분하고 일관성이 있었으며 그가 왔다 가는 것을 참아주었다. 그가 구속적인 관계를 맺기 위해 필요하다고 생각하는 감정들을 찾아 방황하는 것도 묵인해주었다.

주잔네의 아들은 어느덧 열여섯 살이 되어 점점 자신의 길을 가기 시작했고 다운증후군인 남동생은 세상을 떠났고 어머니는 남자 친구와 함께 주로 스페인 마요르카에서 지내고 있었다. 그리고 직업적으로는 주잔네가 더 이상 올라갈 곳이 없는 시점이 왔다. 그러자 주잔네는 다시 자유로워졌다. 사랑과 관련된 것을 견딜 수 있는 에너지가 다시 생겼다. 그리고 주잔네는 그렇게 했다.

마치 반대 상황 같았다. 주잔네는 가끔 자신이 남편에게 속고 있는 부인 같다는 생각이 들었는데 사실은 그녀가 은밀한 내연녀였던 것이다. 하지만 그렇다고 섹스 파트너도 아니었다. 주잔네는 이런 점을 스웬에게 반복해서 주지시켰다. 주잔네는 분명한 목표가 있기 때문에 이 모든 것을 참아냈다. 바로 언젠가 스웬을 독차지할 것이라는 목표 말이다.

이런 상황은 몇 년간 지속됐다. 스웬은 위대한 사랑을 찾았다고 느낄 때마다 주잔네와의 관계에 종지부를 찍었다가 다시 번번이 돌아왔다. 주잔네의 친구들은 이런 얘기를 전해 들을 때마다 주잔네를 말리거나 경악했다. 아무도 주잔네를 이해하지 못했다. 그리고 아무도 주잔네에게 희망적인 말을 해주지 않았다. 그녀의 방식은 남자를 잡아둘 수 있는 전략이 아니라 그저 멍청한 짓일 뿐이라고들 생각했다. 하지만 그것은 주잔네만의 독자적인 전략이었다.

세 번째 '위대한 사랑'이 깨진 후 스웬은 다시 주잔네에게 돌아와 환상적인 밤을 보내고 그녀 옆에 누워 있었다. 주잔네는 스웬이 그럼에도 불구하고 자기를 받아주는 그녀에게 고마운 마음을 갖고 있다는 것을 느꼈다. 그러자 그녀는 그에게 며칠 동안 함께 여행 갈 생각이 없는지를 물었다. "그러지 뭐."가 스웬의 대답이었다. 두 사람은 그 이후에도 여러 번 함께 여행을 떠났고 어느 시점이 되자 스웬은 마침내 자신의 위대한 사랑이 누구인지를 깨닫게 되었다.

사례에 대한 소견

주잔네가 특히 스웬과의 관계에서 감내한 것들에 대한 얘기를 들으면 대부분의 여성들은 머리카락이 쭈뼛 설 것이다. 하지만 이것은 그녀가 살아온 과정일 뿐이다. 주잔네는 스웬과의 불안한 관계에서 어쩌면 친밀함을 추구하는 여성들이 느낄 법한 희생자 역할로 자신을 인식하지 않았다. 주잔네는 단지 자신의 감정과 스웬에게 느끼는 감정에 충실했을 뿐이다. 그 이상도 이하도 아니었다.

4. 경계를 허무는 여자

생활 감정

당신이 원하는 것은 가벼움이다. 당신은 당신과 관련된 사람들에게 이런 감정을 아주 잘 전달할 수 있다. 당신은 모든 회의론자와 아연실색하는 사람들에게 치료제 같은 존재다.

'상황 때문에 어쩔 수 없었어, 윤리적으로 말이 안 돼, 세상에나 이웃들이 뭐라고 하겠어, 제발 그건 상사가 눈치채면 안 돼!'

이런 말들이 도대체 무슨 소용이란 말인가?! 당신의 세계에서 하느님은 규칙을 지키라고 인간을 창조한 것이 아니다. 아담과 하와는 규칙을 지키지 않은 덕분에 지루하고 변화도 없고 심심하기 짝이 없는 낙원에서 벗어난 것이다. 우리 모두를 위해 아주 다행스러운 일이다! 왜 모든 것이 그렇게 어렵고 복잡해야만 할까? 인생은 이렇듯 흥미진진하고 끊임없이 새로운 것으로 충만하지 않은가!

만약 당신이 경계를 허무는 유형에 가깝다면 당신에겐 자유가 가장 소중하기 때문에 구속당하고 싶어 하지 않는다. 하지만 거리를 두는 유형처럼 친밀함에 대한 불안 때문이 아니라 정착을 원하지 않기 때문이다. 당신은 체험에 대한 욕구를 채우고 매일매일 새롭고 유쾌하게 지내기 위해 자유가 필요하다.

당신은 내적으로나 외적으로나 늘 움직이는 것을 좋아한다. 흥미진진한 긴장과 모험을 경험할 수 있다면 당신은 위험을 마다하지 않는다. 당신 안에는 지치지 않는 진취적 기상이 깃들어 있고, 쉽게 열광하며 즉흥성과 창의성으로 다른 사람들을 놀라게 한다. 당신은 다른 사람들과의 교제, 특히 흥미로운 사람이나 독특한 성격의 사람들을 알게 되는 것도 즐긴다.

큰 제스처와 외향적인 면 때문에 당신은 인간관계에서 주로 중심에 서게 된다. 당신은 삶을 마치 큰 무대 위에서 펼쳐지는 흥미진진한 버라이어티 쇼로 인식하기 때문에 타인의 이목을 상당히 즐긴다. 당신은 다른 사람들에게 깊은 인상을 심어주는 연극적인 요소를 적시적소에 잘 투입할 줄 아는 대가이며 동시에 당신도 다른 사람들로부터 다양한 인상과 감정들을 잘 받아들인다.

프리츠 리만에 따르면 이런 유형은 필연성에 대해 불안감을 느끼며 이를 자유를 억압하는 것으로 받아들인다. 그래서 이들은 노화나 죽음처럼 바꿀 수 없고 피할 수 없는 것들을 억압한다. 또한 평생 지속되는 결정에 대해서도 불편함을 느낀다. 이들은 자유롭고 변화와 발전을 도모할 수 있는 직업을 선택한다. 이들은 공무원이나 목사 또는 수녀가 되려고 하는 사람들을 도무지 이해하지 못한다. 평생 한 사람과 살아야 하는 결혼 제도에 대해서도 회의적이다.

▶ 강점과 약점

"나는 사랑에 빠지는 것을 즐긴다."

이것이 아마도 당신의 모토일 것이다. 당신은 자주 사랑에 빠지기 때문에 필연적으로 연애의 지속 기간이 짧을 수밖에 없다. 누군가 당신과 관계를 오래 지속하고 싶어 하거나 당신에게 신뢰와 변치 않는 마음과 같은 덕목들을 들이대면 문제가 발생한다. 관계가 지루하고 힘들어지기 전에 당신은 차라리 호기심과 설렘을 느낄 수 있는 새로운 남자를 찾아 나선다. 마음 같아서는 평생 동안 갓 사랑에 빠진 풋풋한 감정을 느끼고 싶어 한다.

당신은 친밀함을 추구하는 유형의 사람들과는 달리 파트너와의 친밀함보다는 사랑의 감정 자체를 더 좋아한다. 당신은 사랑을 통해 스스로 높아진다고 여긴다. 이는 자기 확신에도 도움이 된다. 마치 좋은 배우가 관객들로부터 받는 박수와 비슷하다. 그렇기 때문에 당신의 사랑 능력에는 자기중심적인 요소가 다분하다. 당신은 홀로 남게 된다는 불안감보다는 나르시시즘이나 자존심이 다쳤을 때 느끼는 상처가 더 크다. 하지만 당신은 연극적인 방식으로 내면을 표출하기 때문에 어떤 사람들은 피상적인 느낌만을 전달받게 되고 결과적으로 관계는 가벼워진다. 당신은 과시가 현실에서 더 그럴싸하게 통하는 이상 얼마든지 그 무기를 이용해도 된다고 생각한다.

당신은 타인을 즐겁게 해주려고 할 뿐만 아니라 스스로의 즐거움도 추구한다. 새로 시작된 관계의 풋풋한 감정이 사라지고 들뜬 감정이 어느 정도 가라앉으면 당신이 상대방에게 느끼는 감정은 눈에 띄게 줄어든다. 하지만 당신과 반대 유형인 친구와 오래된 우정을 나누는 경우도 드물지 않다. 친구는 당신에게 필요한 지속성과 신뢰감을 주기 때문에 당신은 친구에게 고마운 마음을 갖는다.

당신은 변화에 매우 유연하게 대처하며 새로운 것에 대해 마음이 열려 있다. 당신 내면에 있는 충동성이 당신을 새로운 상황으로 몰고 간다. 당신은 결코 주저하는 사람이 아니며 행동으로 옮기는 타입이다. 오래 기다리면서 모든 가능성을 심사숙고해보는 사람이 아니라 일단 저지르고 본다. 당신은 늘 흥미진진한 프로젝트를 진행 중이거나 어떤 일이나 또는 누군가에게 흠뻑 빠져 있다. 그 덕분에 당신은 일상을 견뎌낸다. 뭔가를 변화시키거나 개선하거나 낡은 구조를 타파하는 일에 관한 거라면 당신은 확신에 차서 함께 싸워준다. 하지만 이런 목표를 이루는 데 지속적인 노력이 필요하고 심지어 관료적인 암초를 넘어야 하는 일이 되어버리면 당신의 열렬한 관심은 급속히 무관심이나 지루함으로 돌변할 수 있다.

당신은 원래 지루함이나 단조로움은 질색인 사람이다. 당신과 반대되는 유형인 질서와 통제를 중시하는 유형이 반복되는 일상과 익숙한 습관을 즐기지만 당신은 마치 세상이 당신을 등졌거나 산 채로 무덤에 갇힌 듯한 느낌을 받는다. 그렇게 되면 당신의 내면에는 존재의 무의미함과 같은 끔찍한 느낌들이 싹튼다. 영원히 똑같은 것이 지속될 바에는 당신은 차라리 혁명을 시도한다.

"어떤 멍청이라도 위기를 극복해낼 수 있다. 내가 견딜 수 없는 것은 다름 아닌 일상이다."

극작가 안톤 체호프의 이 명언에 당신은 매우 공감할 것이다. 매일매일 치우고 정리 정돈을 하는 것이 당신에게는 매우 어려운 일이다. 매일 같은 시간에 해야 하는 필수 불가결한 일들, 가령 아침 일찍 일어나기, 정시에 출근하기, 정해진 시간에 쇼핑하기와 같은 일들은 당신에게 쉽지 않다. 당신은 가능하다면 이런 모든 일들을 피하고 싶어 한다. 당신은 약속 시간을 잘 지키지 못하는 편이다. 당신과 관계를 맺었던 남자들은 이와 관련해서 수많은 불평불만을 쏟아낼 수 있다.

당신의 영혼은 마치 파충류의 망막처럼 작동한다. 변하지 않고 가만히 있는 모든 것은 아예 인지조차 못한다. 변화와 움직임만이 관심을 끈다. 머릿속에서 늘 생각하고 상상할 것이 있어서 절대 지루하지 않다고 말하는 사람을 당신은 절대 이해할 수 없다. 이것은 내향적인 사람들이 가지고 있는 특징이다. 그래서 경계를 허무는 사람들은 대개 외향적인 사람으로 인식된다.

대신에 당신은 외부의 자극을 받아들여 새로운 것으로 재구성해내는 능력을 갖고 있다. 당신은 다양한 원천으로부터 자극을 모아서 창의성과 즉흥성으로 잘 융합해 확대시키거나 농축시킨다. 이러한 변형의 결과를 다시 외부로 드러냄으로써 당신은 다른 사람들의 감탄을 자아낸다. 어느 정도 재능이 있다면 예술이나 문학의 형태로 나타날 수 있다.

당신의 생각은 논리의 법칙에 따르기보다는 머릿속에 떠오르는 연상에 따른다. 당신은 추론의 연결 고리 한두 가지 단계를 그냥 뛰어넘기도 하고 예상하지 못한 유사한 사례나 당신의 감정 세계에서만 설명 가능한 관련성 없는 얘기로 듣는 사람들에게 놀라움을 안겨준다. 당신의 말에 귀 기울이는 사람이라면 당신이 하는 말의 의미를 이해하려고 하기보다는 당신의 생각과 감정의

흐름을 따라가보려고 하는 편이 낫다. 어떠한 생각을 반드시 논리적인 방식으로 설명하지 않는 당신의 내면적인 자유는 당신의 행동 영역으로까지 이어진다. 따라서 당신은 경직된 인과관계의 사슬을 논리적인 추론 사슬만큼이나 싫어한다. 어떤 사건은 반드시 어떤 사건에 이어서 나타나야 하는 것이 아니며 특히나 당신의 소망이나 생각과 상반될 경우에는 더욱 그렇다.

그래서 당신은 자신의 행동에 대한 결과를 받아들이는 것도 힘들어한다. 예컨대 당신이 실패했거나 어떤 잘못을 했을 때 책임지지 못한다. 하지만 당신은 천진난만함과 호감이라는 매력을 통해 누군가가 뒤처리를 하도록 유도하거나 용서하도록 만들어버린다. 무대에 올라가서 사고뭉치나 파렴치한을 연기했지만 무대에서 내려온 이상 더 이상 그 역할과는 아무런 관련이 없다고 주장하는 배우의 심리와 비슷하다.

당신은 재미나 쾌락 역시 예기치 않은 부작용이나 후회 없이 즐기고 싶어 한다. 만약 어쩌다가 양심의 가책 같은 것이 스멀스멀 느껴진다고 할지라도 당신은 이를 얼른 감추거나 억압한다. 당신은 당신의 행동에 제재를 가하지 않고 그 행동이 진실하고 살아가는 데 유일하게 옳은 방식이라고 설명하는 것을 삶의 철학으로 삼았다. 안타깝게도 당신과 같은 유형 중 여러 종류의 중독 물질에 대해 이런 생각을 갖고 있는 사람들이 있다. 술, 담배 그리고 마약 같은 것들이 그것이다. 이에 비하면 윤리적인 금기 사항을 어기는 것은 아무것도 아니다. 이 유형의 사람은 위험한 사랑이나 자극적인 성적 타락을 행복을 찾기 위한 수단으로 여기기도 한다.

◤ 남자의 마음을 사로잡는 방법

당신의 표현력에 매료된다

당신은 활기가 넘치는 사람이다. 당신의 몸은 활력과 역동성을 발산한다. 당신의 생기 있는 움직임은 편안하고 우아하고 조화롭게 보인다. 자유롭고 긍정적인 태도 때문에 많은 사람들은 당신을 부러워한다. 당신은 크고 연극적인 제스처들을 잘 취한다. 당신은 언제나 눈에 띄게 자신을 잘 드러낸다. 당신의 눈빛은 많은 것을 말해준다. 당신은 직접적인 눈빛 교환을 즐기고 예쁜 눈으로 깊은 인상을 심어주고 유혹할 수 있다. 당신의 목소리는 에로틱한 숨소리부터 히스테릭한 괴성까지 모든 것을 잘 표현할 수 있으며 멜로디가 그 힘을 더한다. 또한 당신은 몸짓이 풍부하기 때문에 말이 아닌 표정으로도 모든 감정 상태를 표현할 수 있다.

당신이 발산하는 분위기는 유혹적이다

당신은 관능, 에로틱 그리고 섹스와 관련된 일의 대가이다. 당신은 남자를 대하는 다양한 방법들을 노련하게 구사한다. 간단한 썸 타기에서부터 에로틱한 행동 그리고 특이한 섹스까지. 게다가 남자의 관심을 끌기 위해 천진난만한 소녀 감성까지 발산할 줄 안다. 남자를 손에 넣고 유혹하고 사랑에 빠지게 만드는 방법을 당신은 완벽하게 구사할 줄 알며 그러기 위해서 진심으로 최선을 다한다.

계속 용감하게 나아가라

더 이상 무슨 할 말이 있겠는가? 지금 당신의 모습을 계속 유지하고 당신의 재능과 욕구를 드러내고 절대 감추려 하지 말자. 특히 질투하는 사람, 불평불만을 늘어놓는 사람, 도덕군자 그리고 분위기를 흐리는 사람들이 뭐라 하든 상관하지 말고 당신의 관능미를 발산하라.

▌ 당신에게 매력을 느끼는 남자들

당신은 어떤 남자든지 당신에게 매력을 느끼거나 아니면 적어도 관심을 가지고 흘깃 쳐다보게 만드는 마력이 있다. 그렇지만 당신과 마찬가지로 경계를 허무는 유형의 남자는 얼마 지나지 않아 당신이 자신보다 한 수 위라는 것을 눈치채게 된다. 당신에게 감탄의 눈길을 보내고 호감을 느끼면서도 경쟁의식을 갖는 것이다. 누가 더 열광시키는가, 누가 더 강하게 시선을 끄는가 그리고 누가 더 나은 쇼맨십을 발휘하는가? 간단히 말해서 누가 더 스포트라이트를 받는가? 흔하지는 않지만 양쪽 파트너 모두 이 유형이라면 제삼자의 눈에는 마치 두 사람이 주인공 역할을 놓고 다툼을 벌이는 연극처럼 보인다. 두 사람은 동시에 말을 하고 동시에 제스처를 취하기 때문에 이들을 지켜보는 사람으로서는 상당히 피곤하다. 이런 커플의 관계는 대부분 오래가지 못한다. 상호 보완적인 관계를 만들 수 없기 때문이다.

거리는 두는 남성들은 당신을 감탄의 시선으로 바라본다. 다만 늘 일정한 안전거리를 유지한다. 이들은 당신의 내면과 외면의 경계가 얼마나 투과성이 좋은지 확인하고 놀라워한다. 당신은 당신의 감정, 생각 그리고 착상을 어떤 두려움이나 불안 없이 거침없이 내뱉는다. 거리를 두는 남성들이 외면과 내면의 높은 압력차를 견뎌내야 하는 반면에 당신은 이런 것은 아예 알지 못한다. 그리고 그로 인해 자유로워진 에너지가 삶의 기쁨으로 표출된다. 하지만 당신의 에너지와 생기발랄함 때문에 남자들은 당신을 조금은 미심쩍게 바라보기도 한다.

친밀함을 추구하는 여성들이 거리를 두는 남성들과의 거리감을 천천히 조심스럽게 극복하는 반면에 당신은 그런 남성들의 영역을 성급하게 침해하고 너무 들이댄다는 인상을 주게 된다. 그렇게 하면 그들은 불안감을 느낀다.

거리를 두는 남성은 어쩌면 당신과 어떤 부분에서 공통점이 있다고 느낄 수도 있다. 당신은 사람들이 당신 주위를 맴돌게 만들고 그 사람들의 마음을 순식간에 사로잡는다. 거리를 두는 남성 역시 사람들이 자기 주위를 맴돌고 자신을 신경 써주고 바라봐주기를 원한다. 그리고 실제로 그는 당신과는 정반대의 수단을 이용해서 원하는 바를 얻는다. 그는 무리 속으로 뛰어 들어가는 것이 아니라 거리를 둔다. 그렇게 함으로써 무리의 이목을 끌지는 못하지만 (그는 그러기를 원하지도 않는다) 각 개인의 이목은 끌 수 있다. 그는 그런 식으로 눈에 띈다(특히 모두 함께 잘 지내기 위해서 아웃사이더를 즉시 통합시키려 하는 친밀함을 추구하는 사람들에게 그렇다). 이런 관점에서 보면 경계를 허무는 여성과 거리를 두는 남성 사이는 일종의 나르시시즘으로 연결된다.

친밀함을 추구하는 남성들이 당신에게 끌리는 것도 바로 이런 이유 때문이다. 이 유형의 남성들은 자신들이 주위를 맴돌면서 늘 곁에 있어줄 수 있는 여자가 필요하고 여자가 발산하는 빛이 그들에게도 비춰지기를 바란다. 당신은 그의 인생에 중심축이 되어주며 그는 당신을 위해서 희생을 마다하지 않는다. 그는 당신의 재능을 뒷받침해주고 커리어를 지원해준다. 위대하거나 위대하지 않은 예술가, 디바 그리고 디바가 되고 싶어 했던 여성들은 친밀함을 추구하는 남성들에게 둘러싸이는 것을 즐긴다. 하지만 이런 관계는 대부분 같은 눈높이에서 이루어지지 않는다. 그는 여자를 열광적으로 숭배하고, 여자는 그의 스포트라이트를 받는 것을 즐긴다. 여기서 각각 다른 유형의 경계가 흐릿해진다. 여자는 거리를 두는 유형의 특성도 강하고 남자는 그의 태양인 그녀가 그를 더 이상 충분히 비춰주지 않으면 우울함으로 치닫는 극단적인 면을 보이기도 한다.

하지만 당신은 질서와 통제를 추구하는 남성에게 완벽한 보완이 되어주는 상대이다. 그리고 이 유형의 남성도 당신에게 보완이 된다! 당신에게는 그에게는 없는 느긋함이 있으며 그에게는 당신이 필요로 하는 깊이 있는 사고가 있다. 그는 당신이 안팎으로 당신의 삶을 맘껏 펼칠 수 있는 구조를 제공한다. 당신이 비록 어떤 구조에 순응하는 것을 좋아하지 않는 사람이지만 그래도 이런 구조를 갖추고 있는 사람이 당신에게 안정감을 주고 버팀목이 되어준다. 그는 당신이 절대 하고 싶어 하지 않는 일들을 도맡아 처리한다. 행정 업무, 재정 그리고 질병과 노후를 대비하기 위해서 필요한 온갖 성가신 일들이 바로 그런 것들이다.

질서와 통제를 추구하는 남성들의 마음속에 꿈틀거리는 모든 감정들을 당신은 아주 효과적으로 밖으로 끄집어낼 수 있다. 예컨대 당신은 격앙, 분노, 화 그리고 공격성과 같은 감정들을 편안하게 대할 수 있어서 그런 감정들을 솔직하게 곧장 표출한다. 이는 질서와 통제를 추구하는 남성의 부담을 엄청나게 덜어준다. 그는 자신의 분노와 화를 억누르기 때문이다. 그는 당신이 그를 향해 감정을 폭발시키더라도 가장 잘 받아줄 수 있는 사람이다. 그는 당신의 감정 폭발을 가늠할 수 있고 맞대응하지 않으며 당신이 폭발하더라도 냉정함을 잃지 않는다. 당신은 바로 그의 이런 점을 높이 산다. 자신의 마음을 잘 통제하고 흥분하지 않으며 당신의 도발에 넘어가지 않는 것. 당신은 이런 점들 때문에 그를 우러러본다. 이 점에 있어서 당신 자신보다 그가 더 강하다고 느낀다.

반면에 그는 당신이 혼란스러운 감정들을 아무 두려움 없이 표현하는 모습을 보고 감탄한다. 모든 감정 중에서 가장 혼란스러운 감정인 사랑을 대하는 당신의 태도에 그는 감탄을 금치 못한다. 자신은 사랑을 표현할 때, 걸림돌이 되는 부분에 집중하지만 당신에게는 그런 면이 없기 때문이다. 또한 그는 당신에게 쏟아지는 스포트라이트를 앗아가지도 않는다. 오히려 반대로 그가 가장 크게 박수를 쳐준다. 그렇다고 해서 그는 당신의 사랑을 구걸하는 약한 사람이 아니라 당신이 의지하고 기댈 수 있는 강한 가슴을 가진 보호자이다. 당신은 이 남자가 당신이 줄타기를 할 때 안전한 그물망이 되어주고 거친 물살을 건널 때 손을 잡아주며 공연을 마쳤을 때 따뜻한 외투를 입혀주는 남자라고 느낀다.

물론 당신은 좀생이나 고루한 관료주의자를 원하는 것은 아니다. 그런 사람들은 이 성격 유형 중에서 가장 극단적인 사례들일 뿐이다. 이 유형에 속하는 남자 중에서도 얼마든지 영화 제작자, 금융 중개인, 변호사, 화랑 경영자 또는 의사 등등이 있을 수 있다. 그는 자신의 삶을 잘 주도하고 있고 감정을 잘 통제하고 있으며 심심한 상황이다. 당신의 경우에는 아마도 정반대일 것이다. 그러니 둘은 천생연분인 셈이다. 프리츠 리만 역시 같은 결과를 도출해냈다.

> 강박적인(질서와 통제를 중시하는) 유형은 자신의 반대 유형인 히스테리성(경계를 허무는) 유형의 다채로움, 생기발랄함, 모험을 즐기는 태도, 새로운 것에 열려 있는 마음 등등에 매혹된다. 자기 자신은 과도하게 익숙한 것을 고수하며 늘 안전을 생각하고 그럼으로써 스스로도 감지하듯 자신의 삶을 필요 이상으로 비좁게 만들기 때문이다. 그리고 이미 암시했듯이 이에 상응하여, 히스테리성 선상에 있는 사람은 자신의 반대 유형에 매혹된다. 반대 유형은 그에게는 부족한 안정성, 유대감, 초지일관 그리고 신뢰성을 지니고 있기 때문이다.*

* 프리츠 리만, 『불안의 심리』 중에서

▶ 함정을 피하는 방법

힘들더라도 구속적인 관계를 맺어라

『자주 사랑하라, 드물게 약혼하라, 결혼은 절대 하지 마라?』
라는 펠리시타스 폰 로벤베르크의 책 제목이 당신이 지향하고
있는 모토인 동시에 당신의 숙명이 될 수 있다. 당신이 장기적이
고 구속적인 관계를 맺지 않는 상태에서는 이런 생각을 가지고
사는 것은 아무런 문제가 없다. 하지만 이런 상태가 너무 장기화
될 수 있는 위험에 빠진다. 당신은 남자들에게 어필하는 데 늘 성
공하기 때문에 앞으로도 계속 이렇게 살 수 있다고 생각한다. 하
지만 그렇지 않다. 당신은 당신에게 맞는 남자를 곁에 둘 수 있는
절호의 기회를 놓칠 수도 있다. 당신에게 '맞는' 남자는 사실 상
대적이다. 어떤 남자가 당신과 잘 맞는지는 그 남자의 성격에 좌
우되기도 하지만 당신이 그 남자를 어떻게 받아들이느냐에 달려
있다. 그가 아직 당신에게 새롭게 느껴지는가 아니면 이미 익숙
해져서 더 이상 흥미진진하지 않게 느껴지는가? 그런데 당신에
게 새로운 매력으로 다가오는 남자들은 언제나 널려 있게 마련이
다. 당신과 같은 유형의 여성들은 (그리고 많은 남성들은) 새로운 사
랑을 정복함으로써 얻게 되는 자아 확인에 집착한 나머지 번번
이 새로운 사람을 찾아 나선다. 그렇지 않으면 마치 자신이 죽어
버리고 소멸되는 것 같은 느낌을 받기 때문이다. 당신은 다른 사

람으로부터 감탄을 받고 열망의 대상이 되는 일종의 환각 상태를 즐긴다. 마약중독자가 마약을 찾듯이 말이다.

섹스를 권력 수단으로 이용하지 마라

정욕이나 그 정욕을 만족시키기 위한 목적 (그리고 물론 아이를 낳기 위한 생식 목적) 이외에 다른 목적으로 섹스를 하는 것은 섹스 자체에도 좋지 않고 관계에는 더더욱 안 좋다. 당신은 섹스를 매우 즐기고 섹스는 당신의 자존감을 높여주며 당신이 그토록 사랑하는 사람을 가깝게 느낄 수 있게 해준다. 그러나 당신과 같은 유형은 남자를 조정하고 지배하거나 그로부터 다른 어떤 것을 이끌어내기 위한 수단으로 성을 이용하기도 한다. 이때 당신은 당신의 목적을 달성하기 위해 어떻게 하는 것이 유리한지 따져본 후 섹스를 제공하거나 혹은 거절한다.

하지만 그러면 결과적으로 당신은 성을 모독하고 당신이 느끼는 성 본연의 즐거움을 느낄 수 없게 된다. 당신은 얼마든지 다른 수단들을 이용해서 남자로 하여금 당신이 원하는 것을 해주도록 만들 수 있다. 이때 가장 좋은 동기부여는 그의 자발적인 의지다. 그는 당신을 사랑하기 때문이다.

행복과 불행에 대해 너 자신이 책임져라

당신은 당신이 느끼는 행복에 대한 책임, 그리고 특히나 당신이 느끼는 불행에 대한 책임을 다른 사람에게 전가하는 경향이 있다. 물론 그러는 것이 타당한 경우도 있다. 하지만 자신의 행복이나 불행은 자신의 행동에 따른 논리적 결과인 경우가 대부분이다. 하지만 당신은 '논리적'이라거나 '결과'라는 말 자체에 이미 거부감을 느끼기 때문에 이 문장의 의미에 대해 생각해볼 생각조차 하지 않고 거부감을 느낀다. 하지만 이런 비합리적인 태도는 어쩔 수가 없다. 인생을 살아가면서 일어나는 많은 일들도 실제로 인과관계에 따라 순차적으로 일어나는 것이 아니다.

개인적인 행복이나 불행이 대부분 자기 자신의 태도와 가장 밀접하게 관련되어 있다는 것을 받아들이는 것만으로도 충분하다고 나는 생각한다. 당신의 파트너 또는 앞으로 파트너가 될 가능성이 있는 사람에게 당신의 행복에 대한 책임을 떠넘기지 않는 것이 매우 중요하다. 인생을 사랑하고 있는 그대로 받아들일 줄 아는 능력으로 당신은 거뜬히 그렇게 할 수 있다.

나이 드는 법을 배워라

불행하게도 당신에게 행복을 가져다주는 요소들이 결국 불행을 가져다주기도 한다. 앞에서 이미 언급했듯이 남자들뿐 아니라 주변의 여러 사람들에게 호감을 사고 감탄을 자아내고 사랑에 빠지게 만드는 당신의 능력이 너무 뛰어나기 때문에 그것이 영원히 그렇게 지속될 거라 생각할지도 모른다. 하지만 더 이상 그 현상이 지속되지 않는다면 그것은 사람들의 잘못이 아니라 당신의 잘 못이다. 당신은 시간이 흘러간다는 사실을 망각했다. 당신은 시 간을 통한 변화를 기회로 인식하는 것이 아니라 운명의 장난, 창 조주의 실수라고 여긴다. 그리고 이런 사실을 그냥 억압해버린 다. 여기서 내가 상담 치료했던 한 사례를 들려주고 싶다.

카트야는 상당히 매력적이고 아담한 몸매에 남부 유럽의 분위 기를 물씬 풍기는 배우지만 자신에게 맞는 배역을 찾지 못해 주 로 포르노 영화에서 더빙을 하는 일로 생계를 유지했다. 그녀는 주로 일요일에 이 일을 했고 매주 월요일에 내 진료실을 찾아왔 는데 전날 신음소리를 내고 소리를 지르느라 목소리가 쉬어 있는 경우가 많았다. 환자는 낮은 목소리로 몇 년 전에 배우로 승승장 구하던 때의 이야기를 나에게 들려주곤 했다. 그리고 이제 더 이 상 좋은 배역을 맡지 못하고 있으며 이런 굴욕적인 일을 하며 생 계를 이어나가야 하는 좌절감에 대해서 털어놓았다.

나는 물론 그녀가 느끼고 있을 좌절감을 충분히 이해할 수 있 었다. 그리고 나는 그녀가 배우로서 재능이 있음에도 불구하고 왜 더 이상 배역을 따낼 수 없는지 이해할 수가 없었다. 그런데 그 녀는 얘기 중에 무심코 자신이 서른 살 이하의 배역에만 지원한 다는 사실을 알게 되었다. 그런데 그녀는 이미 서른일곱 살이었 다. 물론 나이보다는 훨씬 어려 보이기는 했지만 그렇다고 해서 더 이상 이십 대로 보이는 외모는 아니었다. 그녀는 이십 대에 배우로서의 전성기를 누렸다. 그런데 어느새 10년이 훌쩍 흘렀다는 사실을 인정하고 싶지 않았던 것이다.

내 생각을 조심스럽게 꺼내면서 지나치게 자신이 동안이라고 착각하고 있다는 사실을 지적하자 그녀는 더 이상 상담 치료를 받고 싶지 않을 정도로 몹시 불쾌해했다. 나는 그녀에게 치료를 성급하게 중단하기보다는 우선 친한 친구들에게 어떤 역할에 지원하면 좋을지 물어보라고 말했다. 그녀는 친구들로부터 내 의견과 비슷한 얘기를 듣게 되자 현실을 힘겹게 받아들일 수밖에 없었다. 그 이후로 그녀는 제 나이에 맞는 역할에도 지원하기 시작했고 당연히 배역을 따내는 데 성공을 거두었다.

당신과 같은 유형의 여성들은 나이 드는 것을 오히려 성숙해질 수 있는 기회로 받아들이는 것이 중요하다. '모든 사람의 마음에 들고 싶어'라는 욕망도 내려놓는 것이 좋다. 자존감을 외부의 확인을 통해 구축할 수 있는 가능성은 세월이 지남에 따라 줄어든다. 그래서 그 반대 작용으로 피해갈 수 없는 노화 현상을 어떻게든 지연시키기 위해 비싼 화장품을 사들이고 성형외과를 찾아 나서고 싶은 유혹이 커지기도 한다.

오늘날에는 경제력만 충분하다면 얼마든지 노화를 지연시킬 수 있고 나는 노화 과정을 조금 늦추기 위해 의술의 힘을 살짝 빌리는 것에 반대하지 않는다. 하지만 의술의 힘에는 한계가 있고 노화 현상은 피할 수 있는 것이 아니다. 애써 외면하기보다는 자연스럽게 노화를 받아들이는 것이 당신을 더 자유롭게 할 거란 사실을 기억하라.

사랑을 구걸하지 마라

당신은 다른 사람들, 특히 남자들이 보내는 선망의 눈길을 통해 자긍심을 충족하기 때문에 동시에 그들에게 의지하게 된다. 그러다 보면 수시로 그것을 확인하려고 한다. 상대방의 열렬한 반응과 사랑의 증표들은 더 이상 아름다운 선물이 아니라 마땅히 해야 할 일이라 여기기도 한다.

당신은 남자의 찬사와 칭찬을 당연한 것으로 받아들이거나 아예 무시하는 반면 비판이나 어떤 사소한 부정적 언급은 자긍심에 대한 공격으로 받아들이면서 격렬하게 반응한다. 그러면 남자는 과중한 부담을 느끼거나 심지어 강요당한다고 느끼지만 보통 그렇다는 것을 잘 시인하지는 않는다.

당신의 긍정적인 분위기를 이용하라

당신은 환상적인 분위기를 이미 타고났기 때문에 파트너를 선택할 때 가장 필요한 자질은 이미 갖추고 있는 셈이다. 따라서 당신만이 아는 어떤 신체적인 변화에 대해 지나치게 민감한 반응을 보일 필요가 없다. 남자들은 그런 것은 대수롭지 않게 생각한다. 오히려 당신이 그것 때문에 웃음과 상냥함을 잃는 것에 대해 남자들은 훨씬 더 민감하게 반응한다. 당신의 외모가 (더 이상) 최상으로 여겨지지 않는다고 할지라도 느긋해져라. 체중이 몇 킬로그램 더 나가거나 주름이 몇 개 더 생겼다고 해서 이상형의 남자를 쟁취하지 못하게 될 가능성이 높아지는 것이 아니다. 오히려 그런 것들에 지나치게 예민하게 반응했기 때문에 당신의 자존감이 낮아지고 당신만의 아름다움을 잃게 된 것이다.

▌ 공주 유형 : 『개구리 왕자』에 등장하는 공주

경계를 허무는 유형에 가장 근접하고 실제로 그런 모습을 보여주는 공주는 바로 동화 『개구리 왕자』에 등장하는 공주이다.

공주는 근심 걱정 없이 천진난만하고 인생을 즐기는 캐릭터로 어느 날 황금 공을 가지고 논다. 갖고 놀던 황금 공이 우물 속에 빠지자 공주는 개구리에게 공을 찾아주면 무슨 요구든지 다 들어주겠다고 약속한다. 하지만 공주는 별생각 없이 한 약속이었기 때문에 금세 잊어버리고 만다. 공주는 자신의 행동을 책임지려고 하지 않으며 그에 따른 결과도 무시한다. 하지만 공을 찾아줬던 개구리는 왕궁까지 찾아와 고집스럽게 자기 권리를 요구하고 원칙에 엄격한 왕은 딸에게 약속을 지키라고 엄포를 놓는다. 하는 수 없이 공주는 개구리의 요구대로 그와 식사를 하며 한 접시를 나눠 먹고 유리잔도 함께 사용한다. 공주는 그러기 싫은 마음을 굳이 숨기지 않고 노골적으로 싫은 티를 낸다. 결정적인 장면에서 공주는 결국 아버지의 지시를 무시하고 경계를 허무는 유형의 특징인 히스테리성 분노발작을 일으킨다. 개구리가 공주와 한 침대에서 자고 싶다고 요구하자 공주는 개구리를 벽에 힘껏 던져버린 것이다. 그런데 놀랍게도 벽에 부딪힌 개구리는 멋진 왕자로 변신한다. 공주는 개구리를 향한 공격성을 통해 오히려 그를 저주에서 구해냈다.

이 동화의 묘미는 말을 할 줄 아는 개구리 또는 변덕이 심한 공주가 왕자를 만나게 되는 것이 아니다. 전혀 로맨틱하지 않거나 동화답지 않은 행위, 즉 개구리를 벽에 던져버림으로써 개구리가 왕자로 변신하는 것이 바로 이 동화의 묘미이다. 공격성을 드러내자 좋은 일이 일어났다는 것이 핵심이다. 이것이 바로 경계를 허무는 유형의 사람들을 이해할 수 있는 열쇠이다. 이들은 자신의 감정을 제어하지 못하고 겉으로 드러내야 하기 때문에 이 모든 것을 받아주고 견딜 수 있는 파트너가 필요하다. 그리고 이런 파트너에게도 자신이 억누르고 있는 공격성을 대신 발산해주는 여성이 필요한 것이다.

그러니까 당신은 공격성을 발산함으로써 당신뿐만 아니라 당신의 파트너도 구제해주는 셈이다. 그는 당신의 그런 점을 사랑하고 당신 역시 마찬가지다. 그렇게 해서 그는 당신의 왕자가 된다.

개구리는 질서와 통제를 추구하는 성격 유형을 확실하게 드러낸다. 개구리는 공주가 황금 공을 잃어버리자 도움을 주기는 하지만 대신 그에 상응하는 높은 대가를 요구한다. 개구리는 절대 약속을 잊거나 용서하는 법이 없이 자신에게 마땅히 주어진 권리를 고집스럽게 요구하고 자신과 같은 유형인 질서와 통제를 추구하는 왕의 지원을 받는다. 그리고 개구리는 공주가 공격성을 드러내자 비로소 구원을 받는다. 개구리 자신은 공격성을 드러낼 수 없기 때문이다.

흥미롭게도 공주가 개구리한테 키스를 해야 왕자가 된다는 이 동화의 잘못된 버전이 돌기도 한다. 하지만 이것은 공주의 성격에 전혀 맞지 않는다. 공주는 거리낌 없이 자신의 공격성을 발산하고 이런 공주의 성격을 받아주며 도망치지 않는 사람만이 그녀의 왕자가 될 자격이 있다. 공주는 내숭을 떨거나 혐오스러운 것을 애써 참지 않으며 착하고 순종적인 소녀인 척 연기하지도 않는다. 오히려 그 반대다. 공주는 분노발작을 일으킨다! 공주는 자신의 본래 성격과 본래의 감정을 통해서만 자신의 왕자를 찾을 수 있다. 만약 그러지 않았다면 왕자는 영원히 개구리의 모습으로 남아 있을 것이다.

▼ 사례 : 야스민, 서른세 살

야스민은 외모에서 낭만적이고 고풍스러운 이미지를 풍기며 시
간을 초월한 미를 발산한다. 마치 루트비히 리히터의 그림에서
튀어나온 것 같은 모습이다. 귀엽고 소녀 같은 몸매와 섬세하고
아이 같은 표정 때문에 그녀는 실제 나이보다 훨씬 어려 보였다.
긴 금발 머리는 그녀의 가냘픈 어깨 위로 떨어져 예쁜 몸매를 더
욱 돋보이게 만들었다. 야스민의 외모와 수줍은 듯한 태도와는
달리 눈빛은 생생하고 탐색하듯 빛났다. 그리고 큰소리로 생기발
랄하고 유쾌하게 잘 웃어서 주변 사람들은 깜짝 놀라곤 했다.

야스민을 잘 아는 사람들은 그녀의 옷 입는 스타일을 잘 가늠
할 수 없었다. 옷 입는 스타일이 수시로 변하기 때문이었다. 조금
전에 좋은 가문에서 자란 규수처럼 주름치마를 입고 진주 목걸이
를 착용하고 있었는데 어느 날 느닷없이 링, 수건, 나무 목걸이와
펄럭거리는 치마 차림으로 마치 히피처럼 등장하곤 했다. 어떤
날은 별로 눈에 띄지 않는 청바지와 티셔츠 차림으로 나타났다가
또 어떤 날은 유행하는 화려한 색상에 몸에 꽉 끼는 옷과 과장된
메이크업을 하고 나타났다. 하지만 야스민이 예전부터 그랬던 것
은 아니었다.

야스민은 완고하고 과잉보호를 하는 부모님 밑에서 자랐다. 그
녀의 어머니는 세상은 아주 적대적이고 위험이 도사리고 있는 곳

이기 때문에 늘 조심해야 하며 특히 남자들을 조심해야 한다고 얘기하곤 했다. 아버지는 아름다운 아내의 환심을 사기 위해 무조건적으로 아내에게 굴복했기 때문에 어머니의 세계관은 그녀에게 더 강한 영향을 미쳤다. 야스민의 가족들은 늘 이웃들의 이목에 신경 쓰며 그들이 어떻게 생각할지에 촉각을 곤두세웠다. 가족들은 늘 외모에 많은 신경을 써야 했다. 야스민의 어머니는 아버지에게 일주일에 한 번씩 흰머리를 염색하라고 요구했다. 아버지는 아무런 불평 없이 아내의 요구를 받아들였다. 야스민은 늘 불안으로 가득 차 있었다. 그것이 자신이 느끼는 불안이 아니라 어머니가 그녀에게 덮어씌운 불안이라는 사실을 그녀는 나중에야 깨닫게 되었다.

야스민이 처음 남자 친구를 만날 때 어머니는 그 남자에 대해 꼬치꼬치 캐물었고 끊임없는 의심을 늘어놓았다. 사실 어머니가 그렇게 해서 원하는 것은 딸에 대한 통제였다. 어머니는 딸이 자신과 다르게 사는 것을 막으려 했다. 어머니는 야스민이 자유로우면서도 문제없이 잘 살면서 남자들과도 행복한 관계를 맺으며 사는 것을 원하지 않았다. 절대 그렇게 내버려둘 수는 없었다. 그렇게 되면 어머니의 모든 세계관이 무너지기 때문이었다. 하지만 자신은 딸이 걱정되기 때문에 통제해야 한다는 명분을 댔다.

어느 시점이 되자 야스민은 포기하기에 이르렀다. 그녀는 더 이상 남자 친구를 집으로 데리고 오지 않았고 나중에는 아예 남자 친구를 사귀고 싶어 하지도 않았다. 남자 친구를 만나는 것에 대해 제지하는 어머니에 맞서면서 너무 많은 에너지가 소모되었고 짜증도 났기 때문이다. 아버지가 그랬듯이 야스민도 어머니의 독재에 굴복했다.

외부로부터 지속적으로 위협을 받고 있다는 느낌과 남들에게 완벽한 모습을 보여야 한다는 강박은 야스민의 유년 시절과 청소년 시절뿐만 아니라 그 이후의 시기에도 그녀를 억눌렀다. 그녀는 오랫동안 불안한 마음을 안고 살아왔다. 그런데 야스민의 오빠는 이런 꽉 막히고 고루한 분위기에 완전히 저당 잡혀 그것을 내면화하고 더 강화시킨 반면에(오빠는 고위직 행정공무원이 되었다) 야스민은 서서히 부모님의 세계관에 대해 방어 자세를 취하기 시작했다.

대학입학자격시험을 본 이후 야스민은 부모님의 격한 반대를 뒤로하고 그래픽디자인을 공부했다. 그녀가 살고 있는 세계의 경계를 허물 수 있는 처음이자 유일한 가능성이 바로 예술이었다. 야스민은 모든 현대 양식들을 시도해보았고 아방가르드 예술가로서 전 세계적으로 유명세를 얻고 예술계에 혁명을 일으키는 상상을 해보곤 했다. 그러면서 자신이 아직 얼마나 미완성이고 속박당하고 있으며 미발전된 상태인지를 깨달았다. 그녀의 내면이 경직된 가치와 윤리의 틀에 사로잡혀 있으며 그것이 버팀목으로 삶을 지탱해주는 것이 아니라 오히려 자신을 주눅 들게 하고 불행하게 만든다는 것도 알게 되었다. 대학 시절 초기에는 모든 남자들을 피해 다녔다. 자신이 원하는 것이 무엇인지 아직 깨닫지 못했기 때문이었다. 앞으로 어떻게 살고 싶은지 아직 알 수가 없었다. 하지만 지금처럼 미완성인 상태에서 자신에게 맞는 파트너를 찾고 싶지 않고 찾을 수도 없다는 것을 그녀는 어렴풋이 느꼈다. 지금 만약 어떤 남자와 관계를 맺게 되면 잘못된 길로 들어설 것 같았다. 야스민은 그런 두려움을 갖고 있었다. 변화하고 싶은 의지와 자신을 더 발전시키고 싶은 욕구 때문에 남자 친구를 사귀는 것을 피했다.

그리고 야스민은 아직 잘못된 분위기를 발산함으로써 그녀에게 전혀 맞지 않는 남자들을 끌어당기고 있었다. 남자들은 야스민을 착하고 예쁘고 사랑스러운 여자, 심지어 숙맥이라 여겼다. 그래서 집에서 살림하는 아내를 원하는 고루한 세무 공무원이 접근했고, 구애를 하기도 했다. 그는 야스민이 예술적인 감각으로 그의 잿빛 인생에 약간의 색깔을 덧입혀주기를 바랐다. 물론 그녀는 신경질적으로 거절했다.

그렇지만 야스민의 마음에 드는 남자들도 있었다. 그녀는 인생을 즐기고 창의적이고 자유롭고 재밌는 남자들에게 끌렸다. 미래에 대한 불안이 없어 보이는 사람들이었다. 야스민이 자신의 내면에 깃들어 있다고 느끼지만 아직 겉으로 드러내 보이지 못했던 바로 그것을 갖고 있는 그런 남자들이었다. 야스민은 그런 남자들에게 매력을 느꼈고 우러러봤다. 그런 남자라면 사랑에 빠질 수 있을 것 같았기 때문이다. 하지만 그런 남자는 그녀에게 관심을 보이지 않았다.

그런 남자들에게 야스민은 너무 얌전하고 너무 수수하고 섹시해 보이지 않았던 것이다. 그렇다고 해서 야스민에게 에로틱한 카리스마가 없는 것은 아니었다. 그녀는 성적 매력을 활용하지 않고 감추어두었을 뿐이었다. 야스민은 자기 자신이 풍기는 이미지와 그런 이미지가 불러올 영향에 대한 불안을 갖고 있었다. 그것은 남자들이 자신에게 성적 매력만을 원하는 것이 아닐까 하는 불안감이었다.

어릴 때부터 어머니는 그런 것을 금지했고 그런 경험은 아직도 그녀에게 무의식적인 영향을 미쳤다. 그래서 야스민은 여전히 혼자였다.

야스민은 그래픽디자인 공부를 성공적으로 마치고 깊은 수렁에 빠졌다. 대학 생활은 너무 빨리 지나가버렸고 자유 시간은 너무 짧았다. 그녀는 예술 분야에 혁명을 일으킨 것도 아니었고 그렇다고 예술적으로나 개인적으로나 자신의 스타일을 찾은 것도 아니었다. 야스민은 늘 새로운 것을 시작하고 시도해보고 어떤 일에 몰두하거나 어떤 일을 선망했다. 그렇게 살다 보니 시간이 야스민의 손가락 사이로 다 빠져나가고 말았다. 야스민은 실감이 나지 않았다. 대학 생활은 끝나버렸고 자립해서 혼자 살아야 하는 시기가 도래한 것이다.

결국 야스민은 부모님의 조언대로 그리고 아버지가 아는 연줄을 통해 어떤 컨설팅 회사에서 그래픽디자이너로 일하기 시작했다. 안정된 직장, 좋은 연봉, 승진 가능성 없음, 예술가적인 안목은 필요치 않음. 이것은 그야말로 항복을 의미했다. 그리고 그녀는 예전에 자신에게 프러포즈했던 세무 공무원과 다시 시작해보려고도 했다. 어쩌면 그 남자가 야스민이 예술을 하는데 필요한 자유를 제공해줄 수도 있을 것 같았다. 그런데 야스민의 부모님은 매우 기뻐한 반면 그녀 자신은 더욱더 패닉 상태에 빠져들었다. 그녀는 그 남자가 털끝 하나 건드리는 것조차 견딜 수가 없었다. 그와 섹스하고 싶은 마음은 애당초 없었지만 그녀는 마치 생매장을 당하는 비참한 느낌까지 갖게 되었다.

직장 생활도 녹록지 않았다. 야스민은 혁신적이고 창의적이며 가장 좋은 결과를 내놓아서 임원진으로부터 가장 많은 칭찬을 받았지만 야스민은 이런 것에 개의치 않았다. 동료들은 야스민의 성공을 시샘 어린 눈길로 바라보았다. 그녀의 태도와 일하는 방식은 다른 사람들과 부딪혔다. 야스민은 어떤 틀에 자신을 가두고 싶지 않았다. 그리고 컨설팅회사 분위기에 잘 어울리지 못했다. 결국 야스민은 성공을 향한 야망으로 똘똘 뭉친 사십 대 중반의 팀장으로부터 끊임없이 괴롭힘을 당했다. 그녀에 대한 뒷담화가 오갔으며 그녀가 하는 모든 말은 부정적으로 왜곡되었고 사람들은 그녀를 피해 다녔다. 이런 상황에 처했을 때 야스민이 나의 진료실로 찾아왔다.

야스민은 그 회사에서 더 이상 일하고 싶지 않았다. 그래서 낙심하며 출구를 찾고 있었다. 그리고 그 세무 공무원하고도 헤어졌다. 가차 없이. 그러자 마음이 한결 편안해졌다. 하지만 야스민은 이제 서른한 살이었고 그녀의 인생은 폐허가 되어버렸다. 적어도 야스민은 그렇게 느끼고 있었다.

야스민은 새로운 시작을 원했다. 두 번째 기회, 다른 길. 그녀는 부모와의 접촉을 거의 끊고 직장에서는 끊임없이 방어 태세를 취하고 열심히 다른 직장을 알아보았다. 결국 야스민은 예술아카데미에 원서를 냈다. 야스민은 다시 한 번 공부를 해서 제대로 된 예술가가 되고 싶었다. 옆에서 회의적인 눈길을 보내는 사람들에게는 프리랜서 그래픽디자이너로 일해서 돈을 마련하겠다고 말했다. 야스민은 나이가 많아서 인기가 많은 아카데미에 들어가는 데 결코 유리한 입장이 아니었다. 하지만 야스민은 현재의 능력과 엄청난 에너지를 투입해서 인상적인 포트폴리오를 완성했다. 야스민은 매력을 발휘해서 교수뿐만 아니라 조교들에게도 예술적인 아이디어로 깊은 인상을 심어주었다. 그렇게 해서 모든 입학 절차를 무사히 통과해서 결국 입학할 수 있게 되었다. 야스민의 꿈은 일단 실현되었다. 그리고 프리랜서 그래픽디자이너로 일감이 감당할 수 없을 정도로 많이 밀려들어서 생계도 잘 꾸려나

갈 수 있었다. 하지만 가장 중요한 것은 자기 자신을 찾고 부모님의 불안을 떨쳐냈다는 것이었다.

완전히 새로운 감정이었다. 평생 이렇게 자유롭고 젊은 느낌을 가져본 적이 없었다. 그녀는 마침내 자기 자신을 찾고 자신이 살고 싶었던 삶을 살고 있다는 기분이 들었다.

이제 잘 맞는 남자만 찾으면 될 듯싶었다. 하지만 그런 남자는 좀처럼 나타나지 않았다. 이상하게도 예전에 그녀가 그토록 선망하던 남자들, 즉 예술가와 연기자, 향락주의자 그리고 자유사상가들에게 더 이상 매력을 느끼지 못했다. 야스민은 이제 이들과 비슷해졌지만 그럴수록 이들에게 더욱더 매력을 느끼지 못했다. 이제 이런 남자들은 야스민에게 관심을 보였고 야스민은 그중 어떤 남자들과 하룻밤을 보내기도 했지만 사랑에 빠지지는 못했고 이들에게서도 아늑함을 찾지 못했다. 그래서 야스민은 계속해서 찾아 나섰다.

야스민은 우연히 카이와 재회하게 되었다. 부모님 댁 옆집에 사는 아이로 학창 시절부터 알고 지내던 사이였다. 야스민은 카이가 너무 얌전하고 매력이 없다고 느꼈었다. 카이는 그동안 컨설턴트로 성공하고 야스민이 예전에 다니던 회사와 경쟁 관계에 있는 회사에 다니고 있었다. 야스민은 카이에게 연민을 느꼈다. 카이는 그녀에게 매료되었다. 카이도 회사를 그만두고 완전히 다른 일을 해보고 싶은 마음이 있었다. 하지만 그럴 용기가 없었다.

그는 남자이기 때문이기도 하고 현재 벌이도 좋고 어느 정도 지위에 올랐기 때문이었다. 이런 것들을 잃을 수 있는 위험을 감수할 수는 없었다.

야스민은 어렸을 때부터 겨울에는 스키 강사로 아르바이트를 했다. 그래서 재밌게 운동을 하면서 돈을 벌 수 있는 그 일을 다시 시작했다. 한 번도 스키를 타본 적 없는 카이는 곧바로 초보 강좌에 등록했다. 그는 어설픈 동작으로 힘겹게 스키를 타고 땀을 뻘뻘 흘리며 초보자용 코스를 내려왔다. 그는 초보 강좌에서 그야말로 어릿광대로 통했다. 그는 하는 행동마다 다른 사람들의 웃음을 자아냈다. 야스민은 속으로 그에 대한 거부감을 느꼈다. 카이가 창피했다. 이제는 절대 카이에게 그 어떤 기회도 줄 수 없었다. 그녀의 감정은 확고했다.

하지만 카이는 포기하지 않았다. 그는 불굴의 의지와 놀라운 끈기를 보였다. 그는 연습하고 연습하고 또 연습했다. 그는 야스민이 가르치는 다음 강좌와 그다음 강좌까지 모조리 예약했다. 야스민은 자신의 의지와는 상관없이 카이를 스키 제자로 받아들일 수밖에 없었다.

카이의 스키 실력이 늘기는 했지만 그는 여전히 우스꽝스러운 동작으로 사람들에게 웃음을 안겨주었다. 그는 눈 더미를 만날 때마다 넘어지고 코스 차단막에 부딪히고 글뤼바인^{설탕 혹은 꿀과 향료를} _{넣어서 데운 적포도주 - 옮긴이}을 마시다가 혓바닥을 데곤 했다. 카이는 전혀 가망이 없다고 야스민은 생각했다. 하지만 카이는 계속했다. 그러면서도 늘 유쾌한 기분을 유지했다. 그리고 야스민에게 늘 자신이 그녀를 얼마나 좋아하는지 이야기했다.

그러다가 어느 시점에 야스민의 마음이 녹기 시작했다. 아주 천천히. 야스민은 이런 상황과 카이를 이해할 수 없었다. 어떻게 그럴 수 있을까?! 야스민은 카이에 대해 생각해보기 시작했다. 어쨌든 카이는 남들이 그에 대해 뭐라 생각하든지 전혀 신경 쓰지 않았다. 스키를 잘 타려고 열심히 노력하고 야스민을 향한 마음을 끈질기게 유지하면서도 그는 자유로움을 잃지 않았다. 야스민이 어린 시절과 청년 시절에 느끼던 불안으로부터 그는 자유로웠다. 야스민은 그런 불안들을 극복했지만 완전히 벗어나지는 못했다. 야스민은 카이가 다른 사람들의 웃음거리가 되면서도 본인이 가장 크게 웃는 것이 가장 놀라웠다.

봄이 되자 야스민은 카이의 저녁 식사 초대에 응했다. 야스민은 눈부시게 아름다웠으며 그 어느 때보다도 자유로움을 느꼈다. 그녀는 카이의 황홀해하는 눈빛과 차분하고 유머러스한 면을 즐겼다. 카이는 데이트 때도 어설픈 모습을 감추지 못했지만 웃음을 잃지 않았다. 우스꽝스러운 모습은 전혀 없었다. 오히려 그 반대의 모습을 보여주었다. 그는 마치 『미슐랭 가이드』*의 저자처럼 이국적인 음식과 고급 와인에 박식했다.

야스민은 카이가 스키를 배울 때처럼 이 분야에서도 분명히 끈기를 갖고 공부했을 거라는 생각이 들었다. 그는 뭐든지 기초부터 시작해서 꾸준히 열심히 하며 발전하는 모습을 보였다. 야스민은 카이의 이런 면이 좋았다. 야스민의 방식과는 전혀 달랐다. 그녀는 뭐든지 순식간에 정복하고 싶어 했다. 즉각적인 열광과 빠른 성공을 원했다. 카이는 끈기와 인내심이 있었다. 식사를 마친 후 두 사람은 조심스럽지만 긴 키스를 나눴다.

따지고 보면 야스민이 함께하는 식사 자리를 먼저 제의한 셈이었다. 그녀는 지나가는 말로 카이에게 자신을 식사에 초대해도 좋다는 말을 흘렸다. 그러자 카이는 이제 마침내 야스민의 마음을 얻을 수 있다는 느낌을 갖게 되었다. 하지만 그건 일단 잘못된 생각이었다. 야스민은 시간을 두고 카이가 안달 나게 만들었다. 그가 보내는 문자메시지에 소극적으로 대응하거나 거부하는 태도를 보였다. 그런데 며칠이 지나자 갑자기 카이에게 관심이 생겼다. 야스민은 딸기 2킬로그램을 산 후 연락도 없이 카이의 집 앞으로 찾아가 초인종을 눌렀다. 야스민은 이것이 카이에게 주는 기회라고 생각했다. 야스민은 문 앞에 서서 내심 카이가 그 기회를 날려버릴 수 있는 행동을 하지 않기를 바랐다. 카이는 다행히 집에 있었고 제대로 행동했다.

* 프랑스에서 만든 세계 최고 권위의 여행정보안내서

사례에 대한 소견

나는 야스민이 부모님, 특히 어머니에 의해 강요당했지만 자신에게 맞지 않았던 질서와 통제를 중시하는 유형에서 벗어나는 데 성공했기 때문에 이 사례가 아주 흥미롭다고 생각한다. 야스민은 결국 경계를 허무는 자신의 유형을 찾아가는 데 성공했다. 그렇게 함으로써 본인의 이상형 그리고 다양한 남자 유형에게 비치는 그녀의 이미지가 변한 것도 매우 흥미롭다.

야스민은 결국에는 그토록 힘들게 빠져나왔던 자신의 부모님이 속했던 유형과 같은 남자와 사랑에 빠졌다. 하지만 카이는 훨씬 더 자유로운 방식으로 자신의 특성들을 실현했다. 이렇듯 반복적으로 자신의 과거와 직면하게 되지만 그것을 통해 성장하게 된다.

ER STEHT AUF DICH!

III. 네 가지 남자 유형, 두 가지 관점

남자에 대한 긍정적인 시선

지금까지 여자의 성격 유형에 대해 알아봤으니 이제는 남자 유형에 대해 알아볼 시간이다. 그러나 어떤 유형의 남자이건 간에 편견 없이 바라볼 필요가 있다. 많은 여자들이 어떤 남자 유형을 잠재적인 파트너 대상에서조차 배제시키는 경향이 있는데, 그것이 오히려 경우의 수를 축소시켜 연애를 어렵게 만든다. 예를 들어 직업적으로 성공을 거둔 여자들은 대개 자신의 파트너 대상을 일정한 틀에 국한시키는데, 이런 높은 문턱 때문에 오히려 일이 성사되지 않는다는 것이다. 성격에 대한 기준도 마찬가지이다. 특정한 성격 유형을 배제하지 말고 그저 당신의 심장이 들려주는 소리에 따르는 것이 좋다. 심장은 언제나 가장 좋은 조언자다. 만약 두 사람의 심장이 모두 '예스'라는 신호를 보내기만 한다면 어떤 조건이든, 어떤 성격 유형이든 상관없다. 사랑에 빠지는 건 영원히 불가사의한 일이다.

하지만 이 책에서는 상호 보완적인 관계에 있는 유형들 간의 특별한 끌림에 대해 다루어보고자 한다. 이런 끌림의 좋은 점은 대부분 상호작용이 이루어진다는 것이다. 당신에게 매력을 느끼는 남자에게 당신도 매력을 느낀다. 마치 동화 속 얘기처럼 들리지만 실제로 그렇게 작용할 수 있다.

사랑의 케이크를 아름답게 완성하고 훌륭한 맛까지 더하기 위해서는 두 가지 중요한 첨가물이 필요하다. 첫 번째 첨가물에 대해서는 이미 자세히 다뤘다. 그것은 바로 자기 자신을 향한 긍정적인 시선이다.

그렇다면 두 번째 첨가물은 무엇일까? 이것은 사실 갖기 쉽지 않고, 기존에 나와 있는 연애 지침서에도 나와 있지 않은 것이다. 그것은 바로 '남자를 향한 긍정적인 시선'이다. 이것은 사랑을 하고 사랑을 받기 위해서는 필수 불가결한 요소이다. 남자가 어떤 유형에 속하든 어쨌거나 장점과 단점을 골고루 갖고 있다.

일반적으로 남자라는 종에 대한 평판이 좋지 않은 것은 여러 가지 이유가 있지만 이 책에서 거창하게 다루고 싶은 생각은 없다. 어쨌든 여자들뿐만 아니라 남자들조차도 여성이 더 진보한 인간이라고 생각하는 것은 사실이다. 남성이라는 종은 같은 남자들에게조차 이미지가 좋지 않은 것이다. 나 역시 그렇게 생각한다. 내 생각에도 여자들이 남자들보다 어쩐지 더 낫고 흥미로우며 무엇보다 더 사랑스럽다. 게다가 나는 이성애를 지향하는 남자다. 그러니 어찌 여자들이 더 사랑스럽지 않겠는가. 그런데 나는 싱글인 여자들이 그토록 남자를 갈구하면서도 다른 한편으로는 남자들에 대해서 어떻게 그렇게 부정적인 이야기만 늘어놓는지 그것 역시 이해할 수가 없다.

네 가지 남자 유형

자, 이제 남자 유형의 특징을 살펴보자. 나를 찾아오는 여자 환자들이 그들의 잠재적인 파트너, 현재 파트너 또는 옛 파트너 그리고 일상에서 만나게 되는 여러 남자들에 대해 들려준 얘기 덕분에 내용이 풍부해졌다. 당신이 살면서 한두 번쯤은 이런 유형의 남자들을 만나봤을 것이다.

35페이지에 등장하는 성격 유형 사각형을 살펴보면 다음과 같은 것을 알 수 있다. 부정적인 묘사는 각각 모서리 쪽에 위치하고 있어서 다른 유형을 통해 상쇄되지 않는다. 하지만 균형을 맞추기 위해 나는 동일한 유형에 대해 다시 한 번 긍정적인 측면에서

서술했다. 이때 그림에서 살펴보면 비교적 중심에 근접한다.

하지만 여기서 잊지 말아야 할 중요한 사실이 있다. 각 유형마다 강하게 나타나는 특성이 있고 약하게 나타나는 특성이 있다는 것이다. 그리고 대부분의 사람들은 혼합 유형, 즉 여러 가지 유형들이 결합되어 하나의 성격 유형에 많이 치우치기도 하고 적게 치우치기도 한다.

◤ 거리를 두는 남자

우선 거리를 두는 성격 유형부터 살펴보자. 프리츠 리만에 따르면 이 유형에 속하는 사람들이 가지고 있는 근본적인 불안은 자기 헌신에 대한 불안이다. 이들은 친밀한 관계를 좋아하지 않는다. 다른 사람들과 함께 있는 것 특히 여러 사람과 함께 있는 자리를 피한다. 이런 유형의 남성들에게 여성들의 감정이란 커다란 수수께끼이며 불안을 야기하지만 동시에 매혹적인 것이기도 하다. 이 유형의 남성이 흔히 말하는 '전형적인 남자' 스타일이다. 병리학적으로 더 파고들어가 보면 자폐증 증세와도 연결되는데, 이 특징 때문에 이 유형 남성은 전형적이고 부정적인 남자 스타일로 종종 언급된다.

접근하기 힘든 그 남자

사람들을 꺼리는 별종들이 있다. 그러나 그는 이 문제에 대해 누구하고도 말하고 싶어 하지 않거나 말을 할 수가 없다. 누군가에게 얽매이게 될까 봐 불안한 그는 차가운 분위기로 속마음을 표현한다. 그는 번번이 혼자만의 동굴로 들어가고 거기서 여자들이 전혀 이해하지 못하거나 필요로 하지도 않는 이상한 최첨단 물건들을 만지작거린다. 그는 자신의 감정 세계조차 달나라보다 더 낯설다고 느낀다. 그리고 관계에 관한 대화를 끔찍이 싫어한다. 그래도 어쩔 수 없이 그런 대화를 해야 할 경우에는 쓸데없이 장황한 이론이나 궤변을 늘어놓기도 한다.

반면에 침묵 역시 그들이 가장 좋아하는 덕목 중 하나인데, 그와 사귀는 여자는 마치 자신이 학문적인 실험 대상이 된 듯한 느낌을 받는다. 대상의 증세는 스킨십 부족과 애정 결핍으로 나타난다. 이 대상은 흥미로운 시선을 받기는 하지만 절대 사랑스러운 시선을 받을 수는 없다.

이 유형의 남성은 기둥 위에 사는 인도 구루(guru), 1인 금성 탐사대, 상형문자로 쓰인 감정적인 표현을 해독하는 새로운 소프트웨어 개발자 등에 적격이다.

이들이 구사하는 유일한 유머는 신랄한 조소로서 다른 사람들의 감정을 비웃는다. 그리고 섹스에 대한 언급은 아예 꺼내고 싶어 하지도 않는다. 그는 섹스가 아주 형편없거나 아예 섹스를 하지 않기 때문이다. 만약 이런 유의 남자에게 넘어가지 않는 여자라면 이와 비슷한 표현을 사용할 것이다. 하지만 이 유형의 남자를 아예 다른 시각으로 바라볼 수도 있다.

열어보고 싶은 블랙박스

그는 당당하고 자율적인 분위기를 발산한다. 그는 첫눈에는 폐쇄적이고 내향적으로 보이지만 상당히 재치 있고 창의적이기도 하다. 그는 다가가기 어렵고 비밀스러운 이미지를 풍기며 남자다워 보이고 실제로도 그렇다. 그는 여자들의 시선, 여자들의 속삭임 그리고 여자들의 음모 따위에는 아랑곳하지 않는다. 다른 사람들이 눈물을 흘리는 상황에서도 이들은 거리를 두고 냉정함을 잃지 않는다. 그는 열어보고 싶고 해독하고 싶은 마음이 들게 하는 일종의 블랙박스 같은 존재다. 그는 대다수 사람들의 인정이나 칭찬 또는 박수갈채를 필요로 하지 않으며 그런 것을 경멸하기까지 한다.

그는 자신의 소망과 욕구를 분명하게 알고 있으며 때로 그것이 현실이란 벽에 부딪친다 할지라도 반드시 관철시킨다. 그는 예리하게 자기주장을 펼치며 모든 비판들을 심사숙고해서 받아들인다. 그는 성실하고 진실하다. 자신만의 독특한 생각과 아이디어를 갖고 있으며 자신의 개성을 펼칠 수 있는 용기가 있다. 워낙 확실하게 선을 긋기 때문에 그와 함께 있으면 어떻게 처신해야 하는지 잘 알 수 있다.

가까이 다가가기 힘들어 보이는 그의 외형적인 모습 이면에는 높은 감수성과 상처 받기 쉬운 예민함이 숨어 있다. 이러한 섬세함과 관조할 수 있는 능력이 있기 때문에 겉으로는 침착하고 자신감 있게 행동할 수 있는 것이다. 그는 자기 자신에게도 필요한 자유를 파트너에게도 허락한다. 성생활 면에서는 상대방 여자의 헌신적인 능력을 즐기고 그녀의 표현력과 솔직함에 감탄한다. 그는 침대에서 여자가 자신의 의지대로 욕망을 펼칠 수 있도록 여지를 준다. 이런 남자들은 종이 위에만 존재하는 것이 아니라 실제로 아주 생생한 상태로 지구 어딘가를 돌아다니고 있다.

친밀함을 추구하는 남자

이제 거리를 두는 유형과는 상반되지만 서로 보완관계인 친밀함을 추구하는 유형을 살펴보자. 프리츠 리만에 따르면 이들이 느끼는 근본적인 불안 역시 거리를 두는 유형과 보완관계이다. 즉 자기 헌신에 대한 불안이 아니라 자신이 됨(자기화)에 대한 불안이다. 이 유형의 남자는 자기 자신을 회피하기 위해서 자신이 주위를 맴돌 수 있는 누군가가 필요하다. 이것은 “나는 어떻게 지내고 있지?” 같은 질문을 하지 않기 위한 것이다. 이들은 자기 자신보다는 상대방에게 집중하기 때문에 "너는 어떻게 지내?"라는 질문을 즐긴다. 주로 남을 돕기 좋아하고 보살펴주고 자기를 희생하는 사람들이 이 성격 유형에 속한다. 전통적인 의미에서 보자면 남자답지는 않지만 부드러운 남자가 대세인 현대에는 환영받고 있다. 하지만 이런 남자들에게 장점을 찾지 못하는 여자들은 남자답지 못하고 별 볼 일 없다며 다음과 같은 불만을 늘어놓는다.

이런 남자들은 어떤 일을 할 때 용기가 없고 겁이 많은데다가 비겁하다. '겁쟁이' 정도는 이들에게는 칭찬이며 새가슴, 소심쟁이 그리고 여자 대변자라는 말은 오히려 긍정적인 표현이다. 누군가 자신이 앉아 있는 벤치에 앉으면 그는 일어나 울먹이며 항의하면서 그곳에서 멀어진다. 소심함과 의기소침함의 극치인 그의 주된 감정은 염세주의, 우울 그리고 무력함 사이이다. 그래서 이들에게 약간의 동정심이나 모성애를 느낄 수도 있겠지만 이런 감정들은 그의 견디기 힘든 나태함과 짜증을 불러일으키는 심한 엄살에 이내 묻혀버리고 만다.

그는 그 어떤 멍청한 권위에도 비굴하게 굴복하고 자신을 희생자로 만들어버리기 때문에 실패한 천재라든가 실패한 혁명가로도 등극할 수 없는 것이다.

시도 때도 없이 위로받고 싶어 하는 성향 때문에 동정심을 불러일으키기보다는 오히려 공격성을 불러일으킨다. 아주 작은 통증에도 마치 갓난아이라도 된 듯 행동하면서 헌신과 보살핌을 요구한다. 또한 만성적인 열등감에 빠져 있기 때문에 지속적으로 동기부여를 해줘야 한다. 그는 무슨 일을 시작하기도 전에 이내 체념하고 만다.

처음에는 수줍어하는 태도가 매력적이고 호감이 갔을지라도 이는 곧 수동적이고 소심하고 겁 많은 성격의 표현이었다는 것을 알게 된다. 그는 잠자리에서도 죄책감을 느낀다. 그가 "나 어땠어?"라고 질문하는 것은 칭찬받기 위해서가 아니라 섹스에 자신이 없기 때문에 위로받고 싶은 것이다.

그래서 80년대에 나름 인정받았던 '소프티softie, 전통적인 남성의 역할을 벗어던지고 여성적인 면을 갖고 있는 남성을 이르는 말-옮긴이'들이 다시 많은 여자들의 관심 영역에서 사라져버린 것도 놀랄 일이 아니다. 그럼에도 불구하고 이 유형의 남자들에게는 오늘날 여자들이 자신들의 파트너에게 바라는 바로 그 특성들이 있다. 그는 비록 휴가지에서 만나 뜨거운 밤을 함께 보낼 수 있는 라틴 러버는 아니지만 앞으로 태어날 아이들에게 좋은 아빠가 되어주고 가정과 가족을 잘 보살필 수 있다. 남성성을 잃지 않으면서도 여성적인 특징들을 보여줄 수 있는 사람들이 바로 이 유형의 남자들이다.

감정이입을 잘 하고 이해심이 많다

이 남자는 마음이 따뜻하고 진정한 공감을 해준다. 그는 온화하고 믿음직스러워 보인다. 부드러운 말투와 따뜻한 손길 덕분에 곧바로 든든한 마음이 들게 만든다. 여자들이 진짜 자신의 감정에 대해 이야기할 수 있는 상대가 바로 이 남자인 것이다.

그는 조심스럽고 신중하게 상대방에게 접근하며 친밀함을 잘 견딜 수 있다. 겸손한 태도에서는 호의와 배려가 우러나온다. 그는 끊임없이 자기 자신에 대해 얘기하며 자랑삼아 무용담을 늘어놓는 부류와는 다르다. 오히려 그 반대이다. 그는 너그럽게 모든 얘기들을 잘 들어주고 친절한 조언을 해줄 뿐이다. 그는 진심으로 상대방에게 관심을 갖고 있다는 뿌듯한 기분을 전달한다.

그는 아주 작은 농담에도 맘껏 웃어주고 자신이 자제해야 할 때를 안다. 불편한 얘기를 언급하거나 불필요한 긴장감을 형성하지 않는 뛰어난 감각을 갖고 있다. 그는 파트너와의 관계에서 조화와 평화를 원하지만, 감정적인 부담도 견뎌낼 수 있다. 그는 요구하지 않고 고마워한다. 호통치지 않고 관대하다. 자기부터 생각하지 않고 늘 다른 사람부터 생각한다. 그는 충실한 동반자이며 언제 어느 때나 도와줄 준비가 되어 있는 남자다.

부드럽고 이해심이 많다는 것은 그의 가장 큰 장점이다. 과장된 행동을 하거나 다른 남자들처럼 거드름을 피우지 않는다. 그는 한없이 부드럽고 파트너의 성적 욕망에도 잘 따라줄 뿐 아니라 욕구가 채워질 때까지 헌신적인 태도를 보인다. 그러니 여성 여러분, 이보다 더 좋은 남자가 있겠습니까? 뭘 더 바라십니까? 그런데 나는 여성들의 대답을 알고 있다. 아마도 그녀들은 이 남자가 조금만 더 강단 있고 추진력이 있고 세속적인 성공을 거두면 좋을 거라 생각할 것이다. 하지만 만약 당신이 거리를 두는 유형이라면 이 남자가 아마도 당신에게 가장 맞는 이상형일 것이다. 스스로 만들어놓은 울타리 안에 갇혀 고립 상태에 빠져버린 당신을 구제해줄 수 있는 사람이 바로 이 남자 유형이다.

◣ 질서와 통제를 중시하는 남자

이제 또 다른 보완관계에 있는 유형들을 살펴보자. 경계를 허무는 유형과 질서와 통제를 중시하는 유형이다. 프리츠 리만에 따르면 전자가 현재 상태 유지에 대해 불안을 느끼는 반면 후자는 정반대로 변화에 불안을 느낀다. 전자는 늘 삶에서 변화와 새로운 것을 원하는 반면에 후자는 지속성, 예측 가능성 그리고 통제를 원한다.

우선 질서와 통제를 중시하는 남자 유형부터 살펴보자.

거리를 두는 유형의 남자들 외에 전형적인 남자의 특징을 보이는 이들이 바로 질서와 통제를 중시하는 남자 유형이다. 그는 모든 것을 파악하고 있고, 모든 것을 정확하게 계획하고, 진행 과정을 통제하고 안전을 추구한다. 그렇지만 창의성과 즉흥성은 부족하다. 앞선 사례와 마찬가지로 일단 극단적으로 부정적인 묘사부터 살펴보자.

그는 정확하고 주도면밀하다. 모든 여행, 모든 계획 그리고 함께하는 모든 식사에 들어가는 비용까지 여자 친구가 정확하게 절반을 부담하길 바란다. 모든 감정적인 가치들은 물질적인 가치로 환산된다. 그는 절대 돈을 더 내는 법이 없고 물질적으로나 감정적으로나 결코 관대하지 않다.

그는 장롱에 열쇠가 비스듬히 꽂혀 있거나 침대 밑에 먼지가 조금만 있어도 불쾌감을 느낀다. '물걸레질'은 그가 가장 좋아하는 활동 중 하나다. 그는 무슨 일이 있어도 원칙을 지키는 것을 철칙으로 삼는다.

그의 편협한 깐깐함은 탈레반의 광신주의에 가깝고, 그의 완고한 형식주의는 이성적인 사람들을 절망하게 만든다. 그의 세계에서 감정은 통제되어야 한다. 자신의 감정뿐만 아니라 여자 친구의 감정까지도. 매일 밤낮으로 무엇이든 정확하게 예측 가능하고 동일하게 진행해야만 한다. 그 외의 모든 것들은 불안을 야기하고 그 불안은 공격성과 트집 잡기로 발산된다.

질서와 통제를 중시하는 유형은 관료적인 권력과 지위를 차지하려고 노력하며 자신에게 의존하고 있는 사람들은 권위로 누른다. 마음 같아서는 모든 타인들과 모든 일들을 자신의 고집스러운 원칙의 세계 속에 예속시키고 싶어 한다.

그는 주변의 개별적인 사람뿐 아니라 인간 자체에 대해서도 불신을 갖고 있다. 그에게 가장 중요한 것은 규칙이다. 그 때문에 그의 여자 친구는 사귄 지 얼마 지나지 않아 방해꾼으로 등극한다. 그는 획일적인 방식으로 여자 친구를 틀에 가두려고 한다. 그는 자신이 스스로 선택한 편협한 틀에 자신을 정확히 끼워 맞추려고 애쓴다. 성생활에서도 항상 일정한 도식을 따르며 새로운 변화는 시도조차 하지 않는다. 잠자리의 횟수나 시기, 체위, 오르가슴의 빈도 등에 대해서 통계를 내기도 한다.

이런 남자와 사귀는 여자는 동정의 대상이 되어버린다. 하지만 놀랍게도 경계를 허무는 유형에 속하는 여자는 이런 남자에게 끌린다. 이 남자는 경계를 허무는 여성이 필요로 하는 깊이 있는 사고와 안정감, 인내심을 갖고 있기 때문이다.

체계적이고 믿음직스럽다

이 남자는 그야말로 믿음직스럽다. 보수적인 기본 성향 때문에 견실하고 변치 않는 이미지를 풍긴다. 여자는 이 남자 옆에 있으면 심적으로 든든하며 보호받고 있다는 느낌을 받는다. 그는 마치 과거는 익숙하고 미래는 얼마든지 감당할 수 있는 사람처럼 보인다. 그는 앞으로 일어날 일에 대한 확고한 생각을 갖고 있으며 미리 철저한 계획을 세운다.

성실함과 인내심 덕분에 질서와 통제를 중시하는 남자는 직업 상 좋은 직위에 오르는 경우가 많으며 동료들로부터도 부지런하고 정직하고 신뢰할 만한 직원이라는 평가를 받는다. 그는 삶을 현실적인 눈으로 바라본다. 그는 정의에 대한 탁월한 감각을 갖고 있으며 매일, 매주 이어지는 일상이 예측 가능한 규칙성에 따라 진행되는 것을 좋아한다. 대화뿐 아니라 논쟁을 할 때에도 그는 객관적인 주장을 펼치려고 노력하며 다툼이 벌어지는 경우에도 자제력을 잃지 않는다. 문제가 있을 경우 단호하고 목표 지향적으로 접근하며 인내와 감탄할 만한 노력 덕분에 대부분 좋은 결과에 도달하게 된다.

안전과 질서는 이런 유형의 남자가 언제든지 옹호할 준비가 되어 있는 가치들이다. 그는 오래된 전통을 가꾸고 유지하는 것을 좋아한다. 남녀 관계에서도 성실하고 정직하고 반듯한 태도를 보인다. 성생활에서도 아주 세심한 배려를 하는 사람이다. 그는 천성이 목표 지향적이라 남들이라면 빨리 포기할 관계도 쉽게 포기하지 않는다.

많은 여자들이 바로 이런 남자를 꿈꾼다. 그는 마치 1950년대에 성행하던 미국 드라마에서 뛰쳐나온 인물 같다. 마치 〈내 사랑 지니(원제 : I dream of Jeannie)〉에 등장하는 우주 비행사 토니 넬슨(래리 해그먼이 아주 훌륭하게 연기했다) 또는 〈보난자〉에 등장하는 현명하고 도덕적인 아버지 벤 카트라이트 같은 사람인 것이다.

또 거리를 두는 성향 대신 질서와 통제를 중시하는 성향이 드러나기 시작하는 〈섹스 앤 더 시티〉의 미스터 빅 같은 캐릭터를 예로 들 수 있다. 오늘날 대기업의 임원진을 차지하고 있는 대부분의 남성들은 질서와 통제를 중시하는 유형이다. 만약 여자인 당신이 그런 자리에 오르고 싶은 야망이 있는 것이 아니라면 이런 남자에게 적개심을 가질 게 아니라 오히려 좋은 남편감 후보중 하나라 여기면 될 일이다.

▌ 경계를 허무는 남자

마지막으로 경계를 허무는 남자 유형을 살펴보자. 이런 예술가 유형의 남자는 대개 호감형인 만큼 재미있고 유쾌한 성격이다. 그는 가볍고 활기찬 이미지를 풍긴다. 하지만 이런 남자들 역시 여자를 절망에 빠트릴 수 있는 위험을 안고 있다.

'손에 넣기는 쉽지만 곁에 오래 두기는 힘들다.'

이 유형의 남자들을 부정적으로 평가할 때 하는 그나마 가장 악의 없는 무난한 표현이다. 그는 여자에게 저돌적으로 접근해서 차지하고, 하늘에 있는 별도 따다 줄 것처럼 행동했으며 청혼을 한다. 그런데 어느 순간, 땅으로 꺼져버린 듯 사라져버린다. 그는 그녀의 전화번호를 잃어버리거나 잊어버린 것일까? 아니면 다른 여자의 휴대전화 번호와 맞바꾸거나 계좌번호와 헷갈린 것일까? 그는 억만장자의 아들이나 지체 높은 스페인 귀족 혹은 러시아 신흥 재벌이 아닐지도 모른다. 아니면 설마 진짜? 당신은 그에 대해 아는 것이 없고 뭐가 뭔지 어리둥절하다.

말만 앞서는 이 남자가 당신의 눈을 멀게 했고 거짓말을 밥 먹듯이 하고 결국 배신한 것이다. 그는 당신이 그토록 원하던 환상 속에 빠질 수 있게 해준 사람이다. 하지만 현실에 눈뜨면 당신은 그의 사기 행각과 끝도 없는 나르시시즘을 알아차리게 된다. 그는 이 모든 것을 당신을 위해서가 아니라 자기 자신을 위해서 한다. 그는 자기가 연출한 연극의 가장 좋은 관객이었던 셈이다. 하지만 유감스럽게도 당신 역시 열광하며 박수갈채를 보냈다.

만약 당신이 경계를 허무는 남자와 지속적인 관계를 맺고 유지하고 있다면 아무리 무서운 청룡열차도 그의 감정 기복에 비하면 지루한 시골길일 뿐이라는 걸 짐작할 것이다. 당신은 그의 변덕에 놀아나는 노리갯감이 된다. 뭔가가 한 번 좋았다고 해서 그것을 그 남자와 또다시 할 생각은 애당초 접어두시라. 그는 모든 반복을 증오하고 고착되는 것을 견딜 수 없어 하는데 특히나 자신의 감정에 관한 것이라면 더욱 그렇다. 그가 오늘 내린 결정은 내일이면 보잘것없는 것이 되어버린다. 오늘 하는 맹세는 내일이면 벌써 잊어버리고 만다. 이런 유형의 사람들에게 지속되리라 기대할 수 있는 유일한 것은 그의 무책임함이다. 그런 무책임함 때문에 당신은 처음에는 분노를 느끼고 그다음에는 미쳐버릴 것 같은 상태가 되고 결국에는 절망과 체념을 하게 된다.

당신은 그의 목을 졸라버리고 싶은 마음이 들기 직전에 떠나기로 결심한다. 그리고 바로 그 순간 당신은 그가 다른 여자와 애정 행각을 벌이는 모습을 목격하게 된다. 그런데 그는 당신을 다시 돌아오게 만들려고 꾸민 짓이라며 무릎을 꿇고 눈물을 흘리며 매달린다. 그리고 당신은 그의 말을 믿어준다! 이 남자는 자신이 깰 수 있는 모든 규칙들을 좋아하고, 자신의 경솔함을 부각하기 위해 위험에 처하기를 좋아하며, 자신의 기이한 행동이 더 잘 드러날 수 있도록 익숙한 것을 찾는다. 그는 사랑하는 것을 사랑하지만 당신을 사랑하는 것은 아니다. 이런 사랑의 환상 속에서 그는 침대에서 당신에게 좋은 시간을 선사할 수 있다. 다만 다음 날 아침 잠에서 깼을 때 당신이 그에게 어떤 존재였는지 깨닫게 되었을 때 느끼게 되는 감정의 숙취가 끔찍할 뿐이다. 당신은 그 남자의 자기애의 대상으로서 언제든지 대체 가능한 존재였던 것이다.

당신도 이런 남자를 사귀어본 적이 있는가? 만약 당신이 이 남자로부터 제때 벗어나는 데 성공했다면 당신은 어쩌면 그 남자에 대한 좋은 기억을 간직하고 있을지도 모른다. 그렇지 않다면 좋은 기억을 갖고 있을 리 만무하다. 하지만 질서와 통제를 중시하는 유형의 여자라면 이런 남자가 잘 맞을 수도 있다. 물론 그 남자가 자신의 장점들만 드러낼 수 있다면 말이다. 그는 통제와 질서에 속박되어 있는 여자를 구제할 수 있는 방법을 알고 있다. 절대적인 생각만 하는 여자에게 그는 상대적인 것을 상기시킬 수 있다. 이것이 그녀에게 도움이 되는 것은 물론이다.

유쾌하고 모험을 즐긴다

한 가지 사실만은 분명하다. 이런 남자와 함께 있으면 절대 지루하거나 심심할 틈이 없다. 그는 그야말로 아이디어가 철철 넘치는 사람이다. 그는 삶을 만끽하며 자신의 기분에 따라 삶을 변화무쌍하게 만든다. 현실 그대로인 것은 아무것도 없고 그가 보여주는 대로 보일 뿐이다. 당신이 현기증을 느끼며 그에게 완전히 넘어갈 때까지 그는 이런 식으로 계속한다.

당신은 경계를 허무는 유형에 속하는 남자와 함께 있으면 배꼽을 잡고 웃을 수 있으며 그 어느 때보다도 젊음과 활력을 느낄 수 있다. 그는 지극히 평범한 소풍이나 대수롭지 않은 사건도 작은 모험으로 만들어버릴 수 있으며 뭔가 특별하고 새로운 것을 만들어내는 재주가 있다. 당신은 그의 즉흥성에 전염되며 그의 유머에 마음을 빼앗기고 그의 유창한 말솜씨에 혼을 쏙 빼놓는다. 처음에는 헷갈린다. 그가 진심에서 이러는 것일까 아닐까? 그러다가 당신은 내막을 알게 된다. 모든 것이 삶이라는 커다란 무대 위에서 펼쳐지는 유희라는 사실을 말이다. 그는 재미있고 유쾌하게 또한 자신의 재능을 맘껏 펼치며 그 유희를 즐긴다.

곁에서 그런 남자를 지켜보는 것은 상당히 즐겁다. 활력이 넘치는 그는 당신을 무대 위로 끌어올리고 당신 역시 그의 유쾌한 무대 위에서 스포트라이트를 받으며 유희에 동참하게 된다. 그는 당신이 마치 유명한 할리우드 스타인 것처럼 느끼게 해주고, 당신은 그의 매력에서 벗어날 수 없다. 그가 활기차고 낙관적으로 춤추듯 삶을 즐기는 모습에 당신은 매료된다. 그는 돈이 끝없이 많은 듯 보이고, 그 돈은 단 한 가지 목적, 즉 당신을 위한 것처럼 보인다. 그의 통 큰 씀씀이, 모든 이들에게 열린 마음으로 다가가는 모습에 당신은 바로 무장해제 되어버린다. 그는 뭔가 잘 풀리지 않는 일이 있으면 즉흥적으로 해결책을 모색하고, 무엇인가 분명하지 않을수록 호기심을 발동시킨다. 그리고 누군가 뻔뻔한 짓을 하면 재치 있게 반격한다. 경계를 허무는 유형의 남자는 늘 흥미진진한 프로젝트를 진행 중이라 당신에게 열정적으로 그 이야기를 들려준다.

당신의 친구들은 모두 그에게 매혹된다. 사교성이 좋고 유쾌하기 때문에 그는 단 몇 분 만에 당신을 웃게 만든다. 사랑할 때와 마찬가지로 섹스를 할 때에도 이 남자는 즐겁고 즉흥적인 것을 즐긴다. 여기서도 당신은 절대 지루할 틈이 없다. 그는 제아무리 비관습적인 것이라 할지라도 모든 실험에 개방적이다.

〈섹스 앤 더 시티〉에서 질서와 통제를 중시하는 미란다의 남자 친구인 바텐더 스티브가 이 유형이다. 두 사람은 결국 시리즈가 끝날 무렵 다시 함께하게 된다. 1964년에 앤서니 퀸이 주연하고 미키스 테오도라키스가 작곡한 음악이 쓰이는 〈희랍인 조르바 (원제: Alexis Zorbas)〉라는 영화가 있다. 조르바 역시 이 유형이다. 이 아름다운 영화에서 그는 크레타에서 젊은 영국 귀족을 만나게 되는데 그는 젊은 귀족에게 삶과 사랑 그리고 여자들에 대해 가르쳐준다. 그 영국인은 물론 그와는 정반대 성격 유형이다. 영국인은 질서와 통제를 중시하는 유형이며 세상물정에 어두운 책벌레이지만 돈이 많고 영향력이 있는 사람이다. 여러 사건을 통해 두 사람은 서로를 알아가며 호감을 느낀다. 물론 그 당시 남자들이 그랬듯이 어디까지나 플라토닉한 우정에 대한 이야기이다. 결말에 모든 것이 제대로 해결되지 않지만 관객들은 즐거운 기분으로 극장 문을 나설 수 있다. 이 영화는 경계를 허무는 유형과 질서와 통제를 중시하는 유형이 만났을 때 어떤 긍정적인 힘을 발휘하는지를 잘 보여준다. 나는 여러 차례 나의 내담자들에게 이 영화를 보라는 '숙제'를 내주었다. 특히 지나치게 질서와 통제를 중시하는 유형에게 이 영화는 치료제 역할을 해줄 수 있다.

타인상이 자아상을 규정한다

어떤 유형에 대한 긍정적인 묘사와 부정적인 묘사는 아주 상반되게 보여도 서로 밀접하게 관련되어 있다. 어떤 한 가지 특성을 뚜렷하게 갖고 있는 사람도 다른 방향의 성격으로 바뀔 수 있다. 또 그 특성에 해당되는 장점이 부각될 수도 있지만 단점이 행동의 많은 부분을 지배할 수도 있다. 어떤 사람의 성격이 특정한 방향으로 발전하는 데는 여러 가지 요인이 있다. 그중에서 간과할 수 없는 요인은 바로 타인이 그 사람을 바라보는 시선, 즉 타인상이다. 특히 여자들이 그 남자를 인지하는 방식이다.

이런 현상의 효과는 누구나 알고 있다. 나를 좋게 생각하는 사람 앞에서는 그 좋은 이미지에 상응하기 위해 노력한다. 자동적으로 그렇게 되는 법이다. 이런 감정의 메커니즘은 이미 학교에서 경험해봤을 것이다. 나를 좋게 생각하고 인정해주는 선생님 앞에서는 특별히 더 열심히 노력하게 마련이다. 물론 그 반대도 마찬가지이다. 어차피 나를 인정하지 않고 무시하는 선생님의 수업은 열심히 듣고 싶은 생각이 없어진다. 프랜시스 호지슨 버넷의 동명 소설을 영화화하고 앨릭 기니스가 주연한 〈소공자〉라는 영화가 있다. 이 영화는 매년 크리스마스 무렵에 방영되며 어른과 아이들의 마음을 따뜻하게 녹여준다. 늙은 백작은 까칠하고 동정이라고는 없는 캐릭터인데 손자가 자신을 매우 좋아하고 높이 평가하기 때문에 손자의 기대에 부응할 수밖에 없다. 그는 결국 자선을 베푸는 선량한 사람이 된다. 착한 손자의 긍정적인 타인상이 할아버지로 하여금 거기에 부응하도록 만드는 것이다.

장점이 강화되는 선순환

이런 현상은 어떤 관계에서나 나타나는데 남녀 관계에서도 마찬가지이다. 당신에게 적극적으로 다가오며 호감을 보이는 남자에게는 당신의 좋은 특성들을 편안하게 드러내 보일 수 있다. 이런 타인상은 당신의 자아상에도 영향을 미친다. 어떤 남자가 당신에게 호감을 느낀다는 것을 알아차리면 당신은 그 남자와 함께 있는 자리를 편안해하고 자기 자신을 좋아하게 되며 그럴수록 자아에 대해서도 호감도가 올라간다. 장점이 강화되는 선순환이 일어나는 것이다.

하지만 유감스럽게도 그 반대도 마찬가지이다. 누군가의 타인상이 부정적일수록 그에 상응하며 부정적인 면들이 강화된다. 그래서 다른 사람들이 자신에게 갖고 있는 부정적인 이미지에 상응하게 된다. 나는 오늘날 많은 남녀 관계에서 이렇듯 부정적인 인지의 악순환이 이루어지고 있다고 생각한다. 특히 여자가 남자에게 부정적인 이미지를 갖고 있는 경우가 압도적으로 많다. 이것은 남자들이 부정적인 자아상을 강화하는 데 영향을 미친다.

▋ 네 남자의 네 가지 인생 이야기

각 유형을 조금 더 생생한 현장을 통해 알아보기 위해 각기 다른 네 명의 남자를 소개하고자 한다. 이들은 각자 네 가지 유형을 대변한다. 이 사례를 통해 이 네 명의 남자들이 삶과 사랑을 대하는 기본적인 태도가 얼마나 판이하게 다른지를 알 수 있다. 물론 여기서 보여주는 것은 어떤 유형의 남자가 자신의 삶에서 보여줄 수 있는 수많은 가능성 중에서 단 한 가지 사례일 뿐이다.

거리를 두는 유형의 마르틴

마르틴은 키가 훤칠하고 짙은 색 머리카락에 운동으로 잘 단련된 몸매를 지닌 천부적인 탱고 댄서다. 그는 어느덧 마흔네 살이 되었고 혼자 살며 각기 다른 파트너 사이에서 낳은 아들 두 명이 있다. 한때 연극 연출가가 되고 싶었던 그는 대학에서 연극을 전공했지만 학업을 마치지는 못했고 여러 극단에서 다양한 일을 하면서 생활했다. 나름 잘나갈 때도 있었고 힘들 때도 있었다. 하지만 마르틴의 연출 방식은 별다른 호응을 얻지 못했다. 연극배우나 관객들이 보기에 너무 터무니없고 과장되고 어려웠다.

마르틴은 잘생긴 외모와 지적인 이미지 그리고 여전히 젊어 보이는 외모 덕분에 인기가 있었고 어떤 여자들에게는 자석같이 끌어당기는 마력을 발휘하기도 했다. 과묵하고 은둔적인 이미지 때문에 일터에서도 '미스터 신비주의'라는 별명을 얻을 정도였지만 어떤 여자들은 그의 이런 모습에 특별한 매력을 느꼈다. 여자들은 이 남자의 마음을 열어보고 싶었다. 그는 여자들에게 심오

하고 흥미롭고 매우 에로틱한 이미지를 풍겼다.

마르틴은 바로 그런 여자들 중 여러 명을 처음에는 행복하게 해주었다가 나중에는 불행하게 만들었다. 그의 두 아들을 낳은 두 여자를 포함해서. 첫 번째 여자는 그의 아이를 낳고 싶어 했고 그의 아이를 낳음으로써 그를 곁에 붙잡아둘 수 있을 거라 생각 했다. 하지만 잘되지 않았다. 그는 아들은 잘 돌보았지만 아들의 엄마인 아리안에게는 언제부터인가 더 이상 관심 갖지 않았다. 하지만 이제 그들은 패치워크 가족이 되어 나름 잘 살고 있었다. 아리안은 다른 남자와 함께 아이 두 명을 더 낳았고 마르틴은 그 아이들의 아빠와 친구가 되었다. 이들은 두 번이나 함께 여행을 갔다 오기도 했다. 여기에는 마르틴의 둘째 아들도 포함되었다.

하지만 둘째 아들의 엄마인 파울라는 함께 가지 않았다. 파울 라는 마르틴이 한집에 함께 살았던 유일한 여자였다. 하지만 일 부 여자들이 그렇듯이 언제부터인가 엄마처럼 굴고, 그의 삶에 개입하고 그에게 점점 더 간섭하는 것을 마르틴은 더 이상 견딜 수가 없었다. 파울라는 그를 매우 사랑했고 그냥 그와 더 친밀해 지고 싶었을 뿐이다. 하지만 그는 들볶이고 압박을 당한다고 느 꼈다. 마르틴 역시 파울라를 사랑했고 그녀에게 따뜻한 마음을 갖고 있었다. 두 사람의 관계에서 감정의 온도는 사실 잘 맞았다. 마르틴은 차가운 냉혈한이 절대 아니었다. 그렇지만 서로 거리가 맞지 않았다. 공간적인 거리(그럴 때면 혼자서 거실 소파 위에서 자곤 했다)가 맞지 않았고 무엇보다 감정적인 거리가 맞지 않았다.

마르틴이 자신에게 필요한 이런 거리를 요구하면 할수록 파울라는 더욱 불안하고 초조해졌다. 그럴수록 파울라는 사랑의 증거로 친밀함을 요구했다. 파울라의 감정, 기분 그리고 생활 감정 전부가 그녀를 대하는 마르틴의 태도에 따라 변했다. 마르틴은 그런 책임이 부담스러웠다. 그는 자신의 감정을 느끼고 추스르기 위해 숨 쉴 수 있는 자기만의 자유공간이 필요했다. 그러다가 마침내 파울라가 근거 없는 질투심에 불타올랐는데 이는 상당한 파괴력이 있었다. 이 때문에 마르틴은 가차 없이 파울라에게 이별을 통보했다. 파울라는 한없이 고통스러워했고 마르틴은 마침내 숨을 쉴 수 있게 되었다.

마르틴은 직업적으로 몇 차례 더 실패를 겪은 후 직업을 바꿔서 이후에는 중소기업에서 재정을 담당했다. 그의 몇 명 안 되는 오래된 친구들은 의아해했지만 전직 연극인이었던 그는 새로운 직업을 매우 마음에 들어 했다. 그는 회사에서 빠르게 승진하고 거주하고 있는 소도시에 정원이 딸린 집을 사서 혼자 살고 있다. 그의 큰아들은 거의 성인이 되었고 가끔 집에 놀러 오며 작은 아들은 정기적으로 격주 주말마다 만난다. 여자들과 여러 차례 가벼운 만남을 가지기도 하고 나이가 훨씬 더 어린 여자들도 만났다. 그러던 중 탱고 페스티벌에서 클라라를 만나게 되었다. 클라라는 키가 크고 아름다웠으며 마르틴과 비슷한 나이의 미성년자

딸과 함께 몇 백 킬로미터 떨어져 있는 구동독 지역에 살고 있었다. 클라라는 마르틴을 다루는 법을 제대로 알고 있었다. 클라라는 마르틴을 그냥 가만히 내버려두었다. 어떻게 내버려두는지는 그리 중요하지 않았다. 마르틴은 그녀의 초연함과 함께 그녀가 자신에게 보내는 신뢰감을 느낄 수 있었다. 바로 이것이 마르틴에게 필요한 것이었다. 그는 클라라를 보고 싶어 하고 그리워하며 격주 주말마다 그녀의 집으로 찾아가 유산으로 물려받은 낡은 농가를 개보수하는 작업을 도와주었다. 그러다가 마르틴이 오지 않을 경우 클라라는 자기가 마르틴이 있는 곳으로 가는 것이 좋겠는지 아니면 혼자 있고 싶어서 그러는지 물어볼 뿐이었다. 마침내 마르틴은 상대방에게 엄청난 상처를 입히거나 미안해할 필요 없이 자기감정에 대해 솔직하게 말할 수 있게 되었다.

클라라는 간호사였으며 필요에 따라 마르틴의 간호사가 되어주었다. 지금껏 이렇게 자신을 이해해주고 (엄마를 제외하고) 구속하지 않으면서도 친밀하게 느껴지는 여자는 없었다.

비록 짧은 전화 통화나 문자메시지만 오가더라도 마음이 찜찜한 것이 아니라 좋은 감정을 유지할 수 있었다.

마르틴은 클라라가 그녀의 딸, 마르틴 그리고 무엇보다 자기 자신을 잘 돌볼 수 있는 여자라고 생각했다. 그 점이 그녀를 강하게 만들었다. 감정적으로 완전히 독립했다고 보기는 그렇지만, 그녀는 파울라처럼 그렇게 의존적이지 않았다. 클라라는 마르틴이 필요로 하는 거리를 고통스럽지 않게 잘 견딜 수 있었다. 클라라는 실제로 두 사람이 비록 몇 백 킬로미터 떨어져 있고 전혀 다른 일을 하고 있어도 자신이 원하기만 하면 친밀함을 느낄 수 있다고 말하기도 했다. 마르틴은 클라라와 함께 살고 싶은지 어쩐지 스스로의 마음도 잘 알 수 없었다. 하지만 언젠가 어떤 여자와 함께 한집에 살게 된다면 그 여자는 바로 클라라라는 생각이 들었다.

친밀함을 추구하는 유형의 토르스텐

토르스텐은 단 한 번도 남들이 바람이라 부르는 행동을 한 적이 없었다. 그는 예전부터 여자들에게 인기가 많은 남자라기보다는 다른 남자 때문에 힘들어하는 여자들의 고민을 들어주는 좋은 친구였다. 토르스텐은 언제부터인가 '착하다'라든가 '마음씨가 좋다'라는 말이 듣기 싫고 지긋지긋했다. 하지만 그는 그런 사람이었다. 그렇지만 그런 특징 말고 다른 면도 많았다.

하지만 토르스텐의 다른 면들이 겉으로 드러나기까지는 상당히 오랜 시간이 걸렸다. 그는 지적이고 아주 활발한 기질을 가진 그의 첫사랑 크리스티아네를 많이 좋아했다. 토르스텐은 크리스티아네의 기질을 조금 부러워하고 닮고 싶었다. 크리스티아네는 토르스텐이 자신을 선망의 눈빛으로 쳐다보는 것을 즐겼으며 토르스텐이 차분하고 신중하게 말하고 행동하는 면을 높이 샀다.

두 사람은 2년을 사귀었지만 토르스텐의 사랑은 2년 반 동안 지속된 반면에 크리스티아네의 사랑은 2년도 채 지속되지 않았다. 그 사이에는 모호한 회색지대 같은 시간이 존재했고, 그 기간 동안 토르스텐은 여전히 그녀와 사귀고 있다고 생각한 반면에 크리스티아네는 이미 그와 헤어졌다고 느끼고 있었다.

토르스텐은 20년 후 이런 상황을 다시 한 번 겪었다. 이번에는 훨씬 더 격렬하고 상처가 되는 힘든 경험이었다. 이번에는 그의 아내인 자비네와 함께했던 경험이었다. 토르스텐은 자연요법 치료사로 어느덧 자기 진료실을 열었고 전통 중국 의학 전문가로 통했다. 그는 가계소득의 많은 부분을 벌어들이는 착실한 가장이 되어 딸을 극진히 아꼈다. 그는 활발하고 예술적인 기질이 있고 아주 매력적인 아내를 늘 부러움과 감탄의 눈길로 쳐다보았다. 토르스텐의 병원은 잘 운영되고 있었고 자비네는 어린이집에서 파트타임 보육교사로 일하고 있었기 때문에 경제적인 걱정은 없었다.

토르스텐은 모든 사람들을 잘 돌보았지만 정작 자기 자신을 돌보지 못했다. 그는 체중이 늘었고 몸을 거의 움직이지 않았으며 정신적으로도 점점 더 지쳐갔다. 자비네는 수많은 강좌를 섭렵하며 도예, 미술, 노래와 춤을 배웠다. 그녀는 온갖 사람들을 만나고 알게 되었지만 정작 가장 중요한 사람인 남편에게는 점점 소홀해졌다.

그러다가 결국 올 것이 오고 말았다. 자비네는 누드스케치 강좌에서 이혼한 남자를 만났는데 사랑에 빠지고 말았다. 그 남자는 자아를 찾는 과정에서 자기 안에 있는 예술적인 기질을 발견한 사람이었다. 이 남자는 토르스텐처럼 자비네를 감탄 어린 눈길로 바라보지 않았고 지나치게 우러러보지도 않았으며 자기 자신을 낮추지도 않았다. 그는 같은 눈높이에서 자비네를 사랑했다. 그리고 자비네도 그를 점점 더 사랑하게 되었다. 그는 자비네에게 영감을 주고 날개를 달아주었다. 그녀는 이름을 바꾸고 새로운 직업적인 비전들을 품으며 활짝 피어올랐다. 그 남자가 토르스텐의 대안이 될 수도 있겠다는 생각에서 점점 더 발전해서 평생 함께하고 싶은 사랑이 되어버렸다. 자비네는 토르스텐의 삶을 쑥대밭으로 만들어놓았다. 낯선 남자가 그의 삶에 침투해서 그렇게 되었다는 것을 그는 처음에 알아차리지 못하다가 서서히 짐작을 하게 되었지만 결국 너무 뒤늦게 아픈 진실을 마주했다. 부부는 5년간 진흙탕 싸움과 장미전쟁을 벌였다. 연애편지가 발각되고 격렬한 싸움과 이별, 화해, 그리고 수천 유로에 이르는 변호사 비용, 분노, 증오, 슬픔 그리고 끝없이 많은 실망을 거듭한 후 자비네와 토르스텐은 결국 이혼했다. 자비네는 새로 찾은 사랑 곁으로 가기 위해 집을 떠났고 두 사람의 딸은 엄마 아빠의 집에서 번갈아가며 생활했다.

이후 토르스텐은 인터넷에서 파트너 구하기에 나섰는데 자신도 놀랄 정도로 많은 여자들이 그에게 관심을 보였다. 그는 시장 가치가 높은 모양이었다. 그는 자기도 모르게 저절로 자기가 원하던 모습을 갖추어갔다. 이는 외부적인 영향 즉 여자들 덕분이었다. 그는 자신이 남들에게 선망의 대상이 되는 것을 즐겼고 스스로도 변해가는 자신의 모습에 놀랐다. 그는 이제 여자들뿐만 아니라 자기 자신을 돌보기 시작했다. 그는 운동을 시작하고 다시 연극을 보러 다녔으며 살을 빼고 멋진 의상을 구입했다. 한동안은 아무 문제없이 여러 여자들을 만나며 즐거운 시간을 보냈다.

그러다가 바바라를 만나게 되었다. 바바라는 그가 여전히 선망하고 자신도 그렇게 되기를 원하는 바로 그런 여자였다. 활기가 넘치고 아주 매력적이며 매우 아름다웠으며 왠지 모르게 저돌적이었다.

간단히 말하자면 토르스텐은 바바라를 너무 지나치게 떠받들었다. 그가 그녀에게 보낸 연애편지의 횟수는(세 자리 수) 그녀가 그에게 보낸 편지 횟수(0)와 비교할 수 없었다. 바바라는 그에게 시시때때로 연락이 닿기를 바랐지만 그는 힘에 부쳤고, 그녀가 태워주는 감정의 청룡열차는 너무 견디기 힘들었다. 이로 인해 결국 토르스텐에게 건강한 변화가 일어났다. 그는 어느 순간부터 더 이상 바바라를 원하지 않게 되었다! 또다시 자비네와 같은 관계를 반복하고 싶지 않았기 때문이다.

이제 토르스텐은 다시 자신의 눈높이에 맞는 여자 친구를 찾았다. 그녀는 때로는 그가 원하지 않는 모습을 보여주기도 하고 그가 좋아하는 모습을 보여주기도 했다. 그는 그녀가 갖고 있는 그대로의 모습을 즐겼다. 그녀는 스스로 자기 자신을 돌볼 수 있으며, 자신만의 목표와 관심사가 분명했다. 자신이 무엇을 원하는지 알고 때로는 상당히 고집스러운 면을 보이기도 했다. 그녀는 지금까지 대부분 혼자 살아왔다. 토르스텐이 그녀의 위대한 첫사랑이었다. 이제는 토르스텐이 누군가 자신을 우러러보는 것을 견딜 차례였다.

질서와 통제를 중시하는 유형의 롤란트

롤란트의 아버지는 진정한 루저였다. 그는 직업적으로 실패만 거듭했고 한 번도 제대로 된 돈벌이를 한 적이 없었다. 롤란트가 열두 살 때 어머니는 결국 아버지와 이혼했다. 그는 오늘날까지도 그 영향을 받고 있다. 부모님이 이혼했다는 사실 때문이 아니었다. 학교에 다닐 때 친구들 중에서 그 무렵 부모님이 이혼하지 않고 함께 살았던 유일한 아이였기 때문에 이혼 자체는 별문제가 되지 않았다. 롤란트가 힘들었던 것은 어머니가 아버지와 헤어진 이유 때문이었다.

"네가 직업적으로 성공하지 않으면 여자들이 너한테서 다 도망가버릴 거야."

어머니는 이 메시지를 일상적으로 보냈고 이것은 롤란트의 머릿속에서 한시도 떠나지 않았다. 어머니와 재혼한 남자는 롤란트의 아버지와는 정반대였다. 그는 성공한 변호사였고 자신을 과시하고 자랑하기 좋아하는 스타일로 금빛 롤렉스시계를 뽐내곤 했다. 롤란트는 의붓아버지를 증오하는 동시에 우러러봤다. 롤란트는 절대로 자기 아버지와 같은 루저가 되고 싶지 않았다. 재수 없긴 하지만 차라리 의붓아버지처럼 성공하고 싶었다. 적어도 어머니가 그 사람 곁을 떠나지는 않았으니까.

롤란트는 학교에서 이를 악물고 공부에 전념했고 간신히 대학 입학자격시험을 통과한 후 법학을 전공했다. 롤란트는 키가 크고 호리호리한 금발 청년으로 성장했지만 처음에는 여자한테 전혀 관심이 없었다. 그의 목표는 오로지 돈을 많이 벌어 하얀 울타리가 있는 큰 집을 사는 것이었다. 물론 여기에는 아내와 아이도 포함되어 있었다. 그는 능력 있는 가장이 되어 가정을 잘 돌보고 가족들과 함께 영원히 사랑을 나누며 잘 살고 싶었다. 머릿속에 이런 거창한 꿈을 품다 보니 현실에 존재하는 여자들에 대해 생각할 수 있는 여지가 별로 없었다. 그래도 롤란트는 어찌어찌 여자친구를 사귈 수 있었다. 하지만 그는 무의식적으로 미래를 위해 아끼다 보니 베푸는 데 인색했다. 그는 절대 여자 친구에게 밥을 사주는 법이 없었고 한턱을 내는 경우도 없었다. 여자 동료들과 함께 식사를 할 때도 철저하게 더치페이를 했다.

롤란트는 대학에서 공부하면서 힘들어했다. 그는 모든 계획들

을 철저하게 세워놓았음에도 성공하지 못할지도 모른다는 불안
감이 수시로 엄습했다. 그는 언제 국가고시를 보고 언제 어디서
인턴으로 근무하고 그리고 서른다섯 살이 되었을 때쯤에는 어느
정도의 수입을 벌어들일지 꼼꼼하게 계획을 세워놓았다. 그나마
이런 철저한 계획이 버팀목이 되어주고 안정을 가져다주었다.

그는 처음 사랑에 빠진 여학생 율리아와는 거의 졸업할 때까지
함께했다. 그녀는 시골 출신으로 롤란트와 마찬가지로 법학을 전
공했고 편안하고 털털한 성격이었다. 율리아는 파티를 즐기고 정
기적으로 대마초를 피웠으며 술도 즐겨 마셨고 과음을 하는 경우
도 잦았다. 한마디로 롤란트와는 완전 정반대 성격이었다. 율리
아는 모든 일에 철두철미하지만 무미건조한 유머와 신랄한 아이
러니를 구사해서 그녀를 재밌게 해주는 잘생긴 금발 남자 롤란트
에게 흠뻑 빠져버렸다. 롤란트가 지나치게 구두쇠인 것도 처음에
는 거슬리기보다는 재미있다고 생각했다.

벌이가 좋은 아르바이트를 하고 있고 경제관념이 별로 없는 자
신이 그에게 자주 맛있는 것을 사주는 것도 나쁘지 않았다. 하지
만 롤란트가 아름다운 하얀 울타리가 있는 큰 집에 대한 자신의
꿈을 얘기하자 율리아는 내심 조금 놀랐다. 사실 그녀는 미래에
대해 구체적으로 생각해본 적이 없었다. 롤란트는 자신이 꿈꾸는
미래의 집에 점점 더 율리아의 모습과 아이 둘의 모습이 보인다
고 털어놓았다. 율리아는 그 말에 깊은 감동을 받고 내심 기분이

좋았다. 그녀는 그런 그에게 동정심을 느끼기 시작했다. 이 남자는 대체 어쩌다가 그녀가 상상할 수도 없는 불안감을 갖게 되었을까. 율리아는 그럴수록 그를 더욱 사랑하게 되었다. 그런데 그만 재앙이 일어나고 말았다. 롤란트가 1차 국가고시에서 떨어진 것이다. 율리아는 그를 위로하려고 했지만 롤란트는 이별을 고했다. 그는 마치 모든 것이 마비된 것 같은 느낌을 받았다. 그가 머릿속에 그리던 그림은 산산조각이 나버렸다. 집은 더 이상 존재하지 않았고 그렇기 때문에 율리아도 더 이상 있을 자리가 없었다. 롤란트는 심적인 압박을 견디기 힘들었다. 다만 겉으로 내색을 못할 뿐이었다. 머릿속에는 똑같은 생각만 무한 반복되어 제대로 된 행동도 할 수 없었고 다른 생각조차 할 수 없었다.

그는 계산하고 계획을 세우고 생각하고 계산하고 계획하고 생각했다. 그러나 공허함만 남을 뿐이었다. 이제 더 이상 붙잡을 수 있는 것이 없었다. 그를 붙잡고 싶어 했던 율리아는 더 이상 눈에 들어오지 않았다. 그녀는 그의 시야에서 사라져버렸다. 율리아는 몇 년 전 이미 전공을 바꿔서 이제는 커뮤니케이션학을 공부하고 있었다. 법학보다는 커뮤니케이션학이 적성에 잘 맞았다.

어느 정도 시간이 지나 마음을 추스른 롤란트는 여자 친구가 전공을 바꾼 것도 그가 실패한 이유 중 하나라고 생각했다. 율리아가 공부를 열심히 하지 않고, 시도 때도 없이 파티를 즐기고 계획도 없이 무절제한 생활을 했기 때문에 그가 나쁜 영향을 받았다는 생각이 들었다. 그는 율리아 때문에 자기 목표를 소홀히 하게 된 것이다!

롤란트는 완전히 새로운 리셋 상태, 새로운 시작을 원했다. 그는 율리아와 헤어졌을 뿐만 아니라 친구들, 대학 동창들과도 연락을 다 끊어버렸다. 1년 동안 열심히 공부에만 몰두해서 두 번째 시도에서는 반드시 성공할 거라 다짐했던 것이다.

그러나 몇 주가 지난 후 그는 율리아 없이는 더 이상 견딜 수가 없었다. 그는 율리아에게 대화를 청한 후 일주일에 한 번씩 월요일 저녁에 만나자고 제안했다. 그는 다시 율리아와 사귀고 싶은 생각은 없었지만 가끔 얼굴은 보고 싶었다. 그는 율리아의 의사를 물었다. 율리아는 처음에는 어이가 없어 말문이 막혔다. 하지만 결국 동의했다. 약속했던 대로 롤란트는 월요일마다 율리아의 집으로 찾아가 함께 자고 화요일 새벽에 다시 공부하기 위해 기숙사로 돌아왔다. 1년 동안 이런 패턴이 이어졌는데 그녀는 처음에 롤란트가 이런 식으로 잠깐 들렀다 가는 것이 괴로웠지만 점차 익숙해졌다. 롤란트와 함께 보내는 저녁 시간과 밤은 매번 동일한 절차였지만 진심이 담긴 좋은 시간이었다. 공식적으로 사귀는 사이는 아니었지만 두 사람을 이어주는 무언가가 있었다. 율리아에게는 익숙하지 않은 관계이긴 했지만 그 덕에 자유 시간도 맘껏 누렸다.

롤란트는 결국 국가고시에 합격한 이후 인턴 생활을 시작했고 이제는 모든 것을 조금 더 편안한 시각으로 바라볼 수 있게 되었다. 2차 국가고시에 합격한 후 그는 율리아와 함께 넉 달 동안 세계 여행을 떠났다. 율리아가 제안한 것이었다. 여행 경비는 정확하게 반으로 나눠서 부담했다. 하지만 롤란트는 이제 가끔 함께 하는 저녁 식사 비용을 지불하기도 했다.

경계를 허무는 유형의 디르크

디르크는 두 형제 중 막내로 자랐고 형 라이너하고는 1년 반 터울이었다. 형과는 달리 그는 로마 출신인 친할머니의 피를 많이 물려받았다. 중간 정도의 키에 근육으로 잘 단련된 몸과 짙은 피부색 그리고 검은색 곱슬머리 때문에 진짜 로마 사람처럼 보였다. 그의 형은 일찌감치 의사가 되고 싶다는 목표를 세운 반면에 디르크는 우주비행사, 팝스타, 연기자, 스피드레이서 그리고 그때그때 재밌어 보이고 흥미로워 보이는 직업들 사이에서 갈팡질팡했다. 사실 그는 평생 그랬다.

디르크는 중등 과정을 마치고 목공 과정을 이수한 후 가구 리폼 가게에서 일하다 무대 제작하는 곳으로 옮긴 후 이제는 민영 방송사에서 일하고 있다. 그는 우선적으로 스튜디오 제작을 담당하고 있었지만 넓은 의미에서 공간 구성과 관련된 모든 잡다한 일을 도맡아 했다. 그는 그 분야에 일가견이 있었다. 자기 자신도 그렇다는 것을 알고 있었고 함께 일하는 동료들도 다 인정했다.

디르크는 어느덧 서른다섯 살이 되었고 딸이 있지만 딸은 엄마와 함께 살고 있었다. 그는 여자들에 대해, 특히 자기 어머니에 대해 이율배반적인 감정을 갖고 있었다. 어머니는 형인 라이너를 편애했다. 항상 형을 기준으로 삼았다. 형 라이너는 유명한 병원에서 외과 의사로 근무하고 있었고 그의 어머니는 동네 소시지 가게에 들를 때도 큰아들이 얼마나 멋진 수술들을 집도하고 있는지 자랑을 늘어놓았다. 디르크는 도저히 형을 따라잡을 수가 없었고 그러고 싶은 마음도 없었다. 하지만 디르크도 형과 경쟁하지 않더라도 어머니의 사랑을 어느 정도는 받고 싶었다. 비록 아버지에게 사랑과 관심을 받기는 했지만 그것으로는 충분하지는 않았다.

디르크의 전 여자 친구인 우테는 근본적으로 디르크의 어머니와 똑같았다. 그녀는 끊임없이 디르크가 발전하기를 바랐다. 늘 그에게 "나는 당신을 믿어"라고 말해주었지만 그녀가 믿고 있는 것은 지금 그의 모습이 아니라 먼 훗날 그의 모습이었다.

하지만 디르크는 그것이 자기하고는 별 관련이 없다는 느낌이 들었다. 그에게 미래는 흥미진진한 것인 동시에 일곱 봉인의 책 프란츠 슈미트의 작품으로 요한계시록을 다룬 연주곡이다 - 옮긴이처럼 도무지 알 수 없는 것이었다. 그에게 미래를 정하고 미리 계획하는 것은 신의 영역을 침범하는 행위라는 생각이 들 정도였다. 디르크에게 살아간다는 것은 앞으로 일어날 일에 대해 기대감을 갖는다는 뜻이었다.

바로 이런 점에서 여자와 미래는 공통점이 있었다. 그것을 위해 살아갈 만한 가치가 있고 기대감을 가질 수 있으며 어떤 일이 일어날지 절대 알 수 없었다. 그래서 그는 여자들을 사랑했고 여자들 역시 그를 사랑했다. 적어도 직업적인 관점이나 사적인 관점에서 디르크를 '더 나은 뭔가로 만들겠다'는 생각을 갖고 있지 않은 여자들에 대해서는 그랬다. 하지만 유감스럽게도 디르크가 지금까지 관계를 맺었던 모든 여자들은 언제부터인가 그런 것을 원하게 되었다.

디르크는 우테가 자신이 믿고 있는 디르크하고만 함께하고 싶어 하고 실존하는 디르크는 믿지 않는다는 것을 깨닫게 되자 결별을 선언했다. 아쉽게도 당시 네 살이었던 사랑하는 딸과도 헤어지게 되었다. 하지만 헤어진 이후에도 가능하면 자주 딸을 만나려고 노력했다. 우테도 디르크가 딸을 자주 만날 수 있게 도와주었기에 그는 그녀에게 고마운 마음을 갖고 있었다.

현재 디르크는 몇 살 연상인 도로시에게 푹 빠져 있다. 그녀는 잘나가는 영화 제작자인데 커다란 갈색 눈동자와 부드러운 입술에 상당히 여성스럽고 거의 어머니 같은 이미지를 풍겼다. 하지만 경우에 따라서는 아주 단호하고 터프한 모습을 보이기도 했다. 도로시가 방송국에서 연출하는 영화의 무대 제작을 디르크가 맡으면서 둘은 처음 만났다. 그는 초안을 만들어서 도로시에게 보여주었는데 그녀는 번번이 퇴짜를 놓았고 여러 번 수정을 거듭

해야 했다. 도로시는 매번 아주 정확한 설명을 요구했고 결국 결과물에 흡족해하며 단연 최고라고 말해주었다. 초안을 뒤엎고 수정하며 고생하긴 했지만, 그녀는 디르크의 작업물에 매우 만족해했고 그를 아낌없이 칭찬했다. 디르크는 너무 기쁜 나머지 즉흥적으로 그녀의 볼에 뽀뽀를 하다가 결국에 입을 맞추게 되었다. 두 사람의 관계는 이렇게 시작되었다.

도로시는 본인이 이미 성공한 사람이기 때문에 디르크도 언젠가 뭔가로 성공하기를 기대하지 않는 것인지도 모른다. 도로시가 제작한 영화는 영화제에서 상도 여러 차례 받았다. 도로시는 열심히 일하고 돈도 많이 벌지만 아이는 원하지 않고 저녁에는 오로지 조용하고 편안하게 쉬기를 원했다.

디르크는 바로 이런 삶에 변화를 가져다주었다. 도로시는 디르크가 육체뿐만 아니라 정신적으로도 쉼 없이 움직이는 것을 좋아했다. 그는 늘 도로시가 재미있어할 만한 좋은 생각들을 떠올렸다. 디르크는 그녀의 차분한 면을 좋아했고 관계에서 처음으로 어떤 계획이나 기대 없이 현재를 즐길 수 있다는 것, 미래는 열려 있다는 것을 체감했다.

디르크가 도로시와 함께 있을 때 편안함을 느끼는 이유는 도로시의 사랑을 누구와도 나눠가질 필요가 없고 도로시 역시 누구를 편애할 일이 없기 때문이었다. 하지만 디르크는 이런 것을 의식하고 있지는 않았다. 디르크는 두 사람 사이에 아이를 갖는 문제를 언급조차 하지 않아도 상관없었다. 그리고 만약에 아이를 낳게 되더라도 디르크가 한동안 전업주부를 할 의향도 있었다. 이것 역시 그의 인생에서 새로운 경험을 할 수 있는 일이었다.

ER STEHT AUF DICH!

IV. 당신은 남자에게 무엇을 원하는가?

▶ 당신은 어떤 남자를 원하는가?

XX 염색체가 아닌 XY 염색체를 가진 사람과 좋은 관계를 맺기 위해서는 먼저 스스로에게 두 가지 간단한 질문을 해보는 것이 도움이 된다. 이 질문들에 대한 대답은 오직 당신만이 할 수 있다. 첫 번째 질문은 당신이 '어떤 남자를 원하는가'이다. 외모는 어떠해야 하며, 어떤 능력을 갖고 있어야 하며, 어떤 성격, 학력, 직업과 지위를 갖고 있거나 갖고 있으면 안 되는가?

남자의 지위와 외모에 관한 얘기는 나의 첫 번째 책에서 다루었으니 여기서는 당신에게 맞는 성격 특징에 대해 이야기하겠다. 만약 당신이 (어쩌면 이 책의 도움을 받아서) 당신에게 잘 맞는 남자를 만났다면 그다음으로 하게 되는 질문은 '그와 어떤 관계를 맺고 싶은가'일 것이다. 다시 말하면 이 질문은 '당신은 남자에게 무엇을 원하는가'이다.

어쩌면 이 두 번째 질문을 먼저 해야 하는 것인지도 모른다. 당신이 어떤 남자와 맺고 싶어 하는 관계의 방식에 따라 어떤 남자가 그 관계에 적합한지를 알 수 있기 때문이다. 당신과 잘 맞는 남자를 찾았지만 안타깝게도 서로 원하는 것이 맞지 않아서 난감했던 경우가 있을 것이다. 혹은 역으로 서로 원하는 것은 잘 맞지만, 맞지 않는 상대일 수도 있다.

오래됐지만 영원히 새로운 노래

남자와 여자가 만나서 서로 알아가고 사랑에 빠지고 결혼을 하고 아이를 낳는다. 그리고 가족이 탄생한다. 이 고전은 영원히 유효할 것이다. 대부분의 남녀는 여전히 그들의 파란만장한 연애사의 최종적인 목표를 이런 형태의 삶으로 삼고 있다. 사람들은 결국 안전한 항구에 안착하고 싶은 것이다. 남녀가 그 순간이 언제 찾아오면 좋을지에 대한 생각이 약간 다를 뿐이다. 여자들은 그 순간이 너무 늦지 않게 찾아오기를 바라고 남자들은 조금 늦게 찾아오기를 바란다.

하지만 그전에 조금 샛길로 새는 것은 상관없다. 오늘날 숫처녀 또는 숫총각으로 결혼식장에 들어서고 싶어 하는 사람은 아마도 거의 없을 것이다. 사랑에 관한 한 누구나 자기 자신과 이성을 알아갈 시간이 필수다. 풋풋한 첫사랑 그리고 이십 대 초반에서 말까지 여러 번의 관계를 통해 얼마든지 시행착오를 겪을 수 있다. 이런 모든 관계들은 단 하나의 목적을 위한 것이다. 경험은 충분히 했으니 이제 위대한 사랑을 맞이할 준비를 하는 것 말이다. 그리고 마침내 최종적이고 평생을 함께할 파트너를 찾게 되고 행복하게 함께 나이 들어가기를 원한다. 어쨌든 희망사항은 그렇다.

하지만 초기에 샛길 같았던 가벼운 관계가 끝날 것 같지 않은 꼬불꼬불한 산길 주행처럼 되어버리는 경우가 점점 자주 발생하고, 너무 길게 인생의 한 시기를 차지해버리며 도무지 끝날 것 같지 않게 이어진다. 그래서 여성들이 30대 중반이 되어서도 여전히 남자를 찾거나 연습 주행 중인 단계에 머물러 있는 것을 심심치 않게 볼 수 있다. 그러다 보면 상대에게 원하는 조건에서는 그래도 융통성이 생긴다. '아이는 없어도 괜찮아. 하지만 반드시 구속적인 관계여야 해. 어쩌면 사랑, 약혼, 결혼이라는 순서대로 진행되지 않아도 되고 한두 가지 정도는 빠져도 돼. 어쩌면 이미 다른 사람과의 관계에서 낳은 아이가 있을 수도 있어. 어쩌면 상대방과 결혼하기 위해서는 그 사람이 일단 이혼부터 하면 돼.' 그 외에도 수많은 '어쩌면'이 생길 수 있다.

그러다가 언젠가 문득 깨닫게 된다. 오늘날에는 남녀 사이에 단 '한 번'의 관계, 사랑 영화에 등장하는 단 '한 번'의 해피엔드, 그리고 서로 행복하게 살 수 있는 단 '하나'의 가능성만 존재하지는 않는다는 것을. 현실에서는 더 많은 가능성들, 정말 수많은 가능성들이 존재한다. 하지만 그중에서 당신은 어떤 관계 맺기를 원하는가?

▌ 먼저 나에게 던져야 할 질문들

이 질문에 대답하기 위해서 여러 가지 다른 질문들에 대해 생각해보는 것이 중요하다.

- 당신이 원하는 관계가 당신의 직업적인 삶과 개인적 삶에도 잘 맞아야 하는가?
- 새로 사귄 남자가 지금의 삶으로부터 당신을 벗어나게 해주기를 바라는가?
- 당신이 지금의 삶에 만족하고 지금의 삶에 딱 알맞은 파트너를 찾는다면 그래도 그 남자와 함께 더 많은 발전을 위해 노력할 생각이 있는가?
- 당신은 관계를 위해서 직업적으로나 사적으로도 손해를 감

수하거나 타협과 절충을 할 마음의 준비가 되어 있는가?

- 만약 그럴 준비가 되어 있다면 관계를 위해서 포기할 수 있는 것은 무엇이며 절대로 포기할 수 없는 것은 무엇인가?
- 당신은 파트너가 당신을 위해서 어느 정도 준비가 되어 있기를 바라고 당신을 위해서 무엇을 포기하기를 바라는가?

▶ 갈망 변형

현재의 삶에 적합한 관계 형태를 찾는 것이 얼마나 힘든 일인지 다음 사례를 통해 여실히 드러난다.

나는 첫 책을 출간한 이후 그 책의 주제였던 여성과 남성의 '먹이 패턴'에 대해 인터뷰하기 위해 여러 기자들과 만났다. 기자들과 인터뷰를 마친 후 사적인 대화를 나누게 되는 경우가 종종 있었다. 그런데 놀랍게도 지적이고도 매력이 넘치는 여기자들 중 적지 않은 수가 싱글이었는데 이들은 여전히 백마 탄 왕자를 기다리면서도 왕비의 자리에 올라서기 위해서 자신들의 직업을 포기할 생각이 전혀 없었고 멀리 있는 성으로 이사를 갈 생각도 전혀 없었다. 그녀들이 원하는 것과 꿈꾸는 것은 현실과는 맞지 않았다. 그래서 그녀들은 그 탈출구로 '갈망 변형'을 선택한다. 즉, 여러 가지 이유로 구속적인 관계를 유지할 수 없거나(유부남이거나 또는 멀리 떨어진 도시나 외국에 살고 있거나 어떤 식으로든 '관계 맺기가 불가능'한) 하고 싶어 하지 않는 남자를 갈망하면서 사랑하는 것이다. 그렇게 하면 자신의 삶을 변화시킬 필요가 없어지기 때문이다(물론 애초부터 그럴 마음도 없었다). 다만 이런 상황이 행복을 전해주지는 않는다. 오히려 그 반대다.

"이 남자는 나와 밀접하고 구속적인 관계를 원하지 않기 때문에 나에게 딱 맞는 남자야. 그렇기 때문에 나는 내 삶과 직업을 계속 유지해나갈 수 있어. 나에게 중요한 가치들을 그 사람을 위해서 포기하지 않아도 돼."

그녀들이 이렇게 말하는 경우는 없기 때문이다.

로맨틱한 사랑의 전형

위의 문장은 여전히 대부분의 여성과 많은 남성들의 머릿속을 지배하고 있는 '로맨틱한 사랑의 전형'에 위배되는 것이다. 그리고 이런 전형에 부합하지 않거나 최소한 그러기 위해서 노력하지 않는 모든 것은 진정한 사랑이 아니라는 총제적인 의심을 받게 된다. 이런 전형을 따르지 않는 사람은 이내 사랑의 피고인석에 앉아 있는 자신의 모습을 발견하게 될 것이다. "그건 그냥 목적 공동체에 불과하잖아요.", "정말 끔찍이 실용적이네요.", "그건 진정한 사랑일 리가 없어요." 대체로 이런 말들을 듣게 된다.

하지만 그럼에도 불구하고 당신에게 잘 맞는 사람, 당신이 남자에게 원하는 것을 찾아가는 과정이라면 신경 쓰지 않아도 된다. 때로는 그 사람이, 그 관계가 로맨틱하지 않을 수도 있다! 자기 자신의 삶을 우선시하는 것은 매우 중요하다. 그리고 사랑은 꼭 로맨틱해야만 한다는 선입견을 물리치는 것도 용기이다. 예컨대 남자를 위해서 직업을 포기하거나 파트타임으로 직업을 바꾸는 것만이 미덕이 아니다. 자신만의 주체적인 삶을 선택하는 것이 당신에겐 더 큰 미덕이 될 수 있다.

▌여러 가지 가능성

당신이 누군가를 사랑하고 상대방도 당신을 사랑하게 되어 시작된 관계는 둘 사이의 규칙과 절차에 따라 진행되기 때문에 그 외다른 이들은 아무도 이해하지 못할 수도 있다(심지어 당신의 가장친한 친구조차도). 이런 관계를 유지하기 위해서는 상당한 용기가필요하다. 이런 관계는 당신을 새롭지만 낯선 영역으로 인도하기때문이다. 자기 경계를 뛰어넘어 다른 사람의 감정 세계에 들어간다는 건 그만큼 익숙하지 않은 우주 안으로 들어가는 일이다.또한 관계라는 것은 타인과의 만남이기도 하지만 자기 자신의 낯선 모습과 만나는 기회이기도 하다.

▼ 모든 욕구를 충족할 수는 없다

어쩌면 당신은 그저 휴가지에서의 일회적인 사랑, 썸 타기, 정사 또는 그냥 잠자리를 함께할 상대를 찾고 있는지도 모른다. 혹은 운동을 함께하거나 문화생활을 함께할 사람이 필요할 수도 있다. 여기 중요한 것은 당신이 스스로 혹은 파트너를 위해서 가능한 모든 욕구를 채워줘야 한다는 지나친 부담을 내려놓으라는 것이다. 어쩌면 유일하게 파트너로부터 충족될 수 있는 욕망은 성욕일지도 모른다. 이것은 합법적으로 그리고 뒤탈 없이 다른 사람을 통해서가 아니라 오직 당신의 파트너를 통해서만 채울 수 있다. 그 외에 다른 많은 것들, 운동, 문화 등 함께 즐기고 싶은 욕망들은 굳이 파트너가 아니더라도 다른 사람들을 통해서도 채울 수 있다. 그러니 당신의 파트너가 하기 싫어하거나 재미없어하는 것을 일부러 함께하려고 하는 의무감에서 벗어나길 바란다. 물론 공통의 관심사가 많으면 많을수록 나쁠 건 없다. 하지만 그렇다고 해서 상대방에게 지나친 기대를 하거나 강요를 하게 되면 역효과만 날 뿐이다. 공통된 관심사가 적어도 얼마든지 서로 사랑하는 사이가 될 수 있다.

◤ 그냥 즐기는 관계가 필요할 때도 있다

당신은 무조건 만나면 기분이 좋고 당신에게 이로운 남자와 관계를 맺을 권리를 가지고 있다. 당신이 듣고 싶은 말을 해주고, 당신이 필요한 것을 제공해주고, 당신이 싫어하는 행동을 하지 않는 남자. 여자를 행복하게 해주려고 안달 난 남자. 실제로 이런 남자는 존재한다. 그는 여자를 행복하게 해준다. 예를 들어 휴가지에서 만나서 당신과 함께 즐겁고 부담 없는 시간을 보내고 싶어 하는 남자가 있다. 그는 금방 사랑에 빠지고 순식간에 당신을 사랑에 빠지게 만든다. 이런 종류의 만남에서는 대부분 가볍고, 혈기 왕성하고 격식에 얽매이지 않는 자유로운 분위기가 흐른다.

이때 관계의 피상성이 문제가 될 수도 있지만 반드시 그렇지만은 않다. 이 단어는 온갖 심리학 용어가 난무하고 각종 치료가 넘쳐나는 우리 사회에서 사랑 훼방꾼 역할을 톡톡히 한다. 만약 이런 식의 관계가 당신에게 이롭게 작용하고 있다면 이런 말에 개의치 말자. 비록 위대한 사랑은 아닐지 몰라도 더 높고 깊은 관계로 가기 위한 간이역일 수도 있다. 사랑의 깊이나 높이는 지금껏 흘린 눈물의 양이나 밤을 하얗게 지새운 나날들, 당신의 지긋지긋한 사랑 얘기에 넌더리가 난 친구들의 숫자, 행복에 도달하기 위해 먼저 극복해야 할 어려움 등에 달려 있지 않다. 어쩌면 당신은 지금 이 순간 그냥 부담 없고 편안하고 가볍게 만날 수 있는 남자가 필요한지도 모른다. 당신이 이런 가볍고 편안하고 부담 없는 관계를 원한다는 강한 의지를 남자에게 분명하게 밝히고 그런 분위기를 발산하면 남자도 분명하게 판단을 할 수 있게 된다.

심리 상담을 하다 보면 영원한 사랑을 약속하는 위대한 사랑의 높은 이상에 부합하지 않는 다양한 관계에 대한 얘기들을 듣게 된다. 남녀 서로의 삶을 풍성하게 해주는 그런 만남들이다. 어떤 여자들은 이런 관계를 맘껏 즐길 수 있는 반면 또 어떤 여자들은 이런 관계를 전혀 이해하지 못한다. 또 어떤 여자들은 이런 관계를 기분 전환이 되는 유쾌한 관계로 인식하는 반면에 어떤 여자들은 그들의 삶에서 꼭 필요한 간이역이라 인식하기도 한다. 간단히 말하자면 사랑하거나 떠나거나 아니면 변화시켜라. 그렇지 않으면 있는 그대로 받아들여라(love it, leave it or change it. or accept it as a given rule). 이로써 다시 네 가지 성격 유형과 삶을 바라보는 다양한 방식에 대한 얘기로 돌아오게 되었다.

여기서 몇 가지 사례들을 소개한다.

불완전한 관계에 대한 예찬

에벨린, 서른한 살, 의사

에벨린은 짙은 색 웨이브 머리의 소유자로 싱글이며 열정을 가지고 일하는 의사다. 그녀는 인터넷으로 자기에게 맞는 파트너를 찾으려고 여러 차례 시도해봤으나 번번이 실패한 후 한동안 포기한 상태였다. 더 이상 남자를 찾아다니고 싶지 않았고 채팅도, 문자메시지를 보내는 것도 지긋지긋했으며 새로운 남자를 만나 늘 똑같은 얘기를 주고받는 것도 더 이상 하고 싶지 않았다. 완벽한 남자를 찾기 위한 끊임없는 물색을 그만두고 예전에 인터넷으로 알게 된 첫 번째 남자를 다시 떠올려보았다.

사실 그 남자하고는 맞는 것이 거의 없었다. 그와 뭔가를 함께할 때마다 낭패로 끝났던 것이다. 그런데 유일하게 맞는 것이 딱 한 가지 있었는데 그것은 바로 섹스였다. 에벨린은 그에게 전화를 걸어 바로 그 한 가지에 국한된 관계를 제안했다. 그는 기꺼이 동의했다. 그래서 에벨린은 1년 동안 그 남자와 오직 성적인 관계만 맺었다. 에벨린은 이런 관계를 즐기기는 했지만 '진짜' 관계는 아니라고 여러 번 강조했다. 하지만 그런 관계를 유지한다는 것이 부끄러웠기 때문에 아무한테도 얘기하지는 않았다. 그 후 에벨린은 직장 때문에 다른 도시로 이사하게 되었고 그 남자와의 관계도 끝냈다.

이런 식의 만남은 당연히 부모님의 도덕적인 관념에 부합하지 않았고 에벨린 자신의 윤리적인 원칙에도 어긋난 것이었다. 그럼에도 불구하고 에벨린은 오랜 시간 힘들고 고되게 일해야 하는 병원의 일상을 잊을 수 있는 이런 작은 일탈의 시간을 즐겼다. 에벨린은 그 시간 동안만이라도 자기 자신과 미래의 파트너에게 거는 높은 기대를 잠시나마 잊을 수 있었다. 이 남자는 에벨린이 자신의 관능적이고 에로틱한 면들을 맘껏 펼칠 수 있게 해주었고 그로 인해 에벨린은 삶에 대한 만족감도 높아졌다. 남자는 처음부터 이 관계의 성격을 확실히 알고 있었기 때문에 에벨린이 이사 가면서 관계가 끝낸 것에 대해 놀라지 않았다.

프란치스카, 마흔다섯 살, 건축설계사

프란치스카는 당당한 이미지를 풍기고 단호한 표정의 소유자였지만 체격은 상당히 아담했다. 그녀는 건축설계사로 일하고 있으며 자신을 불행한 싱글이라고 여겼다. 하지만 진짜 싱글은 아니었다. 그녀는 2, 3주에 한 번씩 성공한 변호사인 올라프와 만남을 가졌다. 두 사람은 저녁에 만나 고상한 문화 프로그램을 함께 즐겼다. 오페라 또는 연극을 관람하기도 했고 소극장에서 펼쳐지는 최신 공연을 함께 보기도 했으며, 특별한 영화를 보기 위해 영화관에 가기도 했다. 때로는 품격 있는 레스토랑에서 그냥 함께 식사를 즐기기도 했다. 함께하는 저녁 시간을 계획하는 것은 늘 올라프였다. 함께 저녁 시간을 보내고 나면 그는 거의 매번 프란치스카의 집에서 자고 갔다. 프란치스카의 기분이 어떤지에 따라, 다시 말하면 올라프가 그녀의 기분을 어떻게 맞춰주느냐에 달려 있었다.

올라프는 여러 차례 프란치스카에게 사랑을 고백하면서도 자기만의 삶을 살고 싶다며 프란치스카의 이해를 구했다. 올라프는 열심히 일했고 첫 번째 결혼에서 낳은 딸은 이제 성인이 되어 베를린에 살고 있었다. 그는 친구들과 어울리기를 좋아했으며 혼자 사는 것을 즐겼다. 그는 프란치스카를 사랑했지만 프란치스카가 원하는 방식으로 사랑하는 것은 아니었다. 프란치스카는 마음 같아서는 지금 자신의 작은 집에서 벗어나 그의 큰 집으로 들어가고 싶었다. 하지만 올라프는 그녀의 청을 들어주지 않았다. 올라프는 그렇지 않아도 상당히 특이한 사람이었다. 주말 내내 함께 보낸 적은 몇 번 없었고 단 한 번 일주일 동안 마데이라로 여행 간 것이 전부였다. 프란치스카는 올라프와 함께 있을 때 그에게 별 불만이 없었다. 문화적 취향이나 관심도 아주 잘 맞았고 함께 식사를 할 때에는 대화가 끊이지 않아 지루함을 느낄 틈이 없었고 함께 보내는 밤도 대부분 즐거웠다. 시시때때로 그녀의 공격성이 끓어오르는 것 말고는 아무 문제가 없었다.

모든 것이 좋았지만 프란치스카에게는 너무 부족했다. 그녀는 더 많은 것을 원했다. 더 많은 주말을 함께 보내고 싶었고 더 자주 여행을 떠나고 싶었다. 그리고 당연히 그와 같은 공간에서 살고 싶었다. 프란치스카는 이미 여러 차례 올라프에게 다시는 보고 싶지 않다며 이별을 고했다. 올라프 때문에 흥분하는 것보다는 차라리 혼자 사는 것이 나을 것 같았다. 올라프는 한눈을 팔지 않고 묵묵히 제자리를 지키며 프란치스카를 다시 식사에 초대했고 결국 어느 순간 그녀도 마음이 누그러지며 다시 관계가 이어졌다. 프란치스카는 올라프에게 언제까지 함께 살게 되지 않는다면 다시는 보지 않겠다고 최후통첩을 자주 하곤 했다. 다음 최후통첩 기간은 그녀의 마흔여섯 번째 생일이었다. 그리고 이번에는 절대로 다시 돌아오지 않겠다고 맹세했다.

결혼한 여자 중에서 남편과 함께 2주에 한 번씩 고상한 문화 행사에 참석하거나 품격 있는 식사를 하러 가는 경우는 거의 없다. 대부분의 여자들이 그러기를 원하지만 실제로 그렇게 생활할 수 있는 경우는 극히 드물다. 하지만 대부분의 여자들은 남편과 함께 살며 보통 휴가 때도 함께 여행을 떠난다. 프란치스카와 올라프의 경우는 정반대이다. 프란치스카의 경우 한 가지 욕구는 충족되고 있지만 다른 한 가지 욕구가 채워지지 않았기 때문에 그 가치를 제대로 인식하지 못한다. 그래서 결국 관계가 깨질 위험에 처하게 되었다.

'교각살우矯角殺牛, 쇠뿔을 바로 잡으려다 소를 죽인다라는 뜻으로, 결점이나 흠을 고치려다 수단이 지나쳐 도리어 일을 그르침-옮긴이'라는 속담이 있다. 대부분의 남녀 관계는 일상과 현실 때문에 깨지는 것이 아니라 욕구, 기대 그리고 꿈 때문에 깨진다. 프란치스카가 올라프와의 관계가 불완전하고 앞으로도 그럴 것이라는 사실을 인정하면 올라프와 함께하는 시간을 조금 더 즐길 수 있을지도 모른다.

한나, 서른네 살, 제품관리자

키가 크고 갈색 머리이며 직업적으로도 승승장구하고 있는 한나는 열 살 연상의 남자와 사랑에 빠졌다. 하지만 그 남자와의 관계는 기존의 남녀 관계와는 전혀 달랐다. 그는 옛 여자 친구와의 사이에서 낳은 어린아이가 있었지만 지금은 혼자 사는 삶에 나름 만족하고 있다. 한나는 이 남자를 많이 사랑했고 보통 공주가 왕자에게 원하는 모든 것을 이 남자에게 원했다.

한나는 원하는 것들 중 일부를 받았고 특히 섹스가 매우 만족스러웠지만 구속적인 관계라든가 아이를 함께 낳는 가족의 행복 따위는 생각할 수도 없었다. 한나는 남자 친구에게 기대할 수 있는 것과 없는 것을 이내 깨달았지만 그것을 인정하고 싶지는 않았다. 한나는 남자 친구를 들볶았고, 원하는 대로 되지 않자 불만족과 불행의 늪으로 빠져버렸다. 자꾸 자신에게조차 회의를 품다 보니 남자 친구는 질려버렸고, 결국 줄행랑을 치고 말았다.

한나는 또 다른 남자를 만나 가족을 이루기를 원했지만 그 남자는 그런 것을 더욱더 끔찍이 싫어하는 부류였다. 그러던 중 한나는 우연히 예전 남자 친구를 다시 만나게 되었다. 한나는 이제 예전에 자신이 사랑이라고 규정했던 가족주의와 남성 개화 시스템에서 벗어난 상태였다. 두 사람은 다시 사랑을 시작했고 한나는 이번에는 구속적인 관계를 원하지 않았다. 한나는 둘의 관계를 이제 편하고 느긋하게 바라볼 수 있게 되었고 더 이상 그를 미래의 남편이나 아이들의 아빠로 바라보지 않게 되었다. 한나는 그런 남자를 찾는 것을 포기하지는 않았지만 그와는 다른 종류의 사랑도 받아들이게 되었다. 둘은 평생을 함께하자는 약속 또는 의무가 없는 관계, 두 사람 중 한 사람이 더 많은 것을 기대할 때 생기는 중압감이 없는 관계가 되었다.

그런데 그렇게 하자 예전에 한나가 그에게 그토록 원하던 것들을 갑자기 받게 되었다. 그는 한나에게 전화를 걸어 보고 싶다고 말하기도 하고 듣기 좋은 칭찬들을 해주며 상당히 호의적으로 대했다. 그는 여전히 구속적인 관계라든가 가정을 이루고 싶은 생각은 없었지만 한나가 이제 더 이상 그에게 그런 것을 원하지 않는 것만으로도 마음이 편안해졌다. 이제 그는 한나가 오해를 하면 어떡하나 하고 걱정하지 않을 수 있었다. 그는 한나가 헛된 기대를 하지 않을까 하는 걱정 없이 그녀를 맘껏 칭찬할 수 있어서 좋았다. 그래서 두 사람은 정말 기분 좋은 시간을 함께 보낼 수 있게 되었다.

아쉽게도 한나와 남자 친구의 관계가 어떻게 지속되었는지는 모르겠다. 하지만 나는 한나가 자신에게 잘 맞는 짝을 이미 찾았거나 곧 찾게 될 거라 확신한다.

실비아, 마흔아홉 살, 중고등학교 교사

실비아는 중고등학교 교사로 운동을 좋아하고 유쾌한 성격이다. 자녀 네 명은 아직 모두 함께 살고 있다. 아이들의 아버지하고도 여전히 함께 살고 있으나 남편으로 여기지 않은 지는 이미 오래됐다. 남편하고는 이미 몇 년 전부터 성적, 감정적 교류가 완전히 단절되었고 완전히 다른 모습으로 변했지만 실비아는 여러 가지 이유로 이혼하지 않고 남편을 그냥 받아들였다.

실비아는 2년 전부터 싱글인 동료 페터와 사귀고 있었다. 그는 진정한 괴짜로 단 한 번도 여자와 함께 살아본 적이 없었으며 아이도 없었다. 가족을 소중하게 여기고 아이들을 진심으로 사랑하는 실비아는 이 남자를 절대로 평생 함께 살 파트너로 생각하지는 않았다. 하지만 페터는 얘기를 잘 들어주는 사람으로 실비아의 걱정들을 다 들어주는 부드럽고 따뜻한 사람이었다. 아이들을 제외하면 그는, 힘들고 고단한 삶을 보내는 실비아에게 힘이 되어주는 유일한 사람이었다. 두 사람은 직장 연수를 빙자해서 함께 주말을 보내기도 했다. 실비아는 두 사람의 관계를 동료들에게 그리고 남편에게 비밀로 하고 싶었다. 그럴 만한 충분한 이유가 있었다.

실비아는 동료들 사이에 있는 페터와 함께 몰래 눈빛을 주고받고 다음 만남을 약속하는 것을 즐겼다. 하지만 그를 향한 감정은 한나가 자신의 삶을 변화시켜야겠다는 생각이 들 정도로 그렇게 강하거나 절대적이지는 않았다. 만약 남편과 이혼하게 되더라도 실비아는 절대로 페터와 함께 살고 싶은 생각은 없었다. 페터 역시 같은 생각일 거라 짐작했지만 확실히 그런지는 알 수는 없었다. 실비아가 페터에게 이런 질문을 한 적은 한 번도 없었다. 그건 페터 역시 마찬가지였다. 하지만 두 사람은 계속해서 관계를 유지하고 그 안에게 즐거움을 찾고 싶었다.

지나치게 실용적으로 들릴지 몰라도 특정한 삶의 상황에 딱 알맞은 남자들이 있게 마련이다. 그리고 이런 남자들 역시 어떤 이유에서든지 여자의 삶에 발생한 틈을 메우는 역할 그 이상을 원하지 않는다. 이 틈을 장기간에 걸쳐 메우지 않고 방치하면 진짜 불행이나 심각한 감정적 불안정으로 이어질 수 있다.

베티나, 서른다섯 살, 공무원

베티나는 늘씬한 금발 미인이다. 반짝거리는 파란 눈동자, 매력적인 미소 그리고 근사한 몸매는 뭇 남성들의 시선을 사로잡는다. 관공서에서 팀장으로 근무하고 있는 그녀는 1년 전에 이혼했다. 그녀는 상사를 사랑하게 되자 남편과 헤어졌다. 하지만 상사 때문은 아니었다. 그는 유부남이었고 직원인 베티나가 자신을 좋아한다는 사실조차 모르고 있었다. 베티나가 남편과 헤어지기로 결심한 이유는 8년간의 결혼생활 동안 자신은 개인적으로나 직업적으로 계속해서 발전했지만 남편은 그러지 못했기 때문이었다. 상사를 향한 사랑의 감정은 남편과 헤어지게 된 계기가 되었을 뿐 근본적인 이유는 아니었다.

이제 베티나는 자신에게 더 잘 맞는 파트너를 만나고 싶었다. 그 상사 같은 남자이기를 바랐지만 딱 그 사람을 원하는 것은 아니었다. 그는 이미 유부남이기 때문이다. 베티나의 남편은 그녀의 첫 남자였기 때문에, 이혼 후 그녀는 자신이 썸 타기, 섹스 그리고 유혹에 얼마나 경험이 없고 미숙한 사람이었는지 여실히 깨달았다. 마음에 드는 남자가 나타나면 베티나는 그녀가 살던 시골에서 갓 올라온 겁 많고 수줍음 많은 열일곱 살짜리 소녀로 변하곤 했다. 아무 말도 하지 못하고 얼굴은 빨갛게 달아올랐고 창피를 당할까 두려워 멀리 달아나곤 했다. 남자들은 베티나의 이런 행동을 오만함 또는 무관심으로 오해했다.

그래서 베티나는 다양한 경험들을 쌓아보기로 결심했다. 베티나는 친구와 함께 터키에 있는 휴양지로 여행을 떠났다. 그녀는 첫 번째 날 저녁 클럽에서 자신에게 말을 거는 남자들 중에서 가장 잘생긴 남자를 골랐다. 클럽 디제이였던 젊은 터키 남자였다. 여행을 마치고 돌아온 베티나는 이제 남자와의 경험을 조금 쌓기는 했지만 마음은 무거웠다. 그녀는 사랑에 빠졌다. 하지만 베티나는 남자가 더 이상 연락을 하지 않을 때까지 이런 감정에 맞서 싸웠다. 그리고 나서 그녀는 그에게 고마운 마음을 담은 이별 편지를 보냈다. 그러면서 전혀 다른 곳으로 떠나는 다음 여행을 계획했다. 이번에는 세네갈로 여행을 떠났는데 이번 상대는 그리 젊지 않은 프랑스 여행객이었다. 마지막으로 지중해를 가로지르는 크루즈 여행을 예약하고 선장이 베푸는 저녁 만찬에서 일등 항해사와 연애를 즐겼다. 이 여행을 마치고 나서 베티나는 이제 충분히 경험을 많이 쌓았다고 생각했다.

베티나가 낳을 미래의 아이들의 아버지가 될 사람은 언니의 생일 파티에서 만나게 되었다. 그 남자는 예전 그녀가 흠모했던 상사를 연상시켰고 그는 실제로 관공서에서 과장으로 근무하고 있었다. 그는 자신에게 호감을 보이는 아름답고 매력적이며 자신감이 넘치는 베티나에게 매료되었다. 그는 행복해서 어쩔 줄 몰랐다.

매혹의 마력은 어디서나 작용한다

만약 당신이 미래에 대한 걱정 없이 그냥 예기치 못한 놀라운 일들을 겪어보기 위해 무작정 떠나고 싶다는 충동을 느낀다면 이대로 이 책을 덮어도 좋다. 더 이상 지체하지 않기를 바란다. 지금 당신이 이 책을 통해서 얻는 것보다 훨씬 더 큰 것을 여행을 통해 얻을 수도 있다.

삶은 매일, 매 시간, 매 분 진행되고 지금 이 순간에도 이루어지고 있다. 그 순간들을 어떻게 사용할지 여부는 전적으로 당신에게 달려 있다. 당신이 더 직관적이고 더 즉흥적으로 행동하면 할수록 상대방은 더 정직하게 받아들일 것이다. 그냥 스쳐 지나가는 만남 그리고 가벼운 연애에서도 다양한 형태의 매혹적 힘이 작용한다는 것을 느낄 수 있을 것이다. 당신이 어떤 관계를 추구하든지 간에 서로를 끌어당기는 법칙은 동일한 메커니즘에 따라 이루어진다. 그렇기 때문에 당신이 내향적이든 외향적이든, 자유롭든 구속적이든 간에 자신의 기본 유형을 아는 것은 많은 도움이 된다.

ER STEHT AUF DICH!

V. 미소의 법칙

▌미소의 네 가지 기본 유형

누구나 알고 있고 누구나 느끼고 있으며 누구나 수천 번은 들어
봤을 원칙이 있다. 미소를 지어라. 가능하면 진심을 담아서. 미소
를 지을 때 마음 놓고 눈가의 주름을 보여주어라. 눈도 함께 미소
를 지으면 더욱 좋기 때문이다. 그런 미소는 진정성이 느껴지고
호감이 간다. 그렇게 하면 최상의 경우 당신이 황홀한 미소를 지
어 보이는 상대방의 뇌에서 거울뉴런이 활성화되기도 한다.

그렇게 되면 상대방 역시 당신에게 미소를 지을 수밖에 없다.
당신은 그에게 그야말로 미소를 전염시키는 것이며 그는 마치 당
신의 거울인 듯 미소를 짓게 된다. 그는 자신이 원하든 원치 않든

당신을 좋아하게 될 것이다.

하지만 이렇듯 극히 효과적이고 게다가 공짜인 기적의 방법을 적시적소에 잘 사용하는 것은 그리 간단한 일이 아니다.

안타깝게도 많은 여자들이 남성 일반에 대해 좋지 않은 감정을 갖고 있기 때문이다. '남자'라는 주제가 거론되기만 해도 공격성이 끓어오르는 여자들을 내 주변에도 적지 않다. 그 이유는 다양하다. 아주 구체적인 나쁜 경험에서부터 남성 이데올로기의 사회적 억압에 이르기까지 각양각색이다. 또 어떤 여자들은 불안한 감정을 느끼고, 또 다른 여자들은 남자를 찾는 것 자체에도 수치심을 느낀다. 그리고 이런 감정들을 드러내지 않기 위해서 다른 감정의 가면을 쓰게 된다. 그래서 여성들은 도도한 척하거나 일부러 거부감을 드러내거나 무관심한 척하거나 아니면 무시하거나 비웃는다.

이런 모든 감정은 그 나름대로의 타당성과 정당성이 있겠지만 파트너를 찾는 데는 지극히 비생산적이라는 사실을 여기서 굳이 언급하지 않아도 누구나 알고 있을 것이다. 상대방에게 친절하고 호의적으로 대하는 것, 즉 겉으로뿐만 아니라 마음속으로도 미소를 지으며 다가가는 것은 아주 중요하다. 미소는 당신이 그에게 호감을 느끼고 있다는 것만 보여주는 것은 아니다. 미소는 상대방을 기분 좋게 만든다. 따라서 미소는 반응인 동시에 행동인 것이다.

눈이 함께 웃는 진정한 미소만이 상대방의 거울뉴런을 활성화시킬 수 있다. 그럴 경우에만 남자는 진심으로 당신의 미소를 인지하고 호감을 느낀다. 미소가 다 같은 미소는 아니라는 것을 누구나 알고 있을 것이다. 가식적이고 인위적으로 보이는 미소가 있는 반면 매우 호감이 가고 끌리고 기분 좋게 만드는 미소도 있다.

진짜 미소를 짓기 위해서는 데이트를 하러 가기 전에 좋은 기억을 떠올려보는 것이 일반적으로 도움이 될 수 있다. 이런 식으로 감정이 긍정적으로 활성화되면 테이블 맞은편에 앉아 있는 남자를 향해 진심을 담아 미소를 짓는 것이 조금 더 수월할 수 있다. 하지만 그렇다고 해서 그 미소가 여전히 '진짜'인 것은 아니다. 그래서 조언을 하나 더 덧붙이고자 한다. 데이트를 하러 가기 전에 긍정적인 경험을 머릿속에 떠올릴 때 어떤 남자(!)와 함께했던 좋은 경험을 떠올려봐라. 남자들에 대해 뭔가 좋은 기억을 떠올리기 위해 노력해보라는 것이다. 그것이 그저 단순하게 유쾌했던 기억이라 할지라도 좋다.

그렇게 함으로써 얻을 수 있는 효과는 당신 자신에게서 발견할 수 있다. 어떤 남자가 일반적으로 여자를 좋아하고 존중하고 심지어 존경한다는 것을 알게 되면 그는 당신에게 금방 가산점을 얻게 된다. 이런 기본적인 인식은 필연적으로 당신을 대하는 태도에도 나타나게 된다. 남자들 역시 마찬가지다. 당신이 기본적으로 일반적인 남자에 대해 호의적인 마음을 가지면 그 생각은 상대방 남자에게 전달되고 그도 당신에게 호감을 갖게 된다.

따라서 당신이 의식적이든 무의식적이든 남자를 대할 때, 기본적인 감정, 내적인 원칙이 가장 중요하다. 만약 당신이 긍정적인 감정을 가질 수 있다면 마음에서 우러나오는 미소는 저절로 드러난다. 하지만 내 경험상 심리 상담을 위해 찾아오는 여성들은 정반대인 경우가 많다. 그녀들이 주로 하는 몇 가지 말들을 살펴보자.

이번에도 어김없이 '아무짝에도 쓸모없는 남자'라고요!
여긴 다 똥차밖에 없다고요!
그런 비겁자들하고는 상종도 하기 싫어요!
어차피 남자들이 원하는 건 단 한 가지예요. 그런데 그 일이라도 제대로 잘하면 말도 안 해요!
손에 넣기는 쉬워도 곁에 오래 두기는 힘들어요!
엄청난 짠돌이에다가 밤일도 아주 형편없다고요!

나는 이런 말에 굳이 반박하고 싶지는 않다. 이런 말에 전적으로 들어맞는 남성 호모사피엔스들이 많은 건 사실이기 때문이다. 사실 이런 남자 목록은 이야기하다 보면 무한대로 늘릴 수 있다. 하지만 파트너를 찾는 데는 전혀 도움이 되지 않는다. 다음에 이어지는 연습을 통해 남자를 대할 때 당신이 어떤 미소를 지어야 할지 잘 선택하길 바란다.

누구나 자신에게 맞는 고유의 미소를 갖고 있다. 진심에서 우러나오는 미소로 전달하는 감정 메시지는 상당히 특별하다. 미소 역시 네 가지 기본 유형으로 구분할 수 있다.

친밀함을 추구하는 여자의 미소

친밀함을 추구하는 여자의 미소 뒤에는 사랑받고 싶고 무엇보다 사랑하고자 하는 욕구가 숨어 있다. 이 미소는 '당신은 나를 두려워할 필요 없어요. 나는 사랑을 받고 싶지만 무엇보다 내가 사랑할 수 있는 사람을 찾고 있어요.'라는 메시지를 담고 있다. 이런 미소는 상당히 마음을 끈다. 이런 미소는 상대방 남자를 무장해제시킨다. 그는 두려움에서 벗어나 자신감과 편안함을 느끼면서 스스로가 매력적이라 생각하게 된다. 그러다 보니 상대방을 가볍게 보고 이미 자신에게 넘어갔다고 착각하는 남자들도 많긴 하다. 특히 거리를 두는 남자 유형 중에 그런 경우가 많다. 이런 미소는 그에게 마치 구세주 같은 역할을 하기 때문이다. 그는 자신이 상처 받지 않고 안전하며 더 이상 자신의 높은 감수성을 감추기 위해 거리를 둘 필요가 없다고 느낀다.

거리를 두는 여자의 미소

　반대 성격 유형인 거리를 두는 여자의 미소는 완전히 다르다. 그녀의 미소는 모나리자의 그것만큼이나 모호하다. 모든 것을 말할 수도 있고 아무것도 말하지 않을 수도 있다. 뭘 말하는지 이해하기 위해서는 많은 노력이 필요하다. 그리고 만약 그걸 알아채면 보상을 받게 된다. 특히 친밀함을 추구하는 남자는 이런 미소를 끌어내고 싶어 한다. 그런 미소를 볼 수 있는 건 흔한 일이 아니기 때문이다. 만약 그런 미소를 받게 되면 자신이 마치 무리에서 가장 선택받은 남자 같다는 느낌을 받게 된다. 그는 그 미소를 이렇게 해석한다.

　　'당신, 오직 당신만이 나에게 가까이 다가올 수 있어요. 내가 당신을 위해 나의 가시덤불 사이에 길을 열어드릴게요. 나에게 키스해서 잠에서 깨울 수 있는 사람이 바로 당신인지도 모르겠네요.'

　이런 미소는 남자의 아드레날린 수치를 떨어뜨리는 것이 아니라 상승시킨다. 그는 자신이 여자의 환심을 사려면 아직 멀었다는 것을 알고 있다. 하지만 그는 노력이라도 해볼 수 있는 선택받은 남자인 것이다.

　1920년대와 1930년대에 활동했던 영화배우 그레타 가르보가 처음이자 마지막으로 웃음을 보인 것은 〈니노치카〉라는 로맨틱 코미디 영화에서였다. 이 영화는 심지어 '그레타 가르보가 웃는다'라는 홍보 문구를 내걸기도 했다. 그녀는 늘 다른 영화에서는 아주 진지하고 심각한 모습으로 등장했다. 어쩌면 바로 그런 점 때문에 그녀가 전설적인 영화계 스타로 등극한 것인지도 모른다. '여신', '스웨덴의 스핑크스' 또는 '영원한 꿈속의 공주'와 같이 영화 비평가들이 그녀에게 붙여준 별명만 보더라도 그레타 가르보가 영화배우로서 어떤 이미지를 갖고 있었는지를 엿볼 수 있다. 그녀가 바로 거리를 두는 여자 유형이다. 그러니 그녀가 웃는다는 것 자체가 사건, 그것도 아주 대단한 사건이었던 것이다.

경계를 허무는 여자의 미소

경계를 허무는 여자의 미소는 당돌하고 유혹적이거나 아니면 거의 노골적인 웃음이다. 이런 여성의 미소를 보고 남자는 다음과 같은 의문을 갖게 된다.

> '나를 보고 웃는 건가? 나 때문에 웃는 건가? 아니면 설마 나를 비웃는 건가? 나를 섹시하다고 생각하는 건가? 아니면 재밌다 거나 우스꽝스럽다고 생각하는 건가?'

어쨌든 이 여자 유형에게 미소나 웃음은 어떤 놀이에 대한 초대이다. 그 뒤에 숨은 메시지는 이렇다.

> '이리 와서 나하고 같이 놀아요! 이것이 단순한 놀이에 그칠지 아니면 진지한 사이로 발전할 수 있는지 알아내보세요. 내가 당신을 섹시하게 생각하는지 여부는 당신이 나와 이 놀이를 어떤 식으로 진행하는지에 달려 있어요.'

대부분의 남자들은 당연히 이런 미소에 발동이 걸린다. 이런 미소는 참을 수 없는 존재의 가벼움을 보여주고 모든 로맨틱 코미디에 등장하는 고정적인 구성 요소이며 가볍고 달달한 분위기를 만들어준다. 질서와 통제를 중시하는 유형의 남자들에게는 이것이 의무감으로 가득 차고 심각한 일상에서 벗어날 수 있는 구원처럼 느껴진다. 이런 미소를 보고 자신도 미소를 지으면서 그는 '맞다 그렇지. 인생은 이렇듯 가볍고 아름다울 수도 있는 것이지!'라는 생각을 하게 된다. 하지만 경계를 허무는 여자가 제아무리 유혹적인 미소를 짓는다 해도 그것은 어디까지나 지루한 현재 상황에서 재밋거리를 찾는 의미 그 이상이 아니라는 걸 알아야 한다.

질서와 통제를 중시하는 여자의 미소

그렇다면 질서와 통제를 중시하는 여자의 미소는 어떠한가?

미소를 짓기는 하는 걸까? 물론이다! 솔직하고 진솔하고 분명하고 오해의 소지가 없는 미소다. 그리고 아주 단순한 메시지를 담고 있다. '당신을 만나서 반갑습니다.'라는 의미이다. 대개는 상대방의 미소에 대한 반응으로 미소를 지어 보이는 편이지 먼저 호감을 보이기 위해 미소를 짓는 경우는 드물다. 또한 서로 간의 호의적인 관계를 확인하는 미소이지 성적인 유혹을 위한 것이 아니다. 질서와 통제를 중시하는 여자의 미소는 '좋은 분위기에서 뭔가가 이루어진다.'라는 점을 분명하게 전달한다. 사업적인 것과 관련된 것일 수도 있지만 감정적인 것일 수도 있다. 어쨌든 중요한 것은 모든 것이 공정하게 이루어지고 나중에 감정적이든 계산적이든 모든 것이 정확하게 맞느냐 하는 것이다.

이런 미소는 남자에게 안정감을 준다. 그는 '이 여자는 내가 믿을 수 있는 여자야. 이 여자는 나에게 내일도 모레도 미소를 지어 줄 것이다. 이 여자와 함께 있으면 늘 테스트를 받고 있다는 생각을 갖지 않아도 돼!'라는 생각을 하게 된다. 경제적인 독립성과 함께 자신감이 드러나는 미소라 볼 수도 있다. 자부심이 가득하고 흔히 남성적인 미소라고 말하는 그런 미소 말이다. 이런 미소는 특히 자기 자신에게는 없는 안전을 추구하는 남자 유형, 즉 경계를 허무는 남자 유형에게 좋은 반응을 일으킨다.

당신의 미소

앞서 제시한 내용은 단지 당신에게 어울리는 미소가 뭔지를 찾는 데에 참고만 하기 바란다. 그리고 당신에게 가장 잘 맞는 미소가 뭔지 드디어 찾았다는 말을 할 때까지 아주 오랫동안 천천히 시간을 들여도 좋다.

비싼 화장품이나 최신 유행옷, 가슴 사이즈, 근사한 몸매보다 미소가 훨씬 더 매력적이기 때문이다. 또한 이때에도 세상에서 하나뿐인 당신 자신의 고유한 특색을 잃지 말고 당신만의 표정을 고수하라. 인위적이고 억지스러운 미소는 유혹적이지도 않고 가식적이기 때문에 본래의 의도를 완전히 무색하게 만들어버린다. 이런 거짓된 미소보다는 차라리 진지하고 차분한 무표정한 얼굴이 오히려 더 흥미롭고 매력적으로 보이고 남자가 당신으로 하여금 미소를 이끌어내고 싶은 유혹을 느낄 수도 있다.

당신 내면의 목소리에 귀 기울여보고 '남자'라는 주제에 대해 떠오르는 모든 것들을 일단 작성해보자. 아주 즉흥적으로 어떤 생각의 제한 없이 키워드나 완전한 문장으로 적어보자. 긍정적인 것 중립적인 것 그리고 부정적인 것까지 모두 포함해서. 널찍한 A3 종이 위에 생각나는 대로 가지런히 말고 아무렇게나 자유롭게 적어보자.

연습 : 당신의 미소 만들기

A3 종이 한 장과 A4 종이 한 장 그리고 펜을 준비하자.

그 밖에 빨간색, 파란색 그리고 초록색 펜을 각각 한 자루씩

준비하자.

다음 질문에 집중해보자.

— 남자들에 대한 나의 기본적인 감정은 어떠한가?

— 나는 어떤 내적인 원칙을 가지고 남자들을 대하는가?

— 좋은 남자를 만나게 될 때 나의 내면에서 어떤 목소리가

　들리는가?

— 내 안에서 어떤 감정들이 일어나는가?

— 어떤 감정들이 강하고 어떤 감정들이 약한가?

— 어떤 감정들이 압도적인가?

다 적었으면 당신이 적은 것들을 차분히 다시 한 번 읽어보자. 그런 다음에 먼저 빨간 펜으로 부정적인 내용, 파란 펜으로 중립적인 내용, 그리고 초록 펜으로 긍정적인 내용에 밑줄을 그어보자. 이제 모든 긍정적인, 중립적인 그리고 부정적인 말들을 차례대로 잘 정리해서 A4 종이 위에 적어보자. 목록 세 개의 길이는 어떤가? 길이의 차이가 많이 나는가? 그 밖에 또 눈에 띄는 점이 있는가?

이제 당신이 적어놓은 내용들을 소리 내어 읽어보자. 어떻게 들리는가? 어떤 억양이 어떤 진술에 가장 잘 맞는가? 그리고 어떤 표정을 지어야 할까? 부정적인 문장들 역시 큰소리로 또박또박 읽어보자. 당신이 연극 아카데미 학생이라고 가정하고 표정과 몸짓을 담아서 이 문장들을 실감 있게 표현해야 한다고 상상해보자. 각 문장들을 연기를 곁들여 실감 나게 읽어보는데 조금 과장을 곁들여도 좋다.

미소를 지을 수 있는 문장이 있는가? 남자들에 대해 당신이 적은 문장들을 진정한 미소를 지으며 읽을 수 있는가? 당신이 남자들에(또는 어떤 특정한 남자) 대해 적은 부정적인 문장들, 냉소와 빈정거림이 들어 있는 문장을 보면서 히죽히죽 웃을 수도 있다. 어쨌든 당신이 진심에서 우러나오는 미소를 지을 수 있으면 된다. 그 문장을 마음속에 새겨놓아라. 그리고 그 문장을 미소 지으며 여러 차례 소리 내어 말해보자. 그 문장에는 당신이 남자에게 다가가고 내적으로 외적으로 미소를 짓게 만들어주는 에너지가 들어 있다.

만약 당신이 머릿속에 남자를 떠올릴 때 부정적인 감정들이 압도적으로 많다는 것을 느끼게 된다 할지라도 그 문장을 읽어보고 가능하면 미소를 지어보도록 하자. 그렇게 하면 잠시나마 나쁜 감정들을 몰아낼 수 있다. 어쨌든 그렇게 하면 당신은 당신이 마음에 들어 하는 남자에게 완전히 다른 인상을 심어줄 수 있다.

ER STEHT AUF DICH!

VI. 머리와 가슴을 위한 조언

▌ 감정과 기대

이 장에서는 파트너를 찾는 과정에서 그리고 파트너와의 관계 초기에 중요한 다양한 주제와 질문 그리고 문제들을 다루어보고자 한다. 그러면서 나의 개인적인 조언들을 덧붙이고 싶다. 이번 장은 내가 진료실에서 매일 만났던 내담자들의 실제 사례들을 바탕으로 완성한 것이다. 나는 기본적으로 남자가 여자보다 덜 사랑한다고 생각하지 않는다. 물론 사랑에 대한 언어적 표현 능력이나 사랑이란 감정에 걸맞은 행동은 확실히 남자보다 여자가 현저히 낫다. 그런데 왜 보통 여자들이 더 밀접한 관계, 더 구속적인 관계를 원하는 걸까?

현재 가장 통용되는 이론은 여성들의 생체 시계가 더 빨리 작동하기 때문에 가족을 구성하고 아이를 낳는 것이 더 급하기 때문이라는 것이다. 물론 맞는 말일 수도 있다. 하지만 아주 어린 커플들 그리고 이제 아이를 낳는 것이 거의 불가능한 쉰 살이 훌쩍 넘은 커플의 경우에도 남자는 자유를 포기할 생각이 없고 여자는 남자와 함께 살기를 바라는 건 왜일까? 여자들은 두 사람의 밀접한 공간이 자신의 가능성과 자유를 억압하는 제한으로 느끼지 않는 걸까? 함께 사는 것이 단점보다 장점이 많다고 생각하는 걸까? 아니면 남자들이 원래 관계 맺기에 능력이 없거나 장애가 있는 걸까?

◤ 좋은 남자, 나쁜 남자

이런 전형적인 관계의 역학을 면밀히 살펴보기 위해서는 여자들에게 나쁜 남자를 구분하는 것이 예전 시대에는 생존이 달려 있는 매우 중요한 문제였다는 것을 짚고 넘어가야 한다. 좋은 남자는 여자와 아이들 곁에 남아 있으면서 가족을 돌보는 남자다. 나쁜 남자는 여자와 잠자리를 갖고 아이를 낳은 후에 도망가버리는 남자들이었다. 이런 남자들은 여자와 아이들을 그냥 곤궁에 처하게 만들 뿐이었다. 나는 이런 선사시대의 구분 프로그램이 여전히 무의식적으로 여성들의 내면에서 작동하고 있다고 생각한다. 여자가 진짜로 아이를 낳고 싶은 생각이 있는지 없는지는 중요하지 않다. 여자들은 남자들의 감정을 파악하기 위해 ("그 남자는 나를 사랑하는 걸까, 사랑하지 않는 걸까?") 여전히 그런 방식을 남자들의 행동에 적용한다. 남녀 관계에서 남자가 의무에 대한 외적인 신호를 보여주거나 약속을 해주기라도 하면 여성들은 그 남자가 온정, 관계를 맺을 수 있는 능력 그리고 진정한 사랑이 있다고 짐작한다. 반면에 자유를 갈구하고 관계를 맺기 싫어하는 남자들은 이기주의, 성차별 그리고 냉정함이 있다고 가정한다. 한쪽은 좋은 남자, 착한 남자들이고 다른 한쪽은 나쁜 남자, 못된 녀석들이다. 그래서 옥석을 가려낼 줄 알아야 한다. 좋은 남자를 알아보고 나쁜 남자를 골라낼 줄 알아야 한다. 지금 당장이라도!

남자의 확실한 결합 의지가 (가령 함께 사는 것에 동의한 것) 좋은 성격에 대한 증거와 진실한 사랑에 대한 보증서로 인식되고 있다. 하지만 감정과 그에 따르는 행동들의 결합은 반대로 작용하기도 한다. 남자의 사랑 고백을 받은 많은 여자들은 곧 다음 단계가 구속적이고 가능하면 (평생) 오래 지속되는 관계로 가는 약속이라고 생각한다.

그렇기 때문에 많은 남자들은 여자 친구한테 사랑 고백을 하면 여자 친구의 과도한 기대감을 불러일으킬까 두려워 아예 사랑에 관한 얘기를 꺼내지 않는다. 나의 진료실을 찾아온 마흔두 살의 남자는 자신의 고민을 "여자 친구한테 정말 사랑하지만 함께 살고 싶지는 않다는 얘기를 할 수는 없잖아요."라고 털어놓았다. 하지만 나는 그런 말을 당연히 할 수 있다고 얘기해주었다. 여자 친구에게 자주 그리고 반복적으로 사랑한다고 말하고 여자 친구도 그에게 사랑받고 있다고 느끼게 되면 한 집에 사는 것과 같은 외형적인 증거는 그다지 중요한 것이 아니라고 말이다.

그러나 대부분의 경우에는 반대로 진행된다. 남자는 사랑 고백을 하고 나면 그에 따른 행동을 곧바로 해야 한다는 압박을 느끼기 때문에 쉽게 실행하기를 주저한다. 그리고 여자는 (사랑한다는) 말을 많이 듣지 못할수록 (사랑한다는) 행동을 점점 더 많이 보고 싶어 한다. 그것을 통해 남자가 말로 표현하지 않는 감정들을 짐작해보고 싶은 것이다. 남자와 여자 모두 감정과 기대되는 행동을 분리해서 바라볼 수 있을 경우에만 이런 악순환에서 빠져나올 수 있다. 나는 남자로서 여자에게 구속적인 관계를 약속하지 않고도 얼마든지 사랑할 수 있다. 그리고 당신은 여자로서 어떤 남자와 곧바로 잠자리를 갖지 않더라도 남자에게 사랑을 고백할 수 있다. 왜냐하면 반대로 남자가 여자의 사랑 고백을 받을 때 그렇게 기대하기 때문이다.

▐ "나를 사랑해?"라는 질문은 언제나 옳다

어떤 남자가 나를 사랑하는지 알고 싶으면 그냥 단도직입적으로 물어봐라. 물론 이런 질문을 하는 것이 감정적으로 상당히 힘들고 부담스럽다는 것은 나도 잘 알고 있다. 여자뿐만 아니라 남자도 마찬가지다. 하지만 이런 용기를 냄으로써 사랑한다는 외형적인 증거들을 끊임없이 확인할 필요가 없게 된다. 예컨대 함께 장기간 떠나는 여행, 크고 값비싼 선물, 그가 나를 친구와 가족들에게 소개하는 것, 함께 살고자 하는 의지, 약혼과 결혼에 대한 소망, 함께 아이를 낳는 것 등.

어쩌면 당신은 이 모든 것들은 남자 친구보다 당장 시급하게 원하는 게 아닌지도 모른다. 하지만 당신은 남자 친구가 이런 방향으로 가고자 하는 마음을 가지고 구체적인 행동을 하기를 원한다. 그렇게 해야만 당신은 진짜 사랑받고 있다고 느낄 수 있고 당신이 제짝을 만났다는 확신을 가질 수 있기 때문이다. 하지만 당신의 조급함 때문에 당신의 파트너는 무슨 행동을 해야 한다는 압박감을 느끼게 되고 그렇게 되면 당신에게도 불리할 뿐이다.

반드시 명심하기를 바란다. 세계적으로 유명한 사랑에 관한 시는 대부분 남자들이 썼다. 남자들은 사랑의 감정을 말로 표현할 수 있는 능력을 얼마든지 갖고 있다. 당신의 파트너도 그런 시도를 해볼 수 있도록 용기를 북돋아주어라. 어떻게 할 것인지 그리고 당신이 먼저 남자 친구에게 당신의 감정을 공개할지 여부는 전적으로 당신의 마음에 달려 있다. 그리고 당신이 정말로 궁금하고 알고 싶다면 "나를 사랑해?"라는 단순한 질문은 언제나 옳다.

하지만 중요한 것은 당신이 지금 당장 손에 약혼반지를 끼고 싶다거나 당신의 지갑에 그의 신용카드를 넣어 다니고 싶은 것이 아니라는 사실을 남자 친구에게 미리 분명하게 밝혀둬야 한다는 것이다. 지금 당신에게 중요한 것은 오직 서로에 대한 감정뿐이라고 확실하게 말하라.

▶ 착한 남자와 나쁜 남자

그런데 착한 남자와 나쁜 남자를 구분하는 것은 생각보다 그리 만만한 일이 아니다. 게다가 매력적이고 섹시하며 같이 있으면 흥미진진하고 섹스를 잘하는 남자들이 바로 그 나쁜 남자들인 경우가 드물지 않다는 것이 문제다. 머릿속에서는 "절대 안 돼! 이 남자는 나쁜 남자야. 이 남자는 구속적인 관계를 맺을 수 있는 남자가 아니야!"라는 빨간 경고등이 번쩍거리지만 이미 마음속에서는 그에게 홀딱 반해버리는 것이다.

당신이 어떤 남자와 사랑에 빠졌는데 이제 그 남자의 실체를 깨닫게 되었다고 한번 가정해보자. 그러면 일이 아주 간단할 수 있다.

"그래 좋아. 내가 좋아하는 이 남자는 외로운 카우보이 또는 사막의 늑대 같은 유형이야. 이 남자와 같이 할 수 있는 것은 많지만 단 한 가지는 불가능하지. 바로 평생을 함께하는 것."

하지만 인생이라는 것은 그리 간단하지 않거나 우리는 그렇게 간단한 것을 원하지 않는다. 이런 경우 대부분 여자들의 내면에는 특별한 프로그램이 작동하면서 일이 복잡해진다. 바로 교화 프로그램과 재교육 프로그램이 작동하는 것이다. 이 프로그램의 목표는 관계를 맺고 싶어 하지 않거나 관계를 맺는 데 문제가 있는 남자를 신뢰할 수 있고 관계 맺기가 가능한 파트너로 만드는 것이다.

이때 이런 여자들은 특별한 행동 전략을 구사한다. 사랑스럽고 착하고 신뢰감을 보여주면서 남자를 구속적인 관계로 유도하려고 한다. 상대방의 성향과 전혀 맞지 않는 것을 요구하는 것이다. 그러니 이 미션은 애초에 불가능한 것이다. 문학작품에서 이 미션이 성공한 경우가 간혹 등장하기는 한다. 하지만 대부분의 경우에는 불가능한 일이다!

이런 남자들은 매번 반복적으로 그리고 끊임없이 다시 파트너 시장에 등장한다. 이런 남자들은 계속해서 새롭고 짧은 관계를 위해 재활용된다. 그리고 여자들은 계속해서 이런 남자들과 관계를 맺고 싶어 하고 그들을 관계 맺을 능력이 있는 파트너로 만들려고 피나는 노력을 하지만 결국 실패를 맛보고 좌절한다. 이것이 바로 관계를 맺지 못하는 남자들의 전형적인 모습이다. 당신이 만약 친밀함을 추구하는 유형이라면 특히나 더 위험하다. 이런 유형의 남자들이 어떤 성격 유형에 속하는지 알아맞히는 것은 결코 어렵지 않다. 이들은 거리를 두는 유형에 속하는 남자들이다.

▶ 진짜 사랑에 빠진 남자는 산을 옮길 수 있다

관계를 맺기 싫어하는 남자들이 흔히 늘어놓는 변명들이 있다. 예전 여자 친구 또는 아내가 못되게 굴었거나 바람을 피웠고 그래서 여전히 그 상처를 안고 살아가고 있기 때문에 절망과 좌절 그리고 여자에 대한 불신 때문에 관계 맺기를 꺼리는 사람이 되었다는 것이다. 이것은 완벽한 계략이다. 사랑에 빠진 여자로 하여금 신뢰 구축 프로그램을 최고조로 올리도록 동기부여를 하기 때문이다. 그래서 이런 여자는 남자가 어떤 행동을 해도 모든 것을 다 받아준다. 끝없는 이해심을 발휘하며 파트너의 뻔뻔하고 상처가 되는 행동조차 아무 말없이 받아들인다. 남자가 신뢰를 저버릴 경우 자신에 대한 무의식적인 테스트 같은 것이라고 잘못 해석한다. 여자는 자신이 그렇게 고통을 당하다 보면 그것이 그를 향한 사랑의 증거가 되기 때문에 그는 마침내 다시 신뢰를 갖게 되고 다시 그녀에 대한 사랑을 느끼게 되리라 착각한다. 남자는 그녀에게 한없는 고마움을 느끼며 상처가 치유되고 그녀의 팔에 안겨 영원히 그녀 곁에 머무르게 되리라 상상한다.

하지만 유감스럽게 말도 안 되는 얘기다. 진짜 사랑에 빠졌을 경우 예전 관계에서 받은 상처와 고통은 놀라울 정도로 빨리 치유되는데 특히 남자의 경우에는 정말 순식간에 치유된다. 나는 어떤 유형이건 상관없이 거의 모든 여자들이 이런 함정에 빠지는 경향이 있다는 점이 우려스럽다.

믿음뿐만 아니라 사랑도 산을 옮길 수 있다. 진짜 사랑에 빠진 남자라면 전체 산맥 구조까지도 아주 손쉽게 바꾸어놓을 수 있다. 만약 당신이 사랑하고, 사랑을 받고 싶은 남자가 당신에게 하다못해 모래성이라도 제대로 만들어줄 수 없다면 아주 조심해야 한다. 어쩌면 당신은 잘못된 남자를 사랑하고 있는지도 모른다.

◤ 위험이 클수록 사랑은 깊어진다

최신 통계에 따르면 대부분의 커플들은 여전히 주로 직장에서 만나서 사귀는 경우가 가장 많고 그다음이 인터넷을 통한 만남이다. 친구에서 발전된 관계 그리고 여가 활동을 통한 만남보다도 인터넷을 통한 만남이 더 많다. 나는 실제로 인터넷을 통해 만나 사랑에 빠진 커플들을 알고 있는데 이들은 가령 대학이나 연말 파티에서 만나 사귀는 커플들만큼이나 행복하고 만족스러운 관계를 유지하고 있다. 당신도 원치 않는 싱글 생활을 오래 유지하기보다는 인터넷에서 기회를 찾아보는 것도 나름 의미가 있을 것이다. 물론 낭만적이지 않아서 싫다는 사람도 많을 것이다. 그러나 직장 야유회, 서른 살 이상 남녀만 참가하는 파티, 초등학교 동창회 또는 건축 자재 매장의 나사 파는 곳 역시 그다지 낭만적인 곳이라고는 할 수 없지만 얼마든지 미래의 파트너를 만날 수 있다.

많은 여자들은 인터넷에서 남자를 만나려고 하는 것은 마치 대형 슈퍼마켓에 가서 적당한 상품을 골라보려고 하지만 동시에 자기 자신도 수많은 진열장 중 한 곳에 올려져서 다른 슈퍼마켓 방문자들이 꼼꼼히 살펴보는 상품이 된 것 같은 느낌이 들어 싫다고 말한다. 이것은 실제로 그다지 낭만적이지 않다. 하지만 엄밀히 살펴보면 인터넷 외의 만남 역시 이런 식으로 또는 이와 마찬가지로 꼼꼼하게 조건을 따져보며 이루어진다.

그러니까 이를 피해갈 수 있는 길은 거의 없다. 인터넷에서 조건에 맞는 남자의 선택을 기다리거나 선택하고 아니면 어느 순간 갑자기 당신에게 맞는 남자가 당신 앞에 나타나는 마법과 같은 순간을 기다려야 한다. 물론 이것도 얼마든지 있을 수 있는 일이다.

그런데 이런 만남에도 낭만적인 요인을 찾을 수 있다. 인터넷을 통해 누군가를 만나게 되더라도 당신이 함께 영향을 미칠 수 있다는 점이 좋은 점이다. 리하르트 다비트 프레히트는 그의 흥미로운 저서 『사랑, 그 혼란스러운』에서 낭만과 관련되고 사랑에 영향을 미치는 감정적인 메커니즘에 대해 묘사했다. 어떤 사람과 사랑에 빠질 수 있는 가능성은 우리가 그 사람을 어떤 상황이나 어떤 여건에서 만나느냐에 달려 있다는 것이다. 상황이 아주 낭만적일수록 감정의 파도는 더욱 높이 출렁거린다.

이런 효과는 누구든지, 적어도 영화를 통해서라도 알고 있을 것이다. 감당해야 할 모험이 극적이고 극복해야 할 위험이 크면 클수록 주인공들의 서로에 대한 사랑은 더욱 깊어진다. 우리같이 평범한 사람들도 마찬가지다. 같은 상대라도 지루한 일상에서보다는 멋진 여행지에서 만났을 때 더 쉽게 사랑에 빠진다. 이런 효과를 인터넷을 통한 만남에서도 당신에게 유리하게 이용하면 된다. 더 자세한 설명은 나중에 더 하기로 하자.

내 생각에는 인터넷을 통한 만남의 경우에는 직접적인 만남 없이 인터넷상에서 쓸데없이 시간을 오래 끌지 않는 것이 좋다. 서로 메일을 몇 차례 주고받고 전화 통화를 한두 차례 한 후에는 직접 만나라. 나의 진료실을 찾아온 여자들 중 일부는 남자를 직접 만나기도 전에 달달하고 재밌는 이메일을 주고받았고 그것만으로도 연애소설 한 권을 만들 수 있을 정도로 감정적인 교류를 나누다 보니 이미 남자와 사랑에 빠져버렸다. 만약 당신이 펜팔 친구를 찾는다면 이것은 좋은 방법이다. 하지만 당신이 실제 삶에 필요한 제짝을 만나고 싶다면 가능한 한 빨리 직접적인 만남을 통해 대면하는 것이 좋다.

앞서 언급했던 여자들 중에는 그 남자를 직접 만나고 단 몇 초만에 엄청난 실망감에 휩싸이는 경우가 빈번했다. 아무래도 사람은 실제로 보고 직접 겪어봐야만 더 가까워지고 싶은지 아닌지를 판단할 수 있기 때문이다.

첫 번째 만남을 위한 조언

가능한 한 빨리 만남을 가져라. 이때 낭만적인 요소는 아직 필요 없고 단지 한 번 더 만나서 서로를 더 알아가고 싶은지 아닌지를 결정하면 된다. 이때 당신 앞에 앉은 지 몇 분밖에 되지 않는 남자와 당신의 미래를 함께하고 싶은지 아닌지에 대해서는 생각하면 안 된다. 아무리 아름다운 식물이라 할지라도 작고 여린 식물에 물 200헥토리터를 퍼부으면 안 되는 것과 마찬가지이다.

그저 이 남자와 다시 만나고 싶은지, 함께 한 발짝만 더 나아가고 싶은지 아닌지만 생각해보자. 그 이상은 필요 없다. "나는 이 남자와 이 카페에서 더 오래 앉아 있고 싶은 마음이 드는가?", "이 남자와 산책을 조금 하고 싶은 마음이 드는가?", "이 남자를 한 번 더 만나고 싶은 생각이 드는가?" 그리고 물론 이것도 생각해봐야 한다. "나는 이 남자와 지금 당장 키스하고 싶은 마음이 드는가?" 미하엘 엔데의 『모모』에 등장하는 청소부 베포처럼 하면 된다. 청소를 해야 하는 끝없이 긴 길을 매일 아침 바라봐야 하는 것이 답답하지 않느냐는 질문에 베포는 자신은 지금 청소 중인 길과 바로 다음에 이어서 청소해야 하는 길만 쳐다본다고 대답한다. 그는 절대로 긴 거리 전체를 바라보지 않는다고 말한다. 그렇게 하면 불안하고 초조하고 숨이 턱턱 막히기 때문이다. 그런데 매일매일 한 곳을 차례차례 조용하고 차분하게 묵묵히 청소하다 보면 어느새 저녁이 되어 온 거리의 청소를 끝마치게 된다는 것이다.

남녀 관계 역시 이런 순간의 나열로 진행하는 것이 가장 좋다. 다음 순간, 다음 만남, 다음에 일어날 일에 대한 기대를 갖는 것. 그리고 모든 것이 잘 진행되면 결국에는 오래 지속되는 아름다운 관계가 만들어지는 것이다. 하지만 만약 당신이 미리 앞서서 모든 것을 파악하고 추측하고 계획을 세우려고 하다 보면 현재의 아름다운 순간까지 파괴하게 된다.

두 번째 만남을 위한 조언

두 번째 만남에서는 낭만적인 요소를 투입하라. 특별한 시간에 특별한 활동을 할 수 있는 특별한 장소에서 만남을 가져라. 당신이 하고 싶은 일을 하라. 함께 일출을 보기 위해 새벽 6시에 만날 수도 있고, 아니면 야간 벼룩시장을 구경하며 산책하기 위해 저녁 늦게 만날 수도 있다. 또는 그 사람과 함께 전시회 아니면 당신이 가장 좋아하는 배우가 등장하는 연극 공연을 즐길 수도 있다. 당신은 어쩌면 높은 곳에서 야생동물에게 먹이 주는 것을 관찰하거나 산을 바라볼 수 있는 초원에서 피크닉을 즐기고 싶을 수도 있다. 또는 그 남자와 딸기를 따러 가거나 밧줄 타기 레저 시설에서 함께 운동하고 싶은 마음이 들 수도 있다.

당신이 하고 싶은 일이 분명히 떠오를 것이다. 당신은 하고 싶은 활동을 하면서 재미있는 시간을 보낼 수 있고 그에게 당신의 개성을 보여줄 수 있고 그 남자를 더욱 많이 알아갈 수 있다. 당신이 추구하는 가치에 도움이 될 수 있는 적합한 환경을 떠올려보도록 하자. 서로에게 호감을 느끼고 사랑에 빠질 수 있는 그런 곳 말이다.

넘치는 것은 부족함만 못하다

예전에 나의 진료실로 찾아왔던 어떤 여자는 일주일 동안 인터넷에서 만난 남자 후보 네 명과 데이트를 했다. 인터넷에는 남자를 고를 수 있는 선택의 폭이 넓기 때문에 이런 일은 얼마든지 가능하다. 하지만 이 여성의 문제는 다른 곳에 있었다. 이 네 명의 남자들 중 진짜 눈이 맞은 남자는 한 명도 없었고 그저 당황스러울 뿐이었다.

짧은 기간 사이에 연이어 이루어진 만남을 통해 갖게 된 다양한 감정들이 그녀의 감정적인 포용 용량을 훨씬 넘어섰다. 그녀는 자신의 감정과 느낌들을 의미 있게 정리하는 데 과부하가 걸려버렸다. 이 여자는 어쩌면 그때 위대한 사랑을 할 수 있는 상대를 만났지만 다른 만남에 집중하고 (어쩌면 제짝인) 남자 후보들에게 열린 마음으로 대할 수 없었기 때문에 알아보지 못한 것일 수도 있다.

데이트 약속을 잡을 때 반드시 당신의 감정적인 용량을 고려하자. 이때 넘치는 것보다 모자라는 것이 확실히 낫다. 누구나 다른 두 사람을 연이어 만날 때는 정신 위생학적으로 일정한 간격이 필요하다. 게다가 이런 첫 데이트에는 잠재적인 위험 요소가 있다. 관심 있는 남자에게 거절당할 수도 있는 것이다. 만약 그런 일이 생겼을 때 극복할 수 있는 시간이 필요하다. 일단 한 사람에게

만 집중하는 것이 가장 좋다. 그 사람을 (두 번 정도 만나본 후에) 더 이상 만나고 싶은 생각이 들지 않는다면 그때 비로소 다음 후보와 데이트 약속을 하자.

문자메시지에 대한 오해

나는 문자메시지 때문에 불안해하며 때로는 절망스러워하는 여자들과 상담하느라 얼마나 많은 시간을 보냈는지 모른다. 대체로는 아직 정식으로 사귀지 않거나 더 이상 사귀지 않는 남자 친구, 애인, 파트너 등이 보낸 문자메시지에 대한 것이었다. 즉 불분명한 관계에 있는 남자로부터 온 문자메시지였다는 것이 핵심이다. 하지만 때로는 바로 이것 때문에 관계가 불안해지는 경우도 있었다. 여자가 그런 문자메시지를 받기 전까지는 아무런 문제가 없었다.

그녀들은 그런 문자메시지를 읽자마자 즉흥적으로 어떤 생각이 들었는지를 나에게 털어놓는다. 하지만 그 감정은 얼마 안 되는 단어로 표현된 문자메시지를 어떻게 해석하느냐에 따라 순식간에 변하곤 했다. 그 짧은 순간에 놀라울 정도로 큰 폭으로 감정 기복의 추가 흔들린다. '고맙다', '행복하다'에서부터 '깊은 상처' 또는 '경악스러움'까지 다양했다. 똑같은 문자메시지 내용을 두고도 느끼는 감정을 이렇게 다를 수 있다.

문자메시지의 수수께끼 같은 말을 해석하는 것에 따라 환자의 현재 감정 상태를 파악하는 데 도움이 된다. 하지만 짧고 진부하고 별생각 없이 쓴 문자메시지의 본래 내용에서 점점 더 멀어졌다. 남자들은 생각하고 느끼는 대로 휴대전화에 메시지를 입력한다. 그렇다고 문자메시지에 감정이 아예 안 담긴 것도 아니었다. 다만 문자메시지에 여자의 감정을 충분하지 않거나 잘못 고려한 것이었다. 남자가 그걸 어떻게 알 수 있겠는가? 대부분의 경우 문자를 보낸 남자와 문자를 수신한 여자 사이에는 며칠 동안 전화 통화 또는 직접적인 대면 없이 그저 문자메시지만 오고 간 경우가 많다.

문자메시지는 왜 남녀 사이에 그토록 많은 오해와 분노, 고통 그리고 사랑의 고민을 불러일으킬까? 특히 여자들의 경우에는 왜 그것이 그토록 중요한 걸까?

우선 문자메시지의 경우 전화 통화에서처럼 목소리 톤이나 말하는 방식을 통해 느낄 수 있는 감정적인 메시지가 전달되지 않는다. 또 직접 만났을 때 전달되는 표정이나 몸짓 등도 배제돼 있다. 문자메시지 커뮤니케이션에서 발생하는 이런 감정적인 공백은 다양한 해석과 짐작할 수 있는 여지를 남기고 결국 의도와는 전혀 다른 방향으로 해석되는 경우가 생긴다.

이것은 남녀의 소통 방식과 소통 욕구의 차이 때문이기도 하다. 그런데 여기서 웃긴 것은 문자메시지가 일단 남녀 모두의 스타일과 욕구에 잘 맞는다는 것이다.

〈디벨트〉독일의 대표적인 조간신문-옮긴이 편집자인 클라우디아 베커는 '디벨트 온라인'에서 '문자메시지 탄생 20주년'을 맞이해서 사랑과 디지털 연락 수단에 대한 이야기를 아래와 같이 밝혔다. 여성의 관점에서 문자메시지를 이보다 더 잘 설명할 수는 없을 듯하다.

> 나는 작은 화면에 등장하는 이런 메시지들이 좋다. 언제 만날까 하는 질문. 함께 저녁 시간을 보내고 난 후 '고맙다'는 말. 그리고 작은 위안. 모든 것이 다 잘될 것이라는 격려. 나는 바빠서 시간이 부족하고 다른 공간으로 떨어져 있는 사람들 사이에 연결고리가 되어주는 이런 짧은 안부의 말이 좋다. 문자메시지는 누군가 내 생각을 하고 있다는 것을 말해준다. 그리고 내가 마침 메시지를 전송한 사람을 생각하고 있던 바로 그 순간에 메시지를 받게 되면 특히 더 기분이 좋다. 설명할 수 없는 마법이 디지털 세계에서도 통한다는 것을 알게 되기 때문이다.*

이것은 아름다운 태도로 수신자와 발신자가 똑같은 생각을 하

* '디벨트 온라인' 2012년 12월 3일자

고 있으면 문제없이 잘 이루어진다. 바빠서 늘 시간이 부족하고 멀리 있음에도 문자메시지를 보낸 여성과 연결되어 있다는 느낌을 똑같이 갖고 싶으면 말이다. 그리고 남자도 그녀를 떠올릴 때 자발적으로 문자메시지를 보내고 그녀를 떠올린 바로 그 순간 그녀에게 문자메시지를 받는 것을 기뻐한다면 얼마나 좋겠는가. 그런데 만약 그렇게 생각하는 남자가 있다면 그는 현재 열렬히 사랑에 빠져 있는 것이다. 유감스러운 것은 이런 단계가 영원히 지속되지 않는다는 것이다. 물론 여성의 경우에도 처음 사랑에 빠졌을 때의 감정이 서서히 식어가긴 하지만, 감정적인 친밀함에 대한 욕구는 평균적으로 남성보다 높다. 문자메시지는 이런 여성들의 욕구를 잘 충족시켜 준다. 신속하고 무엇보다 손쉽게 연락이 가능하기 때문이다.

'아니야, 난 그 사람을 방해하고 싶지 않아. 그 사람이 지금 아주 바쁘다는 것을 알고 있어. 난 그냥 문자메시지를 통해서 안부를 묻고 키스나 보내야겠어. 그 사람이 시간이 있을 때 읽겠지. 나중에 내가 보낸 메시지를 보면 좋아하겠지……. 그리고 나한테 답장도 보내겠지?'

그런데 이때부터 문제가 시작된다. 남자와 연락을 하고 그렇게 함으로써 그와 감정적 친밀감을 느끼고 싶어 하는 여자는 지속적으로 남자에게 기대감을 갖게 되고 그것이 충족되지 않을 때는 몹시도 불안해지고 만다. 만약 아무런 반응이 없으면 안 좋은 감정들이 올라오기 때문이다. 가벼운 당혹감에서부터 진짜 불안감, 토라짐에서 격한 분노까지 감정은 다양하다. 게다가 이런 언짢은 감정은 대부분 착각인 경우가 많다. 본인 스스로도 그걸 알고 있다. 그러나 말로는 반드시 답장을 받을 생각 없이 짧은 안부 인사나 작은 친절함을 베풀고 싶었을 뿐이라면서 실제로 답장이 오지 않거나 너무 늦게 오면 크게 실망하고 불안해하는 것이 문제다.

보통 문자메시지는 표정이나 감정을 보일 필요가 없고, 자신이 원할 때 답장을 보내면 된다고 생각하는 경향이 있다. 하지만 이것 역시 사실은 아니다. 메시지를 받자마자 바로 답장을 하지 않으면 나중에 왜 답장을 빨리 못 했고 그 시간에 뭐 하느라 바빴는지를 자세히 설명해야 하는 경우가 생긴다. 특히 무료 문자메시지 형태인 'WhatsApp'^{페이스북이 운영하는 인스턴트 메신저, 카카오톡과 비슷한 것이다-}_{옮긴이}의 경우에는 수신자가 언제 메시지를 읽었는지 정확히 알 수 있기 때문에 더 끔찍하다.

며칠 전 진료실로 찾아온 한 여자는 출장을 갔던 남자 친구가 그녀가 잘 자라고 보낸 문자메시지를 아침 5시 31분에야 읽었고 8시 23분이 되어서야 답장을 했다며 격분했다. 당연히 여러 가지 생각들을 떠오르게 만드는 충분한 여지를 제공한다! 그는 그 시간이 되어서야 호텔방으로 돌아온 걸까? 그녀에게 답장을 보내는 것 말고 더 재밌는 일이 있었던 걸까? 다른 여자하고? 남자 친구가 그 시간에 소변이 마려워서 잠깐 깼다가 휴대전화를 잠깐

봤다가 다시 잠이 들었을 거라는 나의 추측에 그녀는 전혀 수긍하지 않았다.

이것은 전부 문자메시지에 답장을 받지 못했거나 뒤늦게 답장을 받았을 때 발생하는 문제들이다. 이렇듯 문자메시지를 통해서 감정 교류를 하려고 하면 일은 더욱 복잡해진다. 여자들은 (체면이나 자존심을 최대한 유지하면서) 가능한 한 솔직한 심정을 전달하려 하는데 남자로부터는 마치 비밀 요원이 쓰는 암호와 같은 단답형의 답장이 돌아온다. 그래서 그녀들은 도대체 남자가 무슨 의도로 이런 메시지를 보냈는지를 궁금해하며 나를 찾아온다.

▶ 전화기의 본래 기능을 잊지 마라

오늘날 많은 사람들이 주로 문자메시지를 보내는 데 사용하는 작은 전자 기기는 원래 전혀 다른 목적을 위해 개발되었다. 이 유용한 기기의 본래 목적을 잊지 마라. 바로 전화를 걸어라! 만약 당신이 (제대로) 이해가 안 되는 또는 오해를 불러일으키는 문자메시지를 받았을 경우 어차피 손에 들고 있는 휴대전화를 이용해서 문자메시지를 보낸 사람에게 전화를 걸면 된다. 그것도 당장. 만약 전화 연결이 되지 않으면 음성사서함에 단도직입적이고 분명한 질문을 남겨라. 예를 들어 "이게 무슨 뜻이야? 난 무슨 소린지 이해를 잘 못하겠어." 그리고 이렇게 덧붙이는 것이 더욱 좋다. "시간 나면 나한테 전화 좀 해줘. 난 오늘 몇 시에서 몇 시 사이에 전화를 받을 수 있어."

나는 이런 조언을 몇 명에게 해준 적이 있지만 그중 일부만 성공했다. 물론 여러 가지 이유가 있을 수 있다. 내 생각에는 그 이유 중 하나가 문자메시지를 보내는 것은 중독성이 있기 때문이다! 자꾸 빨려들어 가서 빠져나오기가 쉽지 않다. 문자메시지상에서 오해가 발생했을 때 왜 많은 사람들이 가장 간단한 해결책을 떠올리지 못하는지에 대한 설명은 이것밖에 없다.

이런 잠재적인 중독성 때문에 어떤 사람들은 (여자들뿐만 아니라 남자들도) 하루에 100건 이상의 문자메시지를 보내게 된다. 이들은 새로운 문자메시지 도착을 알리는 작은 신호음을 끊임없이 간절히 기다린다. 마치 마약중독자가 마약주사를 기다리는 것과 비슷하다. "누군가가 너를 생각하고 있어. 너는 사랑을 받고 있어. 너는 혼자가 아니야."라고 누군가 자신에게 말해주는 것 같은 것이다. 하지만 이들에게는 반대의 경우도 작용한다. 휴대전화에 신호음이 울리지 않으면 두려움과 불안이 지속적으로 증가하면서 금단 현상이 나타난다. 침묵하는 휴대전화의 메시지는 다음과 같이 느껴진다. "아무도 네 생각을 하지 않아. 아무도 너를 사랑하지 않아. 너는 혼자야."

만약 당신의 경우도 이렇다면 단 한 가지 해결책밖에 없다. 과

감하게 끊어라! 전면적인 문자메시지 사용 금지 그리고 전화, 편지 쓰기 또는 직접 만나서 대화하는 전통적인 커뮤니케이션 방식으로 돌아가야 한다.

▶ 남성의 무리에서 통하는 법칙

오늘날 남성이 여성보다 더 똑똑하다고 주장하는 사람은 돌을 맞을 것이다. 충분히 그럴 만하다. 남녀 사이에 아주 미미한 지적인 차이만 존재한다는 것은 이미 여러 차례 증명되었다. 예를 들어 3차원 공간지각 능력 (남성이 유리) 또는 언어 능력 (여성이 유리) 등이다. 그 외의 지적 능력과 관련해서는 대동소이하다.

오늘날 여성이 남성보다 총체적인 감정이 더 강하고 뚜렷하다고 주장하면 일반적으로 모두들 동의한다. 남성의 변연계(중뇌에 위치)가 여성의 변연계보다 결코 작지 않다는 것이 이 주장을 반박할 수 있는 유일한 상황 증거다. 간단히 말하자면 변연계가 우리의 감정을 담당하고 있기 때문이다. 그렇다면 남성도 여성만큼이나 다양하고 강렬한 감정들을 갖고 있어야 한다. 물론 남성이 때로는 여성과는 아주 다른 감정들을 갖고 있을 것이다. 하지만 가장 뚜렷한 차이는 남성은 자신의 감정을 전혀 다르게 다룬다는 것이다. 그들이 스스로의 감정을 인지하고 발산하는 방식은 여성이 접근할 수 없는 공동체의 영향을 받고 있기 때문이다. 그것은 다름 아닌 남성의 무리다.

이런 사회화는 아주 어렸을 때부터 남자 아이들 간의 몸싸움에서부터 시작해서 캠핑, 축구, 끊임없는 직장 내 회의, 술집 모임 등으로 이어지다가 결국 죽어야 끝난다. 물론 오늘날에는 이런 활동에 여성도 일부 참여하지만 여전히 남성만 모이는 순간들이 있다. 남성 집단 속에서 어떤 지위를 차지하고 유지하는가가 남자에게는 매우 중요한 가치이다.

"나는 어떻게 행동해야 할까? 나는 무엇을 해야 하는가? 내가 절대로 해서는 안 되는 말은 무엇인가? 인정받고 인기를 얻기 위해서 무엇을 보여줄 것인가?"

남성의 서열 세계에서는 이런 것이 존재하고 직업적인 성공을 위해서도 중요한 훈련이다. 물론 여성의 경우에도 이런 것이 존재한다. 다만 원칙이 반대일 뿐이다. 남성의 무리 속에서는 절대 해서는 안 되는 금기가 여성의 세계에서는 의무로 바뀐다. 불안, 슬픔, 약점을 보여주고 뭔가 해결책을 제시하기, 아무 걱정 없이 문제에 대해 얘기하기 그리고 절대 다른 사람을 비웃기 않기 등등이 그 예들이다. 당신도 여성의 무리에서 통용되는 이런 관례들을 잘 알고 있을 것이다.

남성의 무리에서 통하는 법칙을 이해하기 위해서는 무리 지어 매머드 사냥을 떠나는 남자들에게 어떤 말과 행동이 기대되는지

상상해보면 된다. 오늘 잠을 잘 못 잤는가? 어제 부부싸움을 했는가? 근육통이 있는가? 실패에 대한 두려움이 있는가? 절대 이런 얘기는 아닐 것이다!

간단한 사례를 살펴보면 이해가 더 잘 될 것이다. 나는 교양 있고 선망받는 직업을 갖고 있는 남자들만의 모임에 속해 있다. 지난 가을 우리들 중 한 명이 돼지독감 예방접종을 맞았다면서 그에 대한 합당한 이유들을 설명해주었다. 그러자 곧바로 다른 사람들은 모두 비웃기 시작하며 무릎을 치며 큰소리로 소리 내어 웃었다. 어떻게 '돼지독감 예방접종'을 맞을 정도로 그렇게 약하게 구느냐는 것이었다. 겁쟁이 또는 겨드랑이 제모를 하는 남자보다 더 웃기다는 것이었다!

이러니 어떻게 남자가 돼가지고 그까짓 감기 하나 견뎌낼 수 없다는 것을 발설할 수 있겠는가. 이런 농담을 들었을 때도 당사자가 가장 크게 웃지 않으면 안 된다! 지금은 맘껏 웃을 수 있는 좋은 순간이기 때문에 절대로 흥을 깨트리는 사람이 되어서는 안 되기 때문이다. 몇 분 후 그곳에 모인 사람들은 웃느라 흘린 눈물을 닦고 다음 화제로 넘어갔다. 또 다른 웃음거리를 찾아서.

이제 착하고 친절한 여자들의 모임에서 누군가 돼지독감 예방접종 주사를 맞았다고 얘기하는 것을 상상해보자. 여자들의 모임에서도 남자들의 모임에서와 같이 반응했다면 돼지독감 예방접종을 맞았다는 여성은 아마도 내 진료실 문을 두드렸을 것이다. 하지만 여자들의 모임에서는 절대 그런 반응이 나오지 않는다. 내가 아내에게 남자들과의 모임에서 있었던 얘기를 들려주자 아내는 재미있어하면서도 경악했다. 아내가 이해할 수 없는 낯선 감정 세계였다. 그리고 아내는 내가 그런 전형적인 남성 세계의 일원이 아니라는 사실에 안도했다.

물론 어떤 남자도 자기 아내나 여자 친구가 남성만의 무리에서 통하는 소통 방식에 적응하기를 원하지 않는다. 그는 다시 여자들 곁으로 돌아온 것을 오히려 좋아할 수도 있다. 하지만 오늘날에는 반대로 남자들이 여자들 간의 소통 방식에 적응하기를 기대한다. 남자들에게 그들의 감정과 문제에 대해 얘기하라고 요구하고 상대방의 감정을 헤아려보고 곧바로 해결책을 제시하려 하지 말고 그저 들어달라고 요구한다. 그런데 솔직히 말하면 이것은 남성이 여성에게 자신들의 소통 방식, 즉 이것은 남성이 여성에게 그들의 소통 방식(즉 주로 서열을 정하고 자기 지위를 유지하고 남을 놀리거나 억압하면서 재미를 보려는 의사소통 방식)에 적응하라고 요구하는 것과 비슷한 맥락이다.

감탄과 맞장구

남자들도 여자들과 마찬가지로 머리끝에서 발끝까지 여러 가지 감정들로 가득 차 있다. 그렇지만 남자들은 자신들의 감정에 대해 말하는 방식이 아주 다르다는 것을 인정해야 한다. 물론 어떤 유형인지에 따라 차이가 아주 크다. 하지만 소위 '약한 감정'이라고 불리는 슬픔, 불안 그리고 열등감과 같은 감정들에 대해서는 거의 모든 남자들이 입을 열기 힘들어한다. 당신 앞에서 이런 얘기를 꺼내면 체면이 깎일까 봐 두렵기 때문이다. 남자들이 이런 걱정을 하는 것이 어떤 면에서 보면 타당하기도 하다.

따라서 남자에게 불안이나 수치심과 관련된 일에 대해 얘기하도록 몰아붙이지 말자. 당신과 함께 있을 때 절대적으로 안정감을 느낄 경우에만 남자는 당신에게 이런 감정을 털어놓을 것이다. 만약 이런 종류의 이야기를 당신에게 했다면 그건 당신을 신뢰한다는 뜻이다. 물론 예외도 존재한다.

오랫동안 홍등가에 있는 바에서 일했던 한 여자는 남자 손님들이 그들의 개인사와 감정에 대한 솔직한 이야기를 몹시 즐겼다고 나에게 강조하며 말했다. 그녀는 이 바에서 다른 서비스를 하면서 벌어들이는 돈보다 남자 손님들의 얘기를 들어주면서 버는 돈이 훨씬 더 많았다고 말했다. 남자들이 그렇게 마음을 터놓고 말할 수 있었던 이유는 그들이 뭔가 증명해 보여야 한다는 압박감 없이 그저 편하게 얘기할 수 있기 때문일 거라 짐작했다. 그리고 그녀는 자기 직업의 비밀을 귀띔해주었다. 그것은 바로 남자가 원하는 것을 해주는 것, 즉 감탄하고 맞장구치고 귀담아 얘기를 들어주는 것이다.

▶ 칭찬으로 조종하라

남자가 칭찬을 해줄 때 기뻐하지 않는 여자는 거의 없을 것이다. 남자들 역시 칭찬의 말을 듣는 것을 좋아하고 여자들이 감탄하는 것을 즐긴다. 이때 중요한 것은 그의 성과와 능력을 칭찬해야지 그저 외모만 칭찬하면 안 된다는 것이다. 예를 들어 간단하지만 아주 효과적인 이런 문장으로 말이다.

"나는 당신이 아주 재밌는 남자라고 생각해요."

그는 이 말을 듣고 진심으로 기뻐하고 만족스러워할 것이다. 이제 그는 당신이 그를 매력적이라고 생각한다는 것을 알게 되었다. 여자가 그저 잘생기고 잘 웃는 남자로는 만족하지 못한다는 말을 남자라면 들어봤을 것이다. 그리고 유머란 남자의 진짜 능력이기도 하다. 당신은 남자가 그저 돌 위에 다른 돌을 올려놓는 행동을 했을 뿐인데도 감탄을 보낼 수 있다. 그러면 그는 분명 우쭐해질 것이다. 아무리 간단하고 단순한 일이라 할지라도 남자가 하는 일을 칭찬해주고 감탄해주어라. 그러면 그는 하늘을 나는 듯한 기분으로 당신을 왕비처럼 떠받들 것이다. 남자의 사소한 행동을 칭찬할 줄 안다면 어떤 여자든 그를 조종할 수 있다.

한편으로 남성이 얼마나 단순하고 감탄과 칭찬에 약한지를 생각하면 정말 놀랍기도 하다. 그리고 또 다른 한편으로는 여성이 왜 이런 쉬운 방법을 사용하지 않는지 의문이다. 내 짐작으로 그녀들은 칭찬이 남자들에게 어떤 감정을 불러일으키는지를 깊숙이 이해하지 못하는 듯하다. 그게 아니라면 그저 정직하게 대하고 싶은 마음일 수도 있다. 아니면 XY 염색체를 가진 인간들이 어차피 이 세상을 지배하고 있기 때문에 굳이 감탄까지는 해주고 싶지 않은 것인지도 모른다. 아무튼 나는 정확한 이유는 잘 모르겠다. 내가 아는 것이라고는 여자들은 현실보다 더 과장된 칭찬에 대해서 기뻐한다는 것이다. 과연 남자라고 다를까? 당신이 웃음을 터트리지 않으면서 칭찬의 말을 입 밖으로 꺼낼 수 있다면 이따금 남자에게 감탄과 칭찬의 말을 선물해주어라. 그는 그런 말을 몹시 사랑할 것이고 당신 역시 사랑할 것이다!

▌ 명령에 복종하는 남자의 본성을 역이용하라

'남자가 여자보다 정말 더 잘 할 수 있는 것은 순종이다.'

얼핏 보면 이게 무슨 말인지 이해할 수 없을 것이다. 양성평등이 진전된 현대에도 대개 남성들이 세계를 지배하고 있고, 지금도 그 권력의 일부를 여성에게 나눠줄 마음이 없기 때문이다. 그런데 저 위쪽을 차지하고 있는 남성은 전 세계 남성 중에서 극히 일부분일 뿐이라는 사실을 기억해보자. 대부분의 남성은 서열 관계 아래쪽에서 일하면서 어떻게든 위로 올라가려고 애쓴다. 이들에게는 피라미드 맨 위에 남자가 앉아 있든 여자가 앉아 있든 상관없다.

옛날에 군대는 국가의 학교였으며 순종하지 않으면 매를 맞는 모든 남성의 훈육 시설이었다. 인류가 진화하는 과정에서 남성은 계급에 순종하는 법을 배웠다. 물론 지배 계급의 대부분이 남성이었다는 점은 인정하지만, 대다수 평범한 남자들이 피지배계급이었다는 것은 사실이다.

한 조사에 따르면 남자아이들은 이미 유치원 때부터 서열을 인식하고 그 개념에 순응한다고 한다. 물론 때때로 지배권을 두고 다툼이 벌어지고 싸우다가 놀랍게도 더 힘이 센 친구를 이겨버리면 서열 순위가 바뀐다. 어쨌든 여성보다 남성이 서열에 따르고 순종하는 데 더 익숙하다. 나는 이런 남성의 특성을 여성이 오히려 역이용하기를 바란다.

남자라면 누구나 확실한 행동 지침을 받는 것을 좋아하는 본성이 있다. 여자에게 받는 지시도 마찬가지이다. 확실한 지시가 분위기를 망치는 상황들도 물론 있지만 많지는 않다. 당신이 믿을지 모르겠지만 남성은 여성을 행복하게 해주고 싶어 한다. 다만 여성이 행복해지기 위해서 무엇을 원하고 무엇이 필요한지를 모를 뿐이다. 만약 당신에게 무엇이 필요하고 당신이 무엇을 원하는지를 상대방 남자에게 명백하게 전달해준다면 그가 당신을 제대로 이해하는 데 정말 많은 도움이 될 것이다. 그리고 그는 당신이 일러주는 대로 할 것이다. 그리고 솔직하게 말해준 것에 대해 고마워할 것이다. 그러면 당신은 당신 말대로 하는 남자를 조금 칭찬해주고 감탄해주기만 하면 된다.

그는 어차피 당신을 이해하지 못한다

나는 많은 여성으로부터 자주 이런 말을 듣곤 한다.

"그 사람은 저를 이해하지 못한다니까요."

여기서 '그 사람'이란 파트너 또는 미래에 파트너가 될 수도 있는 사람을 지칭한다. 이 말을 하는 목소리 톤에는 비난, 슬픔 또는 이미 체념이 깃들어 있다. 그러면 나는 환자에게 이런 질문을 던지곤 한다.

"당신은 그 사람을 이해하십니까?"

그러면 그녀들은 놀란 얼굴로 나를 쳐다본다.

"저도 당연히 이해가 안 되죠! 제가 어떻게 남자를 이해할 수 있겠어요?"

그녀들의 눈빛은 이렇게 말한다. 그러면 나는 "그것 보세요!"

하고 대답한다. "서로 이해하지 못하면서도 얼마든지 서로 사랑할 수 있어요."

이런 문제는 남녀 사이에만 발생하는 것이 아니라 가족 내에서 서로 다른 세대 사이에서도 자주 발생한다. 대개는 (이미 성인이 된) 아이들이 부모가 자신들을 이해하지 못한다고 하소연한다. 나는 이렇게 서로 이해 못하는 것이 지극히 정상이며 예외적인 것이라기보다는 일반적인 일이라고 생각한다. 다른 시간, 다른 문제 그리고 다른 가치와 다른 이상을 가지고 성장한 사람이 20~30년 더 젊은 사람을 어떻게 이해할 수 있겠는가? 다른 사람에게는 그런 이해를 기대하지 않을 것이다. 그런데 부모에게는 흔히 이런 기대를 한다. 그래서 좌절과 실망만 남을 수밖에 없다. 여기서도 아주 중요한 원칙이 있다. 부모와 자녀는 (진정으로) 서로를 이해하지 못하면서도 사랑할 수 있다. 부모와 자녀 관계가 성공하기 위해서는 때로는 서로를 이해하지 못한다는 것을 받아들이는 것이 전제가 되기도 한다.

물론 부모와 자녀 사이, 좋은 친구들 사이 그리고 남녀 사이에 서로에 대한 깊은 이해가 존재하기도 한다. 그러나 이것은 아주 아름다우면서도 드문 순간이라 만약 이것을 경험했다면 달력에 빨간 표시를 해놓아야 한다. 그것은 운명의 선물이며 진정한 행복의 순간이다. 이런 순간은 대개 예상치 못한 순간 혹은 별말 없는 순간에 다가온다.

이해해주기를 기대하거나 심지어 요구하는 것이 도움이 되기는커녕 오히려 방해가 될 확률이 높다. 우리가 쓰고 있는 언어 자체가 아주 중요한 힌트를 준다. 흔히 "우리는 서로를 잘 이해해요."라고 말한다. 물론 두 사람이 서로를 좋아하고 함께 있는 것을 좋아한다는 뜻이다. 하지만 이 문장의 실제 뜻은 "나는 너를 이해하고, 너는 나를 이해한다."를 뜻하는 것이 아니라 "나는 너와 함께 있는 나를 잘 이해하고, 너는 나와 함께 있는 너를 잘 이해한다."이다. 말 그대로 해석하자면 '너와 함께 있는 나는 나를 (더 잘) 이해할 수 있다. 즉 너는 내가 나를 이해하는 데 도움을 준다. 그리고 나는 네가 너를 (더 잘) 이해할 수 있도록 도움을 준다.'라는 의미다. 이것 자체도 매우 가치 있는 일이다. 우리는 스스로를 이해할 수 없을 때가 많고 다른 사람을 통해서야 비로소 자신을 이해하게 되기 때문이다. 이렇듯 자기 자신도 이해하기 힘든데 어떻게 다른 사람에게 나를 이해하라고 기대하거나 심지어 요구할 수 있겠는가?

당신이 어떤 남자에게 발산하는 매력과 거역할 수 없는 이미지 그리고 그가 당신에게 매혹되는 것은 바로 당신의 '다름', 신비스러움, 설명할 수 없는 당신의 행동 그리고 불가해성으로 더욱 빛을 발한다. 모든 남성은 당신을 통해서 이해할 수 없는 여성적인 강한 매력을 느끼지만 그는 죽었다 깨어나도 당신을 절대 이해하지 못하고 바로 그렇기 때문에 매료되는 것이다. 그리고 여성이 남성에게 강한 매력을 느끼는 맥락도 비슷하다. 완전한 이해나 통찰력이 있으면 오히려 매력을 느끼기 힘들어진다. 다른 사람을 이해한다는 것은 바로 그렇기 때문에 그를 더 이상 사랑하지 않는다는 것을 의미할 수도 있다. 이제는 그의 실체가 드러나고 마법에서 풀려났기 때문이다. 그러니 남자가 당신을 이해해주기를 기대하거나 요구하지 마라. 당신이 그를 사랑하고 그가 당신을 사랑하더라도 말이다. 이해는 사랑하기 위한 필수 조건이 아니다. 남자에게 자기를 이해해달라고 끊임없이 기대하고 요구하는 것이 오히려 사랑을 파괴할 수도 있다.

▶ '아름다운 여성과 부유한 남성'이 전부일까?

유감스럽지만 지난 수십 년간 파트너의 선택 기준이 여성해방의 결과로 변했다고 믿는 것은 대단한 착각이다. 나는 첫 번째 책 『기존의 구애 방식에서 벗어나라』에서 이런 현상과 그로 인해 발생하는 문제를 상세하게 언급했다.

인터넷을 통한 파트너 찾기와 자신이 원하는 특정한 기준에 따라 사람을 선택할 수 있는 가능성이 엄청나게 확대된 만큼 선사시대의 구애 패턴은 더욱더 강화되었다. 남자는 가능한 한 매력적인 여성을 찾고, 여자는 가능한 한 높은 지위에 있는 남자를 찾는다. 선택의 폭이 넓을수록 요구조건은 더욱 높고 까다로워진다. 파트너를 선택할 때 남성은 여성의 매력을 보고, 여성은 남성의 지위를 본다.

이렇게 서로 다른 기준을 가지고 계산에 들어간다. 남성의 지위가 높을수록 매력적인 여성을 고를 수 있는 선택의 폭이 넓어진다. 그리고 매력적인 여성일수록 직업적으로나 사회적으로 성공한 남자를 차지할 가능성이 높아진다. 아름다운 여성과 부유한 남성. 이것뿐이라면 정말 절망적이다.

그렇다면 이런 사회적 통념은 사실일까? 그렇지 않다! 파트너를 선택하는 기준에서 여성의 신체적 매력이 상당히 우선순위를 차지하고 있는 것은 사실이지만 여전히 가장 중요한 기준은 세계적으로 남녀를 불문하고 따로 있다. 남성 역시 여전히 권력, 지위 그리고 돈만으로 모든 여자들을 차지할 수 있다고 잘못 생각하고 있다.

실상 미모와 지위는 파트너 선정 기준에서 3위를 차지하고 있을 뿐이다. 남녀 모두 이보다 다른 두 가지 기준을 훨씬 더 중요하게 여기고 있는 것이다. 의외로 이 지점에서 남녀가 의견 일치를 보인다. 2위는 건강이며 남녀를 불문하고 파트너를 선택하는 첫 번째 기준으로 뽑은 것은 바로 이것이다.

호감 가는 이미지와 온화한 성격

다시 한 번 강조한다. 남성이든 여성이든 무엇보다도 마음이 따뜻한 사람을 곁에 두고 싶어 한다. 남녀 모두 외모나 지위보다 이것을 더 중요하게 생각한다. 이 점을 절대 잊지 않기를 바란다! 당신의 피부가 예전만큼 팽팽하지 않고 몸매도 예전만 못할 수도 있다. 하지만 당신이 따뜻한 인성을 가지고 호감 가는 미소를 지으며 당신만의 독특한 매력을 유지한다면 다른 모든 것들은 중요하지 않다.

"나는 어떤 유형일까?"

다음 테스트를 통해 당신이 어떤 유형인지 알아보자. 이 테스트를 통해 자신의 기본 유형 외에도 영향을 받고 있는 또 다른 유형이 무엇인지도 알 수 있을 것이다. 그렇다고 해서 이 테스트가 엄격한 학문적인 요건을 충족시키는 것은 아니다. 이 테스트는 단지 자기 자신을 파악하는 데 도움을 주기 위한 장치라 생각하자.

이 테스트는 당신의 성격과 태도를 설명하는 문항으로 이루어져 있다. 당신은 각 문항에 다음 네 가지 중 하나를 선택하면 된다.

전혀 해당되지 않는다. (0점)

거의 해당되지 않는다. (1점)

대체로 해당된다. (2점)

완전히 해당된다. (3점)

각 문항을 읽고 즉흥적으로 생각나는 대로 해당되는 칸에 표시를 해보자. 그리고 테스트를 마치고 이어서 설명하는 대로 잘 따라 해보기 바란다.

성격 유형 1

		전혀 해당 되지 않는다 0점	거의 해당 되지 않는다 1점	대체로 해당된다 2점	완전히 해당된다 3점
1	나는 가볍게 연애하는 것을 즐긴다.				
2	늘 똑같은 일을 해야 하는 것은 나에게는 형벌이나 다름없다.				
3	나는 어떤 의무를 수행하거나 약속을 지키는 것을 잘하지 못한다.				
4	나는 친분이 깊지는 않더라도 주위에 재밌고 흥미진진한 친구들을 많이 두려고 노력한다.				
5	나는 어떤 결정을 즉흥적이고 직관적으로 내리는 편이다.				
6	어떤 남자와 진지한 관계로 발전하게 되면 나는 조금 두려움을 느낀다.				
7	나는 나이가 드는 것이 싫다.				
8	나는 다방면에 관심이 많고 관심사가 수시로 변하기도 한다.				
9	나는 모든 것이 미리 계획되어 있는 것을 좋아하지 않는다.				
10	나는 무슨 일이든지 결국에는 잘될 거라 믿는다.				

11	나는 내가 아는 다른 사람들과는 달리 에너지와 창의력이 넘친다.				
12	새로운 것을 경험하고 체험할 수 있는 일이라면 나는 늘 시도해본다.				
13	나는 모든 새로운 시작, 새로운 가능성 그리고 새로운 상황을 즐긴다.				
14	아무 일 없이 집에 가만히 있으면 나는 안절부절못한다.				
15	나는 사랑에 빠진 감정을 사랑한다.				
16	규칙은 필요에 따라 능숙하게 피해가라고 있는 것이다.				
17	소유는 나에게 안정감을 주기보다는 오히려 족쇄가 된다.				
18	나는 관습적인 것과 전통적인 것을 별로 좋아하지 않는다. 나는 미래를 생각하는 것이 좋다.				
19	나는 호기심이 매우 많다.				
20	나는 처리해야 할 일과 과제를 마지막 순간까지 미뤄둔다.				
21	나는 쉽게 지루함을 느낀다. 나는 지루한 남자는 절대 섹시하지 않다고 생각한다.				
	총점				

성격 유형 2

		전혀 해당 되지 않는다 0점	거의 해당 되지 않는다 1점	대체로 해당된다 2점	완전히 해당된다 3점
1	나는 매우 낭만적인 사람이다.				
2	나는 남녀 관계에서 서로 간의 이해와 조화를 중요시한다.				
3	나의 감정은 나의 이성만큼이나 중요하다.				
4	나는 누군가에게 나의 사랑을 줄 수 있는 것을 즐긴다.				
5	대화를 할 때 나의 목표는 합의를 이끌어내는 것이다.				
6	나는 어떤 문제를 직접 언급하는 것을 어려워한다.				
7	나는 이용당하지 않기 위해서 조심해야 한다.				
8	나는 친구들이 그들의 감정이나 문제에 대해 얘기하는 것을 잘 들어준다.				
9	나는 친밀함을 잘 견딜 수 있고 매우 즐긴다.				
10	나는 다른 사람을 잘 도와주고 배려한다.				

11	어떤 결정을 내릴 때 나의 심장이 가장 좋은 이정표가 되어 준다.				
12	나는 낮에도 멍하니 꿈꾸는 것을 좋아한다.				
13	나는 영화나 책에 감정적으로 깊이 잘 빠져든다.				
14	나는 상상력이 풍부하고 좋은 일이든 나쁜 일이든 생생하게 잘 떠올린다.				
15	나는 확실한 입장을 취하는 것이 어렵다.				
16	나는 기계치다.				
17	나는 다른 사람의 입장에서 잘 생각할 수 있다.				
18	나는 사랑에 빠지면 파트너에게 완전히 빠져든다.				
19	섹스와 사랑은 하나라고 생각한다.				
20	나에게 지적인 구성 능력과 예리한 사고력은 없다.				
21	나는 사람을 좋아하고 모든 사람마다 나름의 장점을 찾아낸다.				
	총점				

성격 유형 3

		전혀 해당 되지 않는다 0점	거의 해당 되지 않는다 1점	대체로 해당된다 2점	완전히 해당된다 3점
1	나는 질서 정연한 사람이다.				
2	나는 섹스를 할 때 신뢰와 규칙성이 있어야 한다.				
3	나는 다른 사람에게 마음을 열기까지 시간이 오래 걸린다.				
4	나는 내 행동에 재미뿐 아니라 의미도 있어야 한다고 생각한다.				
5	반복되는 일상이 나에게는 편안하다.				
6	나는 관심 분야가 몇 개 안 되지만, 그 얼마 안 되는 분야만을 집중 공략한다.				
7	나는 의도적인 염세주의자다. 차라리 기대를 하지 않으면 나중에 실망하지 않아도 된다.				
8	나는 검증된 것을 이용하는 것을 좋아한다.				
9	나는 좋은 일이든 나쁜 일이든 좀처럼 잘 동요하지 않는다.				
10	나는 익숙한 환경에서 움직이는 것을 좋아하고 집에 있는 것을 좋아한다.				

11	새로운 것과 흥미로는 것을 일 일이 다 알 필요는 없다.				
12	나는 모든 장단점을 다 심사숙 고하고 나서야 결정을 내린다.				
13	나는 모든 것이 미리 다 계획되 어 있으면 마음이 편하다.				
14	내가 달성한 거의 모든 일들은 내가 지속적으로 목표를 향해 열심히 노력해서 이룬 것이다.				
15	나는 내 재산을 지키고 불리는 데 가치를 둔다.				
16	나는 가치를 전달하고 전통을 유지하는 것이 중요하다고 생 각한다.				
17	의무대로 행동하고 약속을 지 키는 일에 관해서라면 나는 매 우 양심적이고 성실하다.				
18	나는 야망이 있다.				
19	나는 진실한 우정에 큰 가치를 둔다. 나는 피상적인 관계에는 관심이 없다.				
20	나는 위계질서에 잘 순응하는 것이 중요하다고 생각한다.				
21	무언가 해야 할 일이 있을 때 나중으로 미루기보다 지금 당 장 처리한다.				
	총점				

성격 유형 4

		전혀 해당 되지 않는다 0점	거의 해당 되지 않는다 1점	대체로 해당된다 2점	완전히 해당된다 3점
1	나는 자유 시간이 생기면 다른 사람들의 이목은 신경 쓰지 않고 내가 가장 하고 싶은 일을 한다.				
2	나는 깊은 감정을 드러내는 것이 힘들다.				
3	나는 어떤 일이든 이성적으로 파악한다.				
4	나는 별로 낭만적이지 않다.				
5	나는 내 뜻을 잘 관철시킨다.				
6	나에게 섹스는 그저 흥미로운 놀이일 수도 있다.				
7	남자가 노력을 많이 해야만 나는 그에게 겨우 눈길을 준다.				
8	나는 친구가 많지는 않지만 대신에 아주 돈독한 친구는 몇 명 있다.				
9	나는 명백하고 확실하게 내 생각을 말하는 편이다.				
10	다른 사람들이 나에 대해서 뭐라고 하든지 간에 나는 별로 관심이 없다.				

11	너무 지나친 친밀함은 불편하다.				
12	나는 내유외강형이다.				
13	나는 상당히 고집스럽고 내 생각을 고수하는 편이다.				
14	영화나 책을 보고 나서 오래 곱씹을 정도로 깊은 인상을 받는 경우는 드물다.				
15	나는 다른 사람들이 자신들의 문제를 가지고 나를 귀찮게 하지 않는 것이 좋다.				
16	꿈은 밤에 꾸는 것이다. 낮에는 맑은 머리만 있으면 된다고 생각한다.				
17	어떤 사람들은 나에 대해서 다가가기 힘들고 냉정하다고 말한다.				
18	나는 상상력이 별로 없다.				
19	나는 공감하는 능력이 약하다.				
20	나는 혼자 있으면 긴장을 풀고 힘을 모을 수 있다.				
21	관계를 맺는 것이 싱글 생활보다 반드시 더 좋은 것은 아니라고 생각한다.				
	총점				

이제 각 성격 유형마다 당신이 획득한 점수를 더해서 계산해보자. 가장 높은 점수가 나온 성격 유형이 당신의 기본적인 성격이고, 두 번째로 높은 점수가 나온 성격 유형이 당신의 성격을 보완하는 2차 유형이라고 보면 된다. 또 경우에 따라 다른 성격 유형에서도 어느 정도 점수를 얻었을 수도 있다. 그런 사람일수록 다양한 성격 유형을 내재하고 있다고 해석할 수 있다.

성격 유형 1 경계를 허무는 유형

특징 : 활발하고 유쾌하며 모험을 좋아한다. 자유분방하다.

위험 요소 : 히스테리가 있다.

성격 유형 2 친밀함을 추구하는 유형

특징 : 이해심이 많고 공감 능력이 뛰어나다.

위험 요소 : 우울증 증세가 있다.

성격 유형 3 질서와 통제를 중시하는 유형

특징 : 사고가 체계적이고 신뢰가 간다.

위험 요소 : 강박증이 있다.

성격 유형 4 거리를 두는 유형

특징 : 혼자 있는 걸 좋아한다. 말수가 적으며 비밀이 많아 보인다.

위험 요소 : 정신분열증이 있다.

감사의 말

늘 곁에서 귀한 조언과 비판을 아끼지 않은 아내, 인내와 너그러운 마음으로 기다려준 두 딸들에게 감사의 말을 전합니다. 아낌없는 조언을 해주신 크리스티안 마이어 박사님과 토마스 퀘츠리히 교수님께도 감사드립니다. 또한 실감 나는 생생한 머리말을 써주신 아멜리 프리드와 페터 프롭스트 부부에게 특별히 감사 인사를 전합니다. 그리고 나의 심리치료실에 와주셨던 모든 분들께 특별한 감사를 전합니다. 그들의 흥미진진하고 독특한 인생 경험과 사랑 경험 없이는 이 책을 완성하지 못했을 겁니다. 또한 모자이크 출판사와 특히 모니카 쾨니히와 비르테 카트 그리고 다그마르 로젠베르거 편집장님들에게 감사를 드립니다. 마지막으로 미하엘 멜러 문학 에이전시 소속의 레기나 자이츠에게도 감사를 전합니다.

완벽하게 이해하지 못해도,
완벽하게 사랑할 수 있다

다른 사람이 되려고 애쓰지 마라

짚신도 짝이 있다는데 내 짝은 대체 어디 있는 걸까?

지금도 외로움에 떨고 있는 싱글녀라면 누구나 한 번쯤 해보는 질문일 것이다. 길거리를 돌아다니거나 주변을 둘러봐도 나보다 훨씬 못생긴 여자가 멋진 남자의 팔짱을 끼고 유유히 지나가는 모습을 심심치 않게 보게 된다. 그럴 때마다 질투심 어린 눈길을 애써 감추면서 나는 왜 남자 친구가 없는지 이해할 수 없다고 생각하는 분들이 많을 것이다.

그리하여 많은 싱글녀들은 남자들의 마음을 사로잡을 수 있다는 온갖 비법에 관한 책들을 탐독하거나 마음을 굳게 먹고 다이어트에 돌입하거나 혹은 패션 스타일이나 화장법을 바꿔보거나 심지어는 의술의 힘을 빌리면서까지 변화를 모색하곤 한다.

하지만 슈테판 보이노프 박사는 이 책에서 당신은 이미 충분히 매력적이라고 분명히 말한다. 당신은 지금 이대로의 모습만으로도 이미 충분하다고 단언한다. 도대체 이게 무슨 말일까?

심리치료 전문의인 그는 누구에게나 고유한 특성이 있고 그 특성을 있는 그대로 드러내야 자신에게 딱 맞는 파트너를 만날 수 있다는 이론을 펼친다. 많은 여성들이 이 사실을 잊은 채, 사회가 정해놓은 천편일률적인 여성관에 자신을 맞추기 위해 끊임없이 자신이 아닌 다른 사람이 되려고 애쓰는 것이 문제라고 지적한다. 그렇게 행동하면 설령 남자를 만나게 돼도 그는 자신과는 잘 맞지 않는 엉뚱한 유형의 남자일 확률이 높다는 것이다. 바로 그렇기 때문에 먼저 자신이 어떤 유형의 여성인지를 제대로 파악하는 것이 중요하다고 저자는 말하고 있다.

반대 유형에게 끌리는 건 인간의 본능

그는 프리츠 리만의 이론인 인간 심리의 네 가지 기본 유형을 바탕으로 이야기를 풀어간다. 거리를 두는 유형, 경계를 허무는 유형, 질서와 통제를 중시하는 유형, 친밀함을 추구하는 유형이 그것이다.

사람은 본능적으로 그리고 직관적으로 자신과 상반되는 유형에게 매력을 느낀다는 것이 이 이론의 핵심이다. 반대 유형을 통해 자신의 한계에서 벗어나 완벽해지고 싶은 욕망이 있다는 것이다. 독자들은 이 이론을 통해 자신의 기본적인 성격 유형이 무엇인지를 알 수 있는데, 이때 연출되지 않은 모습으로 파악하는 것이 중요하다. 또한 누군가를 만날 때도 자기 본연의 모습을 있는 그대로 드러내야 그것에 끌리는 제대로 된 남자를 만날 수 있다. 책 속에는 이 네 가지 성격 유형을 설명하면서 수많은 여성들로부터 사랑받았던 〈섹스 앤 더 시티〉에 등장하는 네 명의 캐릭터(캐리, 사만다, 샬롯, 미란다)를 예로 들고 있는데 이 점이 매우 흥미롭다. 이 시리즈가 전 세계적으로 인기를 얻었던 이유 중 하나가 많은 여성들이 이 네 명의 캐릭터 중 한 사람에게서 자신의 모습을 발견했기 때문이라는 논리가 꽤 설득력 있게 들리기 때문이다. 또한 저자는 더 나아가 이 네 가지 기본 성격 유형을 동화에 나오는 공주 유형에 비유해서 설명한다. 잠자는 숲 속의 공주, 신데렐라, 백설공주 그리고 『개구리 왕자』에 등장하는 공주가 그것인데, 각 성격 유형의 강점과 약점을 쉽고 재미있게 이해하는 데 큰 도움이 된다. 또한 자신이 속한 유형의 약점을 보완하는 데 에너지를 쏟지 말고 강점을 표출하는 데 에너지를 쏟아야 제대로 된 사람을 만날 수 있다는 논리는 실전에서 바로 써먹고 싶은 욕망이 들 정도로 그럴싸하며 매우 실용적이다.

이해하지 못해도 사랑할 수 있다

과연 '3포 세대'(연애, 출산, 결혼을 포기한 세대)를 넘어 이제는 '다포 세대'(다 포기한 세대)라는 자조 섞인 유행어가 회자되는 한국 사회에 이 책의 효용 가치가 얼마나 될까 하고 의심하는 독자도 있을 것이다. 그러나 사랑하고 사랑받고자 하는 것은 인간의 본능이고 (본문에 나오는 표현을 빌리자면) '오래되었지만 영원히 새로운 노래'이다. 비록 '나는 너를 이해한다.'는 말의 진짜 뜻이 '나는 너와 함께 있는 나를 이해한다.' 즉 ' 너는 내가 나 자신을 (더 잘) 이해할 수 있게 도와준다.'일지라도 우리는 여전히 사랑을 갈망하고 이해하고 이해받기를 원할 것이기 때문이다. 꼭 누군가를 완벽하게 이해해야 사랑할 수 있는 게 아니라는 저자의 메시지는 소통 불능의 시대를 살고 있는 우리 독자들에게도 큰 울림을 줄 거라 믿는다. 또한 자신에게 맞는 파트너를 찾아 헤매는 남녀 모든 독자들에게 이 책이 실질적인 도움이 되기를 바란다.

2016년 12월

서유리

슈테판 보이노프 Dr. Stefan Woinoff

신체 질병을 정신적인 원인에서 찾아내어 치료하는 학문인 정신 신체 의학 전문의이자 심리치료 전문가로 오랫동안 관계 문제로 힘들어하는 사람들을 상담 치료했다.

저자는 자신의 임상 경험을 통해 '연애를 잘하기 위해서는 잘난 남자와 예쁜 여자가 되어야 한다'는 사회적 편견에 짓눌려 자기 본연의 매력을 죽인 채 잘못된 연애 패턴을 반복하는 여성들이 너무나 많다는 사실을 새삼 느끼면서 이 책 『내가 원하는 남자를 만나는 법』(원제 : 그는 당신에게 호감을 느낀다! Er steht auf dich!)을 쓰게 되었다. 기존의 연애 상담집과는 달리 성격 유형별 분석과 정신과 전문의의 상담 사례가 들어 있는 이 책은 '규칙을 어겨야 사랑을 이룰 수 있다', '단점을 보완하는 것이 아니라 장점을 부각시키는 데 에너지를 집중하라'는 메시지로 독자들에게 어필하여 아마존 남녀 관계 베스트에 올랐으며, 지금까지도 꾸준히 사랑받고 있다. 그 외에도 『기존의 구애 방식에서 벗어나라』 등의 저서가 있다.

서유리

국제회의 통역사로 활동하다 얼떨결에 출판 번역에 발을 들인 후 그 오묘한 매력에 빠져 아직도 헤어 나오지 못하고 있다.

옮긴 책으로는 『내 옆에는 왜 이상한 사람이 많을까?』, 『당신의 과거를 지워드립니다』, 『내 남자 친구의 전 여자 친구』, 『사라진 소녀들』, 『상어의 도시』, 『카라바조의 비밀』, 『창백한 죽음』, 『독일인의 사랑』, 『월요일의 남자』, 『언니, 부탁해』, 『관찰자』, 『타인은 지옥이다』, 『당신의 완벽한 1년』 등 다수가 있다.

남녀 유형에 따른 맞춤형 연애 심리학

ER STEHT AUF DICH!

1판 1쇄 인쇄 | 2017년 1월 13일
1판 1쇄 발행 | 2017년 1월 18일

지은이 | 슈테판 보이노프
옮긴이 | 서유리
발행인 | 김태웅
총 괄 | 권혁주
기획편집 | 박지호, 민혜진
디자인 | 윤정
마케팅 총괄 | 나재승
마케팅 | 서재욱, 김귀찬, 왕성석, 이종민, 조경현
온라인 마케팅 | 김철영, 양윤모, 탁수지
제 작 | 현대순
총 무 | 한경숙, 안서현, 최여진, 강아담
관 리 | 김훈희, 이국희, 김승훈, 이규재

발행처 | (주)동양북스
등 록 | 제2014-000055호
주 소 | 서울시 마포구 동교로 22길 12 (04030)
전 화 | (02)337-1737
팩 스 | (02)334-6624

http://www.dongyangbooks.com
blog.naver.com/dymg98

ISBN 979-11-5768-230-0 03190

이 도서의 국립중앙도서관 출판예정도서목록(CIP)은 서지정보유통지원시스템 홈페이지(http://seoji.nl.go.kr)와
국가자료공동목록시스템(http://www.nl.go.kr/kolisnet)에서 이용하실 수 있습니다.
(CIP제어번호:CIP2016032728)

"내 남자는 도대체 어디에 숨어 있을까?"